Marc Sturm

Wahrheit und Recht – Herausforderungen durch Fake-News

Rechtsphilosophie

Band 8

LIT

Marc Sturm

Wahrheit und Recht – Herausforderungen durch Fake-News

LIT

∞

Gedruckt auf alterungsbeständigem Werkdruckpapier entsprechend
ANSI Z3948 DIN ISO 9706

Bibliografische Information der Deutschen Nationalbibliothek
Die Deutsche Nationalbibliothek verzeichnet diese Publikation in der Deutschen Nationalbibliografie; detaillierte bibliografische Daten sind im Internet über http://dnb.dnb.de abrufbar.

ISBN 978-3-643-15123-0 (br.)
ISBN 978-3-643-35123-4 (PDF)
Zugl.: Innsbruck, Univ., Diss., 2021

Verlagskontakt:
Fresnostr. 2 D-48159 Münster
Tel. +49 (0) 2 51-62 03 20
E-Mail: lit@lit-verlag.de https://www.lit-verlag.de

Auslieferung:
Deutschland: LIT Verlag, Fresnostr. 2, D-48159 Münster
Tel. +49 (0) 2 51-620 32 22, E-Mail: vertrieb@lit-verlag.de

Vorwort

Die vorliegende Arbeit entstand knapp zehn Jahre nach der Beendigung meines Studiums der Rechtswissenschaften an der Ludwig-Maximilians-Universität in München, das ich mit der Ersten Juristischen Staatsprüfung abgeschlossen habe. Mein Kanzleipartner Dr. Theo Körner hat mich in zahlreichen Gesprächen stets ermuntert, das Doktoratsstudium neben der beruflichen Tätigkeit und den Herausforderungen des Familienlebens aufzunehmen. Für diesen freundschaftlichen Anstoß sei ihm posthum gedankt.

Großer Dank gilt Professor Karl Heinz Auer, der sich für das Thema begeistert und in vielen Gesprächen nicht nur ständige Anteilnahme, sondern wertvolle Anregungen und fördernde Kritik gegeben hat. Herrn Professor Michael Ganner sei gedankt für sein Verständnis und die Bereitschaft, das Zweitgutachten zu erstatten.

Den Kollegen und Mitarbeitern meiner Kanzlei gilt Dank für die organisatorische Sicherstellung von ausreichenden zeitlichen Freiräumen während der gut dreijährigen Zeitspanne bis zur Fertigstellung der Arbeit.

Besonderer Dank gebührt meiner Ehefrau Susanne für gelegentliche Motivationshilfe zur Weiterarbeit, reiche Geduld und die gute Fürsorge für die Kinder Lennart, Larissa, Leander und Laurenz während meiner Abwesenheiten.

Aichach, Oktober 2022 Marc Sturm

Inhaltsverzeichnis

Tabellenverzeichnis

A. Einführung

Einführend zwei absolut gegensätzliche Ansatzpunkte: Es ist objektiv wahr, dass die mathematische Funktion $f(x) = 2x - 4$ eine Gerade meint, deren Nullstelle beim Wert +2 ist, die eine Steigung von +2 aufweist und die für jedes beliebige x aus dem gesamten Zahlenraum R immer nur einen einzigen eindeutigen Ergebniswert erbringt. Wird beispielsweise für x die Zahl 2 eingesetzt, kommt als Lösungswert in einem unendlich großen Zahlenraum exakt 0 heraus. Es gibt keine noch so mikroskopisch kleine Abweichung von dieser mathematisch-naturwissenschaftlich eindeutigen Wahrheit.

Dieser Eindeutigkeit der Naturwissenschaft begegnen die Philosophie und Gesellschaftswissenschaft vielleicht nicht mit einer Mehrdeutigkeit, jedenfalls aber mit einem großen Maß an Differenzierung: Insbesondere sei auf einen *locus classicus* verwiesen. Im Johannesevangelium (18, 37-38) findet sich folgender Dialog von Jesus mit Pilatus:

> Pilatus sagte zu ihm: Also bist du doch ein König? Jesus antwortete: Du sagst es, ich bin ein König. Ich bin dazu geboren und dazu in die Welt gekommen, dass ich für die *Wahrheit* Zeugnis ablege. Jeder, der aus der *Wahrheit* ist, hört auf meine Stimme.
>
> Pilatus sagte zu ihm: *Was ist Wahrheit?* Nachdem er das gesagt hatte, ging er wieder zu den Juden hinaus und sagte zu ihnen: Ich finde keinen Grund, ihn zu verurteilen.

Pilatus wartet nicht auf eine Antwort von Jesus, sondern tritt gleich wieder vor die Menge; dies wird einerseits als Beleg für die skeptizistische Haltung des Pilatus herangezogen. Andererseits wird dieser Umstand so interpretiert, dass der römische Staat und dessen Gerichtsbarkeit keine Zuständigkeit für die Frage nach der Wahrheit im Sinne einer Glaubenswahrheit bzw. im Sinne der Wirklichkeit Gottes hatten.

Gerade in Bezug auf Glauben, religiöse oder politischen Anschauungen wird im Gegensatz zur Mathematik deutlich, dass es nicht die eine objektive Wahrheit gibt.

In der Rechtsdogmatik werden feststehende oder vorgegebene Sachverhalte mit dem Ziel subsumiert, die Rechtsanwendung für den Einzelfall zu ermöglichen und rational zu begründen. Dagegen beschäftigt sich die Rechtspraxis in erster Linie mit der Erforschung des tatsächlichen Sachverhalts, der einer rechtlichen Würdigung zu unterziehen ist. Bei der Erforschung des Sachverhalts ist die Rechtspraxis vielfach auf die subjektiven Wahrnehmungen von unterschiedlichen Personen angewiesen. Diese unterschiedlichen Personen haben differierende subjektive Empfindungen im Zusammenhang mit einem erlebten Sachverhalt und verschiedene Fähigkeiten bei der kommunikativen Darstellung des Sachverhalts beispielsweise gegenüber dem Rechtsanwalt oder dem Richter.

Es wird schnell deutlich, dass Wahrheit nicht immer eine eindeutige und punktgenaue Gerade ist, wie dies eingangs in dem mathematisch-naturwissenschaftlichen Beispiel dargestellt wurde. Wahrheit ist oftmals mit einem Fluss von stets unterschiedlicher Breite und Tiefe vergleichbar.

Diese Arbeit stellt im ersten Teil überblicksartig die Komplexität des Wahrheitsbegriffs aus rechtsphilosophischer Sicht dar. Die antike Sichtweise wird anhand des griechischen Philosophen Aristoteles beleuchtet und mit Thomas von Aquin kommt der bedeutendste Philosoph des Mittelalters zu Wort. Abgeschlossen wird die Betrachtung mit Gedanken aus der Zeit der Aufklärung von Immanuel Kant und den modernen hermeneutischen Überlegungen Hans-Georg Gadamers.

Im zweiten Teil wird der rechtliche Wahrheitsbegriff dargestellt. Zunächst wird der materiell-rechtliche Inhalt des Wahrheitsbegriffs betrachtet und auf die Wahrheit im formell-rechtlichen Sinn eingegangen, insbesondere im gerichtlichen Erkenntnisverfahren. Anschließend wird zur Schutzguteigenschaft von Wahrheit Stellung genommen und es wird die Frage erörtert, ob die aktuelle Debatte um ein neues Menschenrecht auf Wahrheit zur rechtlichen Begriffsbestimmung beitragen kann.

Der dritte Teil der Arbeit beschäftigt sich mit Fake News: Wie weit reicht die Meinungsfreiheit, wo beginnen Lügen und ist es sinnvoll, Fake News als eigenes Tatbestandsmerkmal in der rechtlichen Debatte einzuführen? In diesem Zusammenhang sind die Aufgaben des (Qualitäts-)Journalismus und das Nutzerverhalten der Medienkonsumenten zu thematisieren, denn Fake News sind unzweifelhaft der Sand im Getriebe eines pluralistischen Meinungsbildungsprozesses in einer freiheitlich-demokratischen Gesellschaft.

Im vierten Teil der Arbeit werden praktische Probleme der Justiz im Umgang mit Fake News sowie bestehende Ansprüche persönlich Betroffener dargestellt. Des Weiteren werden Verbesserungsvorschläge und alternative Lösungsansätze vorgestellt.

B. Der philosophische Wahrheitsbegriff

Die Entwicklung des Wahrheitsbegriffs ist eng mit dem Menschenbild der jeweiligen Epoche verknüpft. Die Darstellung des sich wandelnden Wahrheitsbegriffs sollte immer vor diesem Hintergrund dargestellt werden.

I. Aristoteles

Der erste Blick dieser Arbeit ist auf das Menschenbild bei Aristoteles zu richten. Der Stagirit führt selbst in seinem Werk *De anima* gleich zu Beginn aus, dass die Kenntnis von der Seele des Menschen zur Wahrheit insgesamt Großes beiträgt.[1] Aristoteles geht es sowohl um die Definition des Wahrheitsbegriffs als auch die Beschreibung der Möglichkeiten des Erkennens von Wahrheit.

1. Menschenbild bei Aristoteles

Seit dem 7. Jahrhundert vor Christus wurde durch Zarathustra ein dualistisches Menschenbild geprägt. Demzufolge sei der Mensch ein in Materie und Geist zweigeteiltes Wesen. Bis einschließlich Platon wurde diese Zweiheit von Leib und Seele in wesentlichen Teilen aufrechterhalten.

Aristoteles überwindet diesen Dualismus im Kern. Der Stagirit führt in seinem Werk *De anima* den Begriff der Seele als „erste

---

1 *Aristoteles*, De anima II, 402a 5f.: „Auch scheint die Kenntnis von ihr [Anmerkung des Verfassers: der Seele] insgesamt Großes beizutragen.".

Vollendung (‚Entelechie') eines natürlichen Körpers, der dem Vermögen nach Leben hat"[2] ein. Der Begriff der Seele ist grundsätzlich nicht mit dem Begriff des Bewusstseins gleichzusetzen, der von den antiken Philosophen ohnehin noch nicht gebraucht wird.[3] Stattdessen wird der Begriff der Seele für die Funktion des Lebens im Organismus verwendet.[4] Leib und Seele stehen in einer Wechselbeziehung zueinander. Dadurch gelingt es Aristoteles, die Ganzheit des Menschen aus dem Begriff der Seele abzuleiten.

Aristoteles erkannte die dreischichtige Seele als das zentrale Prinzip des Menschen.[5] Diese drei Schichten sind Folgende:

a) Die Vitalseele

Aristoteles bestimmt zunächst die „nährende und den Werdegang bestimmende Seele", die er Vitalseele nennt. Diesen Seelenteil hat der Mensch mit den Pflanzen gemeinsam. Es handelt sich um ein rein biologisches Prinzip, mit dem ein Bildungs- und

---

2 *Aristoteles*, De anima II, 412a 27 f..

3 *Hartmann*, S. 10.

4 Ebd.

5 *Coreth*, S. 145 mit Verweis auf *Aristoteles*, De anima II, 412b 5 ff.: „Wenn daher etwas Gemeinsames für jede Seele gesagt werden soll, so dürfte sie die erste Vollendung eines natürlichen werkzeughaften Körpers sein. Deswegen muss man auch nicht untersuchen, ob die Seele und der Körper eins sind, so wie auch nicht beim Wachs und seiner Form, noch insgesamt bei der Materie eines jeden Dinges und dem, dessen Materie sie ist."

Wachstumsprozess[6] beschrieben wird. Die Vitalseele ist für den vegetativen Selbsterhalt verantwortlich, den der Stagirit wesentlich an den Prozessen des Nährens und Zeugens festmacht.[7] Diese bildet die Grundfunktionen des Lebens ab.

b) Die Wahrnehmung

Die zweite Schicht bezeichnet Aristoteles als „wahrnehmende und strebende Seele". Diese Stufe hat der Mensch mit allen Tieren gemeinsam. Aristoteles arbeitet Empfindung und Beweglichkeit als Kernelemente heraus, um diese Schicht zu beschreiben.[8]

Die Verbindung von Wahrnehmung und Streben ist am deutlichsten beim Tastsinn und Geschmack erkennbar, die Aristoteles als die niederen, gleichzeitig aber auch als die allgemeinsten und grundlegenden Sinnesarten ansieht.[9]

In seiner Abhandlung über die Wahrnehmung beschäftigt sich Aristoteles auch mit der Täuschung. Nach Auffassung des Stagi-

---

6 *Hartmann*, S. 12.

7 *Aristoteles*, De anima II, 415a 23 ff.: „Folglich ist zuerst über Nahrung und Zeugung zu sprechen. Die ernährende Seele kommt nämlich auch den anderen zu und ist das erste und gemeinsame Vermögen der Seele, kraft dessen allen (lebendigen Wesen) das Lebendig-Sein zukommt. Die Leistungen dieses Vermögens sind zu zeugen und Nahrung zu gebrauchen.".

8 *Auer*, Das Menschenbild als rechtsethische Dimension der Jurisprudenz, S. 19.

9 *Hartmann*, a.a.O. S. 15.

rits ist eine Täuschung darüber möglich, was oder wo das Gesehene oder Gehörte ist, nicht aber darüber, dass es Farbe und Geräusch ist.[10] Zum Bereich der Wahrnehmung zählen die höheren Grundfunktionen, die nach außen gerichtet sind und einen Kontakt des Menschen mit dessen Umwelt und Mitmenschen ermöglichen.

c) Die Vernunft

Über die animalische Schicht erhebt sich die vernünftige und geistige Seele.[11] Aristoteles differenziert die höchste Ebene in einen leidenden und einen tätigen Geist, die diánoia. Der leidende Geist beschäftigt sich mit der Verarbeitung des Wahrgenommenen, während der tätige Geist das einzig Göttliche im Menschen darstellt.[12]

Die Systematik dieser Schichten setzt laut Aristoteles zwei durchgehende Gesetzmäßigkeiten voraus: Zum einen steht die

---

10 *Aristoteles*, De anima II, 418a 16 ff.: „(…) und sie [Anmerkung des Verfassers: die einzelne Wahrnehmungsgattung] täuscht sich nicht, dass sie eine Farbe (sieht), noch dass (sie) einen Schall (hört), sondern was das Farbige ist oder wo bzw. was das ist, was den Schall erzeugt, oder wo."

11 *Aristoteles*, De anima III, 429a 23 ff.: „Also ist die sogenannte Vernunft der Seele – unter Vernunft verstehe ich das, womit die Seele diskursiv denkt und Annahmen macht- der Wirklichkeit nach keines von den seienden Dingen, bevor sie nicht denkt. Deswegen macht es auch keinen guten Sinn, dass sie mit dem Körper vermischt ist; denn dann würde sie eine bestimmte Beschaffenheit annehmen, wäre kalt oder warm, oder es müsste auch irgendein Organ für sie geben so wie für das Wahrnehmungsvermögen."

12 *Hartmann*, a.a.O. S. 17.

übergeordnete Schicht immer in einem existenziellen Abhängigkeitsverhältnis zu der niederen Schicht und ist dieser gegenüber nicht abtrennbar. Die höhere Schicht beruht dementsprechend auf der niederen. Zum zweiten ist die höhere Schicht stets inhaltlich selbständig. Diese Autonomie korreliert mit dem Auftreten eines eigenen, der jeweils höheren Schicht innewohnenden höheren Prinzips.[13]

Das elementare Unterscheidungsmerkmal des „Wesen Mensch" besteht darin, dass sich in ihm nicht einfach nur Fähigkeiten und Kräfte auswirken; der Mensch selbst entwickelt ein menschliches Tun und Verhalten, das diesen als Menschen kennzeichnet.[14] Der Mensch vereint alle drei Seelenschichten in sich. Dieser wird als körperlich-geistiges Wesen erkannt, dessen Körperlichkeit ihn mit der Natur und dessen geistiger Anteil ihn mit dem Göttlichen verbindet.

---

13 *Hartmann*, a.a.O. S. 20, der als Beleg hierfür heranzieht: Aristoteles, De anima II, 414a 15 ff.: „Da, wie wir gesagt haben, die Substanz auf dreifache Weise ausgesagt wird, nämlich erstens als Form, zweitens als Materie und drittens als das aus beiden Zusammengesetze, wovon die Materie Vermögen und die Form Vollendung ist, (und) da das aus beiden Zusammengesetzte Beseeltes ist, ist nicht der Körper die Vollendung der Seele, sondern sie ist (die Vollendung eines bestimmten Körpers. Und deswegen liegen diejenigen richtig, die meinen, die Seele existiere weder ohne Körper noch sei sie ein bestimmter Körper; (…)" und Aristoteles, De anima II, 414b 29 ff.: „Bei der Seele verhält es sich ganz ähnlich wie bei den Figuren: In der nachfolgenden ist nämlich dem Vermögen nach immer die vorhergehende enthalten, sowohl bei den Figuren als auch beim Beseelten (…)"

14 *Gadamer*, Wahrheit und Methode, S. 296.

Der griechische Begriff der „ersten Entelechie“ wurde eingangs mit „erste Vollendung“[15] übersetzt und meint immer etwas, das sein Ziel bereits in sich hat. Aristoteles spricht dem Menschen über die Vernunftseele zu, zu Höherem befähigt zu sein. Dieser Seelenteil ermöglicht dem Menschen das Glücklichsein[16], aber auch das Fragen und Hinterfragen.

Aristoteles hat mit seiner Schichtenlehre einen entscheidenden Schritt in Richtung eines ganzheitlichen Menschenbildes unternommen. Diese Weiterentwicklung des Menschenbildes hat die verschiedensten Disziplinen der Wissenschaft bis in die heutige Zeit maßgeblich geprägt.[17]

2. Definition der Wahrheit nach Aristoteles

Der Stagirit geht insbesondere in seinem Werk Metaphysik auf den Wahrheitsbegriff ein. Dies ist Grundlage für die nachfolgenden Ausführungen. Ausgangspunkt der Metaphysik ist die Erkenntnis, dass der Mensch grundsätzlich nach Wissen strebt. Für Aristoteles stehen Menschenbild und Wahrheitsbegriff grundlegend miteinander in Verbindung.

Der Stagirit betrachtet zwei Ebenen, die für die Bestimmung des Wahrheitsbegriffs von großer Bedeutung sind. Diese Betrach-

15 Vgl. Fußnote 5.

16 *Aristoteles*, Nikomachische Ethik X, 1177b 26.

17 *Auer*, a.a.O. S. 20, mit Verweis auf die Tiefenpsychologie *Siegmund Freuds* und die empirische Verhaltungsforschung.

tungsweise führt dazu, dass einerseits eine Aussagewahrheit und andererseits eine Sachwahrheit beschrieben werden kann.

a) Klassische Übereinstimmungstheorie zur Aussagewahrheit

Aristoteles definiert Wahrheit grundlegend wie folgt:

> *„Zu sagen nämlich, das Seiende sei nicht oder das Nicht-Seiende sei, ist falsch; dagegen zu sagen, das Seiende sei und das Nicht-Seiende sei nicht, ist wahr.“*[18]

Aristoteles wandelt seine Definition an anderer Stelle ab und formuliert diese wie folgt:

> *„Das Wahre nämlich spricht die Bejahung aus von dem Verbundenen, die Verneinung von dem Getrennten, das Falsche aber spricht das kontradiktatorische Gegenteil zu dieser Teilung aus.“*[19]

Diese Definition bildet bis heute die klassische Übereinstimmungstheorie zum Wahrheitsbegriff.

Als Beispiele für „Zusammengesetztes“ nennt Aristoteles etwa „Kreis und rund“, für „Getrenntes“ führt er „Kreis und eckig“ an. Bejahend ist eine Aussage für Aristoteles immer dann, wenn diese eine Zusammensetzung enthält und das unabhängig da-

---

[18] *Aristoteles*, Metaphysik IV, 1011b 26f.; *Tarski* hat in seinem Beitrag „The Semantic Conception of Truth“, in: *Feigl-Sellars*, Readings in Philosophical Analysis, die Definition von Aristoteles weiter formalisiert und ihr folgende Formel gegeben: “’p’ ist wahr, wenn p; ‘p’ ist nicht wahr, wenn nicht p (wobei ‘p’ für eine beliebige Aussage steht).

[19] *Aristoteles*, Metaphysik VI, 1027b 20 f.

von, ob die Aussage wahr oder falsch ist, wie z. B. „Der Kreis ist rund“ oder „Der Kreis ist eckig“.

Durch die Einteilung wird deutlich, dass Aristoteles seine Definition allein für prädikative Aussagen versteht.[20] Der Wahrheitsbegriff bei Aristoteles umschreibt eine Aussagewahrheit, die das Verhältnis einer Aussage zum tatsächlichen Sein beschreibt.

Damit ist die Verbindung mit dem Seinsproblem bei Aristoteles hergestellt. Zwar wird mit Aussagen, die entweder wahr oder falsch sein können, über Seiendes gesprochen, jedoch sind die Aussagen an sich nicht selbst Seiendes. An diesem Punkt stellt Aristoteles wieder eine Verbindung zum „Wesen Mensch“ her, indem er das Falsche und das Wahre nicht an den Dingen selbst, sondern am Denken festmacht.[21]

Für diesen Denkprozess ist die diánoia, also die sittliche bzw. tugendhafte Vernunft als die höchste Seelenschicht verantwortlich und zuständig.

Der Mensch bedient sich nach dieser Auffassung eines Gedanken- und Kommunikationssystems, um die Welt um sich herum zu erfassen. Zentrum dieses Systems ist mit der diánoia die höchste Vernunftebene. Wahres wird gesprochen, wenn die re-

---

20 *Tugendhat*, Der Wahrheitsbegriff bei Aristoteles, in: Philosophische Aufsätze, S. 252.

21 *Aristoteles*, Metaphysik, 1027b 37 ff.: „Denn das Falsche und das Wahre liegt nicht in den Dingen, so dass etwa das Gute wahr und das Böse sogleich falsch wäre, sondern im Denken. Bei den einfachen Dingen und dem Was aber auch nicht im Denken (sondern in einem intuitiven Erfassen).“

ale Welt innerhalb des menschlichen Gedankensystems richtig subsumiert wird.

b) Sein im Sinne der Wahrheit als Sachwahrheit

Auf der zweiten Betrachtungsebene führt Aristoteles das „Sein im Sinne der Wahrheit" ein.[22]

Dadurch kommt dem Sein selbst aber nicht Wahrheit oder Falschheit zu, denn das Wahr- oder Falschsein ist nach wie vor Charakterzug der diánoia. Vielmehr steht die positive, wahre Aussage in einer positiven Sinnverbindung zum Sein, wodurch wieder ein „Zusammengesetztes" (vgl. oben) entsteht.[23] Die Wirklichkeit im Sinne von Sein ist nach Aristoteles grundsätzlich rein positiv bzw. wahr definiert und das Nichtseiende im Sinne von „nicht Zusammengesetzt-Sein" als Nichtexistenz und falsch.[24]

---

22 *Aristoteles*, Metaphysik, IX, 10: „Indem das Seiende und das Nichtseiende teils nach den Formen teils nach den Kategorien ausgesagt wird, teils nach Vermögen (Möglichkeit) und Wirklichkeit derselben oder deren Gegenteil, teils als im eigentlichen Sinne seiende Wahre oder Falsche (…), so fragt sich, wann denn das genannte Wahre oder Falsche vorliegt; denn wir müssen untersuchen, was wir damit meinen. Nicht darum nämlich, weil unser Urteil, du seiest weiß, wahr ist, bist du weiß, sondern darum, weil du weiß bist, sagen wir die Wahrheit, indem wir dies behaupten."

23 *Tugendhat*, Der Wahrheitsbegriff bei Aristoteles, in: Philosophische Aufsätze, S. 255.

24 *Tugendhat*, Der Wahrheitsbegriff bei Aristoteles, in: Philosophische Aufsätze, S. 255 mit Verweis auf Aristoteles, Metaphysik, 1024b 25ff.

Im Zusammenhang mit dem „Sein im Sinne der Wahrheit" differenziert der Stagirit nach dem Grad der Einheit von Aussagewahrheit und dem Sein. Ist die Einheit zufällig bzw. „akzidentiell", ist die Aussage einmal wahr und einmal falsch und damit nicht gesichert. Ist die Einheit notwendig, ist das entsprechende Urteil unumstößlich wahr oder falsch.[25] Diese Unterscheidung hat insbesondere den Hintergrund, dass Aristoteles die Aussagen ohne implizite objektive Zeitangabe verstanden hat; dementsprechend ist die Aussage „er sitzt", die nicht als „er sitzt jetzt" verstanden wird, in dem Augenblick falsch, in dem der Sitzende aufsteht.[26] Die notwendige Einheit ist bei gesichertem Wissen gegeben, etwa in Bezug auf den Kreis, der stets rund sein muss.

Aristoteles versteht „Wahrheit" und „Sein im Sinne der Wahrheit" als eine „Sachwahrheit". Nach der Definition von Aristoteles kann nur Seiendes wahr sein. Daher werden von ihm Schattenrisse oder Träume als falsch definiert, „weil diese entweder nicht [existent] sind oder weil die von ihnen hervorgerufene Vorstellung die Vorstellung eines Nicht-Seienden ist."[27] Es findet sich bei Aristoteles jedoch keine Erklärung, in welcher Beziehung dieses Falsche zum Falschen der Aussage steht.[28]

---

25 *Aristoteles*, Metaphysik, 1051b 11ff.

26 *Tugendhat*, Der Wahrheitsbegriff bei Aristoteles, in: Philosophische Aufsätze, S. 256 mit Verweis auf Aristoteles, Metaphysik, 1051b 13ff.

27 *Aristoteles*, Metaphysik, 1024b 28ff.

28 *Tugendhat*, Der Wahrheitsbegriff bei Aristoteles, in: Philosophische Aufsätze, S. 258.

Aristoteles verwendet den Begriff Wahrheit teilweise unterminologisch, etwa wenn er auf den Unterschied von Wissenschaft und Praxis eingeht.[29] Darin spiegelt sich das Menschenbild von Aristoteles. Die nur dem Menschen vorbehaltenen Seelenteile unterscheiden sich in den leidenden Geist und die diánoia als tätigen Geist. Ersterer verarbeitet das Wahrgenommene, wie die alltägliche Arbeitspraxis dies auch tut. Zweiterer stellt einen Bezug zum Göttlichen dar und strebt somit nach dem tieferen Sinn, genauso wie die theoretische Wissenschaft und Grundlagenforschung.

3. Zwischenergebnis

Nach Aristoteles bildet der Mensch in seiner höchsten Seelenschicht ein Urteil, das Grundlage für eine Aussage ist. Damit ist die Vernunftseele Wahrheitsträger und Charakterzug der diánoia.

Wahrheit besteht in der Übereinstimmung von Aussage und Sein. Wahrheitskriterium ist die Sache als Seiendes. Bei Betrachtung des Seins differenziert Aristoteles nach dem Grad der Vergänglichkeit. Dies führt dazu, dass es fixe und relative Aussage-

29 *Aristoteles*, Metaphysik, 993b 26ff.: „Richtig ist es auch, die Philosophie Wissenschaft der Wahrheit zu nennen. Denn für die theoretische Philosophie ist die Wahrheit, für die praktische das Werk Ziel. Denn wenn auch die Vertreter der praktischen Philosophie danach fragen, wie etwas beschaffen ist, so ist doch nicht das Ewige (das Ursächliche, das An-sich), sondern das Relative und Zeitliche Gegenstand ihrer Betrachtung. Die Wahrheit aber wissen wir nicht ohne Erkenntnis der Ursache“.

wahrheiten gibt. Was nicht körperlich existiert, ist auch nicht wahr.

Für Aristoteles ist die Philosophie demnach die Wissenschaft der Wahrheit. Die theoretische Wissenschaft strebt immer nach der Wahrheit, die praktische Wissenschaft nach einem Werk. Das Streben nach Wissen ist ein zentraler Wesenszug des Menschen, weshalb Menschenbild und Wahrheitsbegriff nicht getrennt voneinander betrachtet werden können. Die Wahrheit entspringt dem Kern des Menschen bzw. dem Seelenteil, der den Menschen zum Menschen macht.

II. Thomas von Aquin

Im Mittelalter nahm eine strenge wissenschaftliche Unterscheidung der Disziplinen Philosophie und Theologie eine Vorrangstellung ein.

Diese Unterscheidung ist im Zusammenhang mit Thomas von Aquin nicht sachdienlich, weil dieser sowohl bei der Frage nach dem Menschenbild als auch dem Wahrheitsbegriff diesen Widerspruch auflöst.

In seinem Werk *Summa contra gentiles* bemüht Thomas von Aquin Aristoteles im 13. Kapitel des ersten Buches unter dem Titel „Gründe, um zu beweisen, dass Gott ist", die Existenz Gottes philosophisch zu beweisen.

Thomas bezieht sich dabei auf die Ausführungen von Aristoteles in dessen Metaphysik, wonach alles Bewegte eine nicht ins Unendliche fortführbare Wirkursache, sondern nur eine einzige, erste Ursache hat.[30] Diese erste und einzige Wirkursache ist Gott, so Thomas.

Das Wahrsein ist nach Aristoteles ein Charakterzug der diánoia und es ist möglich, von zwei falschen Dingen das in höherem Maße Falsche zu bestimmen. Thomas argumentiert daher, dass es umgekehrt auch ein im höchsten Maße Wahres geben muss. Was im höchsten Maße wahr ist, ist gleichzeitig im höchsten Maße seiend; dadurch wird wiederum die Existenz Gottes belegt.[31]

Durch diese Argumentationen wird deutlich, dass sich Thomas von Aquin selbst als Theologe versteht. Mit theologischer Absicht hat er vorhandene philosophische Gedanken zu einer ers-

30 *Thomas von Aquin*, Summa Contra Gentiles Libri Quattuor, Bd. 1, XIII, 994 a 5: „Aristoteles geht aber noch auf einem anderen Wege vor, und zwar im 2. Buch der Metaphysik. Dabei unternimmt er es zu zeigen, dass man bei den Wirkursachen nicht ins Unendliche fortschreiten könne, sondern dass man zu einer einzigen ersten Ursache gelangen müsse. Diese aber nennen wir Gott."

31 *Thomas von Aquin*, Summa Contra Gentiles Libri Quattuor, Bd. 1, XIII, 993 b 27 f.: „Aus den Worten des Aristoteles kann auch noch ein anderer Beweis zusammengestellt werden. Aristoteles zeigt nämlich im 2. Buch der Metaphysik, dass das, was im höchsten Maße wahr ist, auch im höchsten Maße seiend ist. Er zeigt aber (…) auch, dass es etwas im höchsten Maße Wahres gibt, und zwar daraus, dass wir sehen, dass von zwei Falschen das eine in höherem Maße falsch ist als das andere, weshalb denn auch eines wahrer als das andere sein muss. Dies aber ist der Fall auf Grund der Annäherung an das, was das schlechthin im höchsten Maße Wahre ist. Aus diesem aber kann weiter geschlossen werden, dass es etwas gibt, was im höchsten Maße seiend ist: Das aber nennen wir Gott."

ten eigenständigen Philosophie im Raum des abendländischen Christentums weiterentwickelt.[32]

1. Menschenbild bei Thomas von Aquin

In seinem Werk *Summa theologiae* erläutert Thomas von Aquin, dass die Seele der Beweger des Körpers ist. Zum Wesen des Menschen gehört die Einheit von Leib und Seele.[33] Bei Thomas von Aquin wird das Leibliche wieder stärker betont. Unter Bezugnahme auf Augustinus stellt Thomas fest, dass der Mensch weder Seele noch Körper allein, sondern Seele und Leib zugleich ist.[34] Der Seele kommt keine Selbständigkeit oder Eigenständigkeit zu, diese ist ausschließlich im Zusammenhang mit dem Leib wesenhaft für den Menschen.

Da die Seele Grund der Verstehtätigkeit ist, stellt diese nach Thomas etwas unkörperlich Selbständiges dar.[35] Das Denkver-

32 *Heinzmann*, Thomas von Aquin, S. 26.

33 *Thomas von Aquin*, Summa Thelogica I, 75,4: „Wie es nämlich zum Begriff „dieses Menschen" gehört, das er aus dieser Seele und diesem Fleisch und Gebein besteht, so gehört es zum Begriff „des Menschen", dass er aus Seele und Fleisch und Gebein besteht."

34 *Thomas von Aquin*, ebd., I, 75,4: „Andererseits lobt Augustinus den Varro, der „der Auffassung war, dass der Mensch nicht Seele allein, noch auch ausschließlich leib, sondern Seele und Leib zugleich ist."

35 *Thomas von Aquin*, ebd., I, 75,2: „Man muss notwendig sagen: das, was Grund der Verstehtätigkeit ist –wir nennen so die Seele des Menschen-, ist ein unkörperlicher und selbständiger Grund. Es ist nämlich offensichtlich, dass der Mensch durch den Verstand die Natur aller Körper erkennen kann."

mögen ist nach seiner Auffassung anders als die Wahrnehmung nicht organgebunden.[36] Es ist etwas Gottgegebenes.

Dabei wird deutlich, dass Thomas von Aquin nicht von einem Idealbild des Menschen ausgeht und Prinzipien formuliert, wie der Mensch sein soll. Vielmehr geht Thomas von Aquin vom Menschen aus, wie dieser wirklich ist und stellt auf dieser Grundlage die Frage nach den wesentlichen Seinsprinzipien.[37] Der Mensch ist als *compositum* aus Leib und Seele *ex prima dei intentione*[38], von Anfang an von Gott so gewollt. Die Seele selbst ist ebenfalls nicht vor oder außerhalb des Körpers erschaffen worden.[39]

In *Summa theologicae* führt Thomas von Aquin den Begriff der Person ein, um die Einmaligkeit jedes einzelnen Menschen hervorzuheben.[40] Jeder einzelne Mensch ist Geschöpf Gottes.

---

36 *Schönberger*, Thomas von Aquin, S. 105.

37 *Schönberger*, a.a.O.

38 *Thomas von Aquin*, Quaestiones Disputatae, Band 7, De potentia Dei, q.3 a.10.

39 Ebd.: „Die Dinge sind von Gott in der ihnen wesensmäßigen Vollkommenheit erschaffen worden. (…) Ohne einen Körper bleibt nun die Seele unvollkommen in ihrer Natur, da sie ja nicht von sich aus die vollständige Gestalt einer Wesensform hat, sondern vielmehr Teil der menschlichen Natur ist. Andernfalls würden die Seele und der Körper eine bloß akzidentielle Einheit bilden. Daher ist die menschliche Seele nicht außerhalb eines Körpers erschaffen worden."

40 *Thomas von Aquin*, Summa Thelogica I, 29,1: „Doch in einer noch einzigartigeren und vollkommeneren Weise findet sich das Besondere und Vereinzelte in den vernunftbegabten Substanzen, die Herrschaft haben über ihr Tun, und nicht bloß zum Tun getrieben werden wie die ande-

Der einzelne Mensch gewinnt für sich ein Alleinstellungsmerkmal, einen einmaligen Wert. Diese Wertigkeit des Individuums hat bis heute Bedeutung und begründet die unantastbare Würde des einzelnen Menschen.[41]

Das Menschenbild des Thomas von Aquin geht über die von Aristoteles beschrittenen Denkwege hinaus und begründet im Kern das heute noch aktuelle christliche Menschenbild. Der Mensch ist gottgewolltes Individuum mit unantastbarer Würde sowie individuellen Fähigkeiten und Fertigkeiten, aber mit individuellen Schwächen auch ein gleichberechtigter Teil einer menschlichen Gemeinschaft.

2. Der Wahrheitsbegriff bei Thomas von Aquin

Gleich zu Beginn seines Werks *Quaestiones Disputatae De Veritate* widmet sich Thomas von Aquin der Wahrheitsdefinition. Dieses Werk ist Grundlage für die weiteren Ausführungen, wohlwissend, dass sich auch in anderen seiner Werke Ausführungen zum Wahrheitsbegriff befinden.[42]

---

ren, sondern durch sich selbst tun. Die Tätigkeiten aber gehören den Einzelwesen zu. Und so haben unter den übrigen Substanzen die Einzelwesen von vernunftbegabter Natur auch einen besonderen Namen, und dieser Name ist Person."

41 *Heinzmann*, Thomas von Aquin, S. 45.

42 Vgl. etwa *Senner* in Enders/ Szaif, Die Geschichte des philosophischen Begriffs der Wahrheit, S. 120 ff. mit Verweis auf den Sentenzenkommentar, den Kommentar zum Johannesevangelium und summa theologicae

Thomas von Aquin liefert nicht nur eine, sondern drei Definitionen von Wahrheit:

a) Wahrheitsbestimmung fundamentaliter

Unter Bezugnahme auf Augustinus beschäftigt sich Thomas mit der Formel

> *„Wahr ist das, was ist.“*

Er wirft gleichzeitig die Frage auf, ob die Begriffe „Wahres“ und „Seiendes“ dasselbe seien.[43]

Thomas führt aus, dass „Wahres“ und „Seiendes“ einerseits nicht getrennt gedacht werden könnten, weil sich dies von Grund auf ausschließen würde. Andererseits fügt „Wahres“ dem „Seienden“ aber auch nichts hinzu, wie bereits Aristoteles in seiner Metaphysik dargestellt hat.[44] Dem „Seienden“ wird nichts durch die Aussage hinzugefügt, das Seiende sei und das Nichtseiende sei nicht. Vielmehr wird eine Abgrenzung zum Nichtseienden vorgenommen.

---

[43] *Thomas von Aquin*, Von der Wahrheit – De veritate Quaestio I, Artikel I: „Es scheint aber, als sei Wahres ganz dasselbe wie Seiendes. Augustinus sagt in dem Buch „Alleingespräche“: „Wahres ist das, was ist“. Nur Seiendes ist aber das, was ist. Also bedeutet „Wahres“ ganz dasselbe wie „Seiendes“.“

[44] Vgl. Fn. 18.

Eine Identität beider Begriffe sieht Thomas von Aquin dennoch nicht und er begründet dies damit, dass es sich andernfalls um eine Tautologie handle, also eine unnütze Wiederholung.[45]

Thomas stellt darauf ab, dass ergänzend zu der Argumentation von Aristoteles eine Hinzufügung nicht von außen erfolgt. Stattdessen entfaltet sich „das Seiende" im menschlichen Verstand durch das Erkennen zu einer besonderen Seinsweise.[46]

Diese besondere Seinsweise kann entweder die Substanz des Seienden und somit das „an sich Seiende" bzw. das „Wirklichsein" betreffen.[47] Es ist auch möglich, dass diese Besonderheit durch das Wesen des Seins bestimmt wird. In diesem Fall steht die „Washeit" bzw. das „Eins-Sein"[48] im Vordergrund.

---

45 *Thomas von Aquin*, a.a.O.: „Eine Tautologie ist die unnütze Wiederholung desselben. Wäre also Wahres dasselbe wie Seiendes, wäre es eine Tautologie, von wahrem Seienden zu sprechen. Das ist jedoch falsch. Also sind sie nicht dasselbe."

46 *Thomas von Aquin*, a.a.O.: „Seiendes aber ist jenes, was der Verstand zuerst als das ihm Bekannte begreift und in das er alles Begriffene auflöst, wie Avicenna zu Beginn seiner „Metaphysik" sagt. (…) Es wird eine gewisse besondere Seinsweise ausgedrückt."

47 *Thomas von Aquin*, a.a.O.: „Vielmehr drückt man mittels des Wortes „Substanz" eine gewisse besondere Weise zu sein aus, nämlich „an sich seiend", entsprechend ist es mit den anderen Kategorien."

48 *Thomas von Aquin*, a.a.O.: „So wird dem Sein der Name „Wesen" („Ding") beigelegt. Er unterscheidet sich von „Seiendes" gemäß Avicenna (:..) darin, dass „Seiendes" vom Akt des Seins her genommen wird, währen das Wort „Wesen" die Washeit oder Wesenheit des Seienden ausdrückt. Die Verneinung aber, die jedem Seienden ohne Hinsicht auf anderes genommen folgt, ist die Nichtgeteiltheit. Diese drückt

Auf den Punkt gebracht bedeutet „wahr“ nach der fundamentalen Betrachtungsweise von Thomas von Aquin die Ungeteiltheit des Seins und dessen, was ist.[49]

b) Wahrheitsbestimmung formaliter

Thomas verfolgt einen zweiten Ansatz, um den Wahrheitsbegriff zu fassen. Dabei bezieht er sich auf Isaak Israeli und dessen Formel

> *„Veritas est adaequatio rei et intellectus.“ (Die Wahrheit ist die Angleichung eines Dinges und des Verstandes.).*

Aufbauend auf dieser Formel setzt Thomas sich mit den Begriffen „convenientia“ (Übereinstimmung), „assimulatio“ (Ähnlichmachung, Anpassung) und „adaequatio“ (Angleichung) auseinander. In der Übersetzung werden diese begrifflichen Unterschiede nicht so deutlich, weshalb an dieser Stelle hierauf hingewiesen sei.

Unter Bezugnahme auf *De anima* von Aristoteles greift Thomas den Satz auf, dass das Übereinstimmen eines Seienden mit dem Streben das Wort „Gutes“ ausdrückt. Hier sei auf die Ausführungen von Aristoteles zum Menschenbild und zur Vernunftseele verwiesen, die aus einem leidenden und einem strebenden Seelenteil besteht. Aus dieser Theorie des Aristoteles folgert Thomas, dass das Übereinstimmen eines Seienden mit dem Ver-

---

das Wort „Eines“ aus; denn Eines ist nichts anderes als ein ungeteiltes Seiendes.“

49 *Krings*, Was ist Wahrheit?, Philosophisches Jahrbuch 90/1, S. 27.

stand das Wort „Wahres“ definiert.[50] Dieser Rückschluss geschieht bei Thomas aus seinem christlichen Glauben heraus, weil der einzelne Mensch Geschöpf Gottes ist und deshalb nach dem Guten strebt. Insofern bindet er die philosophischen Ansätze von Aristoteles in seine eigene christliche Philosophie ein.

Wahrheit ist nicht lediglich die Übereinstimmung von Intellekt und Sache, sondern vielmehr die Übereinstimmung der Äquivalenz des Urbildes mit einer Projektion bzw. einem Abbild entsprechend einer Sache mit der Äquivalenz des Urbildes mit dem Abbild entsprechend der Erkenntnis[51]. Dadurch erhält die Übereinstimmung sowohl ein objektives als auch ein subjektives Element. Es ist eine objektive Sachwahrheit, wenn eine Sache mit dem Idealbild dieser Sache übereinstimmt. Und es ist eine subjektive Wahrheit, wenn das individuelle Erkenntnisvermögen diese Übereinstimmung erfasst.

Zum „Seienden“ gehört all das, was wir als einen Gegenstand oder eine Tatsache identifizieren und als existierend bezeichnen können. Der menschliche Verstand erkennt immer zuerst das

---

50 *Thomas von Aquin*, a.a.O.: „Das Übereinstimmen eines Seienden mit dem Streben drückt also das Wort „Gutes“ aus Daher heißt es am Anfang der Ethik: „Das Gute ist, wonach alles strebt“. Das Übereinstimmen jedoch eines Seienden mit dem Verstand drückt das Wort „Wahres“ aus.

51 *Thomas von Aquin*, a.a.O.: „Jede Erkenntnis aber vollzieht sich durch eine Anpassung des Erkennenden an das erkannte Ding, und zwar derart, dass die besagte Anpassung Ursache der Erkenntnis ist“; vgl. auch Krings, a.a.O., S. 25.

Seiende, weil es ihm am bekanntesten ist und dies in Begriffen und Kategorien erfasst werden kann.[52]

Insofern baut der formale Wahrheitsbegriff auf dem fundamentalen Wahrheitsbegriff auf.

c) Wahrheitsbestimmung finaliter

Darüber hinaus erwähnt Thomas von Aquin eine dritte Ebene, die für die Bestimmung des Wahrheitsbegriffs nicht weniger bedeutsam ist. Dabei bezieht er sich auf Hilarius und dessen These

> *„Wahres zeigt Sein an und macht es augenscheinlich."*

und definiert das Wahre auch anhand der Auswirkungen. Er ergänzt diese Ausführungen mit einem Zitat des Kirchenlehrers Augustinus: „Wahrheit ist, wodurch sich das zeigt, was ist".[53]

Auf dieser Ebene wird der Wahrheitsbegriff anhand des effectus consequens bestimmt, also dessen, was aus der Übereinstimmung folgt. *Hermann Krings* nennt in diesem Zusammenhang drei Beispiele. Erstens ist ein Denkmal oft schon vorhanden, aber erst dessen Enthüllung macht es als Denkmal sichtbar. Zweitens ist eine Person mit unbekanntem Namen als solche schon be-

---

52 Vgl. Fn.45.

53 *Thomas von Aquin*, a.a.O.: „Drittens wird das Wahre definiert gemäß der ihm folgenden Wirkung, und so sagt Hilarius: „Wahres zeigt Sein an und macht es augenscheinlich", und Augustinus im Buch „Von der wahren Religion": „Wahrheit ist, wodurch sich das zeigt, was ist", und in demselben Buch: „Wahrheit ist das, demgemäß wir über die niederen Dinge urteilen."

kannt, jedoch verschafft erst die Namensnennung einen Kenntnisgewinn. Drittens waren die Menschenrechte nach dem Naturrecht bereits vorhanden, aber erst durch Manifestation bzw. deren Erklärung haben diese Verbindlichkeit erreicht.[54]

3. Zwischenergebnis

Thomas von Aquin erweitert die philosophischen Ansätze von Aristoteles und definiert den Wahrheitsbegriff aus drei unterschiedlichen Blickwinkeln.

Die Aussagewahrheit wurde bereits von Aristoteles formuliert und wird durch eine Übereinstimmung auf zweierlei Ebenen ergänzt. Sowohl auf der Sachebene als auch auf der Erkenntnisebene des einzelnen Menschen muss eine Übereinstimmung der abgebildeten Sache mit deren Idealbild gegeben sein. Flankiert wird der Wahrheitsbegriff von einer transzendentalen Ebene, die eine Frage nach dem Ziel sowie Sinn und Zweck einer Aussage aufstellt. Möglicherweise wird diese Ebene am ehesten einer Zeugenbelehrung vor Gericht gerecht. Im Rahmen dieser wird jeder Zeuge aufgefordert, die ganze Wahrheit zu sagen und nichts Wesentliches wegzulassen.

Thomas hat mit dieser differenzierten Betrachtung die Mehrdimensionalität des Wahrheitsbegriffs herausgearbeitet. Die verschiedenen Blickwinkel haben bis heute Relevanz, insbesondere im Zusammenhang mit der Personalität des Menschen.

---

54 Vgl. *Krings*, a.a.O. S. 27.

III. Immanuel Kant

Immanuel Kant wuchs in einem strenggläubigen protestantischen Umfeld auf. Dies kann ein Grund dafür sein, dass zwei essenzielle Grundgedanken seiner Ethik sein Wirken prägten: Pflichtbewusstsein und Selbstverantwortung bzw. Autonomie.

Seine Werke lassen sich in zwei Phasen unterteilen. Zum einen in die vorkritische Periode, die vollständig von der Philosophie der Aufklärung geprägt ist.[55] Zum anderen in die kritische Periode, die wesentliche Aspekte des englischen Empirismus berücksichtigt und die Anschauung aufgibt, dass die traditionelle Metaphysik die Basis einer Erkenntnistheorie und Ontologie darstellen könne.[56] Dieser Paradigmenwechsel vom theozentrischen zum anthropozentrischen Weltbild wurde von Kant in seiner Schaffenszeit vollzogen und ist wesentlich für die Philosophie der Neuzeit.[57] Deshalb ist Kants Sichtweise auf den Menschen und Definition von Wahrheit für diese Arbeit unverzichtbar.

---

55 Hierzu zählen beispielsweise die „Allgemeine Naturgeschichte und Theorie des Himmels“ (1755) und „Der einzig mögliche Beweisgrund zu einer Demonstration des Daseins Gottes“ (1763).

56 Die Hauptwerke dieser Periode sind vor allem: „Kritik der reinen Vernunft“ (1781), „Grundlegung zur Metaphysik“ (1785), „Kritik der praktischen Vernunft“ (1788), „Kritik der Urteilskraft“ (1790).

57 *Auer*, Das Menschenbild als rechtsethische Dimension der Jurisprudenz, S. 14 f.

1. Das Menschenbild bei Immanuel Kant

Der Begriff der Menschenwürde geht auf Immanuel Kant zurück. Diesen erläutert er insbesondere im Werk *Grundlegung zur Metaphysik der Sitten*. Der von Kant verwendete Begriff der Menschenwürde unterscheidet sich jedoch vom von den Vereinten Nationen oder dem Deutschen Grundgesetz verwendeten Begriff der Menschenwürde dadurch, dass dieser Menschenrechte nicht festlegt, sondern menschliche Pflichten postuliert.[58]

Kant wirft bei seiner Metaphysik den neuen Ansatz auf, was und wie viel der Verstand und die Vernunft frei von aller Erfahrung bzw. a priori erkennen können.[59] Diese Frage beantwortet er dahingehend, dass alle menschliche Erkenntnis bei den Sinnen abhebt, von dort zum Verstand geleitet wird und bei der Vernunft endet.[60]

---

58 So auch *Knoepffler*, Menschenwürde bei Kant, in Sedmak, Menschenwürde: Vom Selbstwert des Menschen, dort S. 63.

59 *Kant*, Kritik der reinen Vernunft, B2.

60 *Kant*, Kritik der reinen Vernunft, A299: „Alle unsere Erkenntnis hebt von den Sinnen an, geht von da zum Verstande, und endigt bei der Vernunft, über welche nichts Höheres in uns angetroffen wird, den Stoff der Anschauung zu bearbeiten und unter die höchste Einheit des Denkens zu bringen. Da ich jetzt von dieser obersten Erkenntniskraft eine Erklärung geben soll, so finde ich mich in einiger Verlegenheit. Es gibt von ihr, wie von dem Verstande, einen bloß formalen, d. i. logischen Gebrauch, da die Vernunft von allem Inhalte der Erkenntnis abstrahiert, aber auch einen realen, da sie selbst den Ursprung gewisser Begriffe und Grundsätze enthält, die sie weder von den Sinnen, noch vom Verstande entlehnt."

In seiner Transzendentalphilosophie fasst Kant die apriorischen menschlichen Erkenntnismöglichkeiten zusammen. In der Wahrnehmungslehre bezeichnet er Raum und Zeit als apriorische Anschauungsformen, die ohne Erfahrungen erkannt werden können.[61] Im Rahmen der transzendentalen Analytik beschreibt Kant die Fähigkeit des menschlichen Verstandes zum Denken von sinnlichen Anschauungen, indem der Verstand selbst Vorstellungen spontan hervorbringt.[62] Nach der Beschäf-

---

61 *Kant*, Kritik der reinen Vernunft, A22: „In der transscendentalen Ästhetik also werden wir zuerst die Sinnlichkeit isoliren, dadurch daß wir alles absondern, was der Verstand durch seine Begriffe dabei denkt, damit nichts als empirische Anschauung übrig bleibe. Zweitens werden wir von dieser noch alles, was zur Empfindung gehört, abtrennen, damit nichts als reine Anschauung und die bloße Form der Erscheinungen übrig bleibe, welches das einzige ist, das die Sinnlichkeit a priori liefern kann. Bei dieser Untersuchung wird sich finden, daß es zwei reine Formen sinnlicher Anschauung als Principien der Erkenntniß a priori gebe, nämlich Raum und Zeit, mit deren Erwägung wir uns jetzt beschäftigen werden."

62 *Kant*, Kritik der reinen Vernunft, B93: „Es giebt aber außer der Anschauung keine andere Art zu erkennen, als durch Begriffe. Also ist die Erkenntniß eines jeden, wenigstens des menschlichen Verstandes eine Erkenntniß durch Begriffe, nicht intuitiv, sondern discursiv. Alle Anschauungen als sinnlich beruhen auf Affectionen, die Begriffe also auf Functionen. Ich verstehe aber unter Function die Einheit der Handlung, verschiedene Vorstellungen unter einer gemeinschaftlichen zu ordnen. Begriffe gründen sich also auf der Spontaneität des Denkens, wie sinnliche Anschauungen auf der Receptivität der Eindrücke. Von diesen Begriffen kann nun der Verstand keinen andern Gebrauch machen, als daß er dadurch urtheilt. Da keine Vorstellung unmittelbar auf den Gegenstand geht, als bloß die Anschauung, so wird ein Begriff niemals auf einen Gegenstand unmittelbar, sondern auf irgend eine andre

tigung mit der Sinnes- und Verstandestätigkeit befasst sich Kant mit der höchsten Ebene der menschlichen Geistestätigkeit: der Vernunft und deren eigentümlichen Tun, die Bedingungen für das Erkannte zu suchen. Diese Suche nach den Bedingungen oder Voraussetzungen von etwas Erkanntem ist ein unendlicher, aber zielgerichteter Erkenntnisprozess. Diesen kennzeichnet Kant mit dem Begriff der Idee. Die Idee meint einen zielgerichteten Vernunftgebrauch.[63]

Vorstellung von demselben (sie sei Anschauung oder selbst schon Begriff) bezogen."

63 *Kant*, Kritik der reinen Vernunft, A327 | B384: „Ich verstehe unter der Idee einen nothwendigen Vernunftbegriff, dem kein congruirender Gegenstand in den Sinnen gegeben werden kann. Also sind unsere jetzt erwogene reine Vernunftbegriffe transscendentale Ideen. Sie sind Begriffe der reinen Vernunft; denn sie betrachten alles Erfahrungserkenntniß als bestimmt durch eine absolute Totalität der Bedingungen. Sie sind nicht willkürlich erdichtet, sondern durch die Natur der Vernunft selbst aufgegeben und beziehen sich daher nothwendiger Weise auf den ganzen Verstandesgebrauch. Sie sind endlich transscendent und übersteigen die Grenze aller Erfahrung, in welcher also niemals ein Gegenstand vorkommen kann, der der transscendentalen Idee adäquat wäre. Wenn man eine Idee nennt, so sagt man dem Object nach (…) sehr viel, dem Subjecte nach aber (…) eben darum sehr wenig, weil sie, als der Begriff eines Maximum, in concreto niemals congruent kann gegeben werden. Weil nun das letztere im bloß speculativen Gebrauch der Vernunft eigentlich die ganze Absicht ist, und die Annäherung zu einem Begriffe, der aber in der Ausübung doch niemals erreicht wird, eben so viel ist, als ob der Begriff ganz und gar verfehlt würde, so heißt es von einem dergleichen Begriffe: er ist nur eine Idee. So würde man sagen können: das absolute Ganze aller Erscheinungen ist nur eine Idee, denn da wir dergleichen niemals im Bilde entwerfen können, so bleibt es ein Problem ohne alle Auflösung. Dagegen weil es im praktischen Gebrauch des Verstandes ganz allein um die Ausübung nach Regeln zu

Die Geistestätigkeit eröffnet dem Menschen ein Reich der Freiheit, insbesondere der Willensfreiheit[64]. Gleichzeitig verortet Kant das sittliche Bewusstsein auf der Vernunftebene, das aus den beiden korrespondierenden Elementen Sollen und Freiheit besteht. Sowohl das Sollen als auch die Freiheit erwirbt der

---

thun ist, so kann die Idee der praktischen Vernunft jederzeit wirklich, ob zwar nur zum Theil, in concreto gegeben werden, ja sie ist die unentbehrliche Bedingung jedes praktischen Gebrauchs der Vernunft. Ihre Ausübung ist jederzeit begrenzt und mangelhaft, aber unter nicht bestimmbaren Grenzen, also jederzeit unter dem Einflusse des Begriffs einer absoluten Vollständigkeit. (…) In ihr [Anm.: der praktischen Idee) hat die reine Vernunft sogar Causalität, das wirklich hervorzubringen, was ihr Begriff enthält; daher kann man von der Weisheit nicht gleichsam geringschätzig sagen: sie ist nur eine Idee; sondern eben darum, weil sie die Idee von der nothwendigen Einheit aller möglichen Zwecke ist, so muß sie allem Praktischen als ursprüngliche, zum wenigsten einschränkende Bedingung zur Regel dienen."

64 *Kant*, Kritik der reinen Vernunft, A445 | B473: „Setzet: es gebe eine Freiheit im transscendentalen Verstande als eine besondere Art von Causalität, nach welcher die Begebenheiten der Welt erfolgen könnten, nämlich ein Vermögen, einen Zustand, mithin auch eine Reihe von Folgen desselben schlechthin anzufangen; so wird nicht allein eine Reihe durch diese Spontaneität, sondern die Bestimmung dieser Spontaneität selbst zur Hervorbringung der Reihe, d. i. die Causalität, wird schlechthin anfangen, so daß nichts vorhergeht, wodurch diese geschehende Handlung nach beständigen Gesetzen bestimmt sei. Es setzt aber ein jeder Anfang zu handeln einen Zustand der noch nicht handelnden Ursache voraus und ein dynamisch erster Anfang der Handlung einen Zustand, der mit dem vorhergehenden eben derselben Ursache gar keinen Zusammenhang der Causalität hat, d. i. auf keine Weise daraus erfolgt."

Kant, Grundlegung zur Metaphysik der Sitten, Rn. 446: „Der Wille ist eine Art von Kausalität lebender Wesen, sofern sie vernünftig sind, und Freiheit würde diejenige Eigenschaft dieser Kausalität sein, da sie unabhängig von fremden sie bestimmenden Ursachen wirkend sein kann."

Mensch nicht, stattdessen sind diese nach Auffassung Kants dem Wesen Mensch einverleibt und bilden den Kern seines Menschenbildes.[65]

Das Element des Sollens kommt lediglich beim Menschen vor, in der Natur ist dies nicht zu finden. Das Sollen richtet sich an die menschliche Freiheit und wird vom kategorischen Imperativ Kants geprägt, den dieser wie folgt formuliert hat:

> *„Handle so, dass die Maxime deines Willens jederzeit zugleich als Prinzip einer allgemeinen Gesetzgebung gelten könne".*[66]

Nicht das Menschsein als biologisches Faktum, sondern die Sittlichkeit ist Grundlage für die Würde des Menschen. Dem Menschen kommt nur deshalb Würde zu, weil er Subjekt einer moralisch-praktischen Vernunft ist.[67] Die Menschenwürde bei Kant

---

65 *Kant*, Grundlegung zur Metaphysik der Sitten, Rn. 450:„Wir nehmen uns in der Ordnung der wirkenden Ursachen als frei an, um uns in der Ordnung der Zwecke unter sittlichen Gesetzen zu denken und wir denken uns nachher als diesen Gesetzen unterworfen, weil wir uns die Freiheit des Willens beigelegt haben, denn Freiheit und eigene Gesetzgebung des Willens sind beides Autonomie, mithin Wechselbegriffe, davon aber einer eben um deswillen nicht dazu gebraucht werden kann, um den anderen zu erklären und von ihm Grund anzugeben, sondern höchstens nur, um in logischer Absicht verscheiden scheinende Vorstellungen von eben demselben Gegenstande auf einen einzigen Begriff (…) zu bringen."

66 *Kant*, Grundlegung zur Metaphysik der Sitten, Rn. 421.

67 *Knoepffler*, a.a.O., S. 67; Kant, Grundlegung zur Metaphysik der Sitten, Rn. 435: „Also ist Sittlichkeit und die Menschheit, sofern sie derselben fähig ist, dasjenige, was allein Würde hat."

ist demnach eine Personenwürde, da dem personalen Menschen aufgrund seiner geistigen Autonomie ein Wert zukommt.[68]

Würde hat einen Wert bzw. stellt einen Wer dar; das bedeutet bei Kant zunächst einmal, dass der Mensch keinen Preis hat.[69] Keinen Preis zu haben fasst Kant in seiner Selbstzweckformel wie folgt zusammen:

> *„Handle so, dass du die Menschheit sowohl in deiner Person, als in der Person eines jeden andern jederzeit zugleich als Zweck, niemals bloß als Mittel brauchest.“*[70]

Nach Kant ist jeder Mensch selbst dafür verantwortlich, die eigene sowie die Würde anderer zu achten. Immanuel Kant stellt insbesondere in seiner *Metaphysik der Sitten* verschiedene Postulate auf, die der Mensch selbst und in der Gesellschaft mit anderen Menschen vernünftigerweise zu beachten hat, um nicht würdelos zu werden.

Mit den Konsequenzen aus dem kategorischen Imperativ und der Selbstzweckformel insbesondere an Beginn und Ende menschlichen Lebens haben sich eine Vielzahl von Philosophen

---

68 *Schaber*, Menschenwürde, S. 39ff.

69 *Kant*, Grundlegung zur Metaphysik der Sitten, Rn. 434f.: „Was sich auf die allgemeinen menschlichen Neigungen und Bedürfnisse bezieht, hat einen Marktpreis; das, was auch ohne ein Bedürfnis vorauszusetzen einem gewissen Geschmacke, d.i. einem Wohlgefallen am bloßen zwecklosen Spiel unserer Gemütskräfte, gemäß ist, einen Affektionspreis; das aber, was die Bedingung ausmacht, unter der allein etwas Zweck an sich selbst sein kann, hat nicht bloß einen relativen Wert, d. i. einen Preis, sondern einen Wert, d. i. Würde.“

70 *Kant*, Grundlegung zur Metaphysik der Sitten, Rn. 429.

und Juristen beschäftigt.[71] Eine Verletzung der Würde stellt nach Kant die Selbsttötung dar.[72] Die Todesstrafe wiederum sieht Kant selbst unkritisch, er fordert jedoch eine menschenwürdige Behandlung des Delinquenten ohne Verächtlichmachung.[73]

Immanuel Kant rückt die Person des Menschen in den Mittelpunkt seines Weltbildes. Wie Thomas von Aquin geht Kant vom personalen Menschen aus. Den Menschen nimmt er – anders als Thomas von Aquin – aber nicht so wie dieser ist, sondern so wie dieser sein sollte. Kant formuliert ein Idealbild eines autonomen Menschen und geht von einer Zivilisierbarkeit, Formbarkeit bzw. Erziehbarkeit des Menschen in der Gesellschaft aus, um sich diesem Idealbild anzunähern oder angepasst zu werden.[74]

2. Der Wahrheitsbegriff bei Immanuel Kant

Für Kant ist die Wahrheitsfrage in seiner Philosophie zentral. Diese Frage stellt er insbesondere in seinem Werk *Kritik der reinen Vernunft* im Kapitel über die transzendentale Analytik. Das Ka-

---

71 Vgl. etwa *Knoepffler* a.a.O. S. 71 ff. m. w. N.; aber auch z. B. die Diskussionen um das Luftsicherheitsgesetz in Deutschland, das den Abschuss von gekaperten Passagiermaschinen erlauben sollte fällt in diesen Bereich, da eine Abwägung Leben gegen Leben auch nach Kant unzulässig ist, weil dann ein menschliches Leben nur noch Mittel zum Zweck ist – vgl. BVerfG, Urteil v. 09.11.2005, Az.: 1 BvR 357/05

72 Vgl. *Knoepffler* a.a.O. S. 77f.

73 *Schaber* a.a.O., 46 f.

74 *Auer* a.a.O. S. 15 m.w.N.

pitel beschäftigt sich mit der Verarbeitung des von den Sinnen Erkannten.

Immanuel Kant versucht nicht, den Begriff der Wahrheit zu definieren. Dies ist für ihn überflüssig. Bei der Annahme von Wahrheit als Übereinstimmung einer Erkenntnis mit sich selbst könnten sogar Lügen als Wahrheit gelten, wenn der Lügner von seiner eigenen Lüge überzeugt ist. Als Zirkelschluss bzw. Diallele sieht Kant den Versuch, Wahrheit als Übereinstimmung einer Erkenntnis mit sich selbst zu definieren. Viel entscheidender ist für Kant die Frage, ob es ein allgemeines und sicheres Kriterium für die Wahrheit gibt.[75]

Menschliche Erkenntnis und Wahrheit gehen für Kant auf zwei Grundquellen des Gemüts zurück. Die eine Grundquelle ist die Sinnlichkeit bzw. das menschliche Vermögen, Vorstellungen zu empfangen und Eindrücke zu erhalten.[76] Die andere Grund-

---

75 *Kant*, Kritik der reinen Vernunft, B82 | A58: „Die alte und berühmte Frage, womit man die Logiker in die Enge zu treiben vermeinte und sie dahin zu bringen suchte, daß sie sich entweder auf einer elenden Diallele mußten betreffen lassen, oder ihre Unwissenheit, mithin die Eitelkeit ihrer ganzen Kunst bekennen sollten, ist diese: Was ist Wahrheit? Die Namenerklärung der Wahrheit, daß sie nämlich die Übereinstimmung der Erkenntniß mit ihrem Gegenstande sei, wird hier geschenkt und vorausgesetzt; man verlangt aber zu wissen, welches das allgemeine und sichere Kriterium der Wahrheit einer jeden Erkenntniß sei."

76 *Kant*, Kritik der reinen Vernunft, A19 | B33: „Auf welche Art und durch welche Mittel sich auch immer eine Erkenntniß auf Gegenstände beziehen mag, so ist doch diejenige, wodurch sie sich auf dieselbe unmittelbar bezieht, und worauf alles Denken als Mittel abzweckt, die Anschauung. Diese findet aber nur statt, sofern uns der Gegenstand gegeben wird, dieses aber ist wiederum uns Menschen wenigstens nur dadurch

quelle ist der Verstand. Aufgabe des Verstandes ist es, einen von den Sinnen erkannten Gegenstand zu denken bzw. zuzuordnen und zu erfassen.[77] Diesen beiden Grundarten der menschlichen Erkenntnis entsprechen zwei Grundlagen von Vorstellungen, nämlich Anschauung und Begriff.[78]

Die Kombination von Anschauung und Begriff ist notwendige Voraussetzung jeder Erkenntnis. Weder durch Anschauung noch durch Begriffe allein kann ein Gegenstand erkannt werden. Kant fasst diese Ausführungen mit den Formeln „Anschauungen ohne Begriffe sind blind“ und „Der Verstand vermag nichts anzuschauen.“ zusammen.[79] Die Anschauung ist stets sinnlich; logische Konsequenz daraus ist, dass dem Menschen die Erkenntnis des Übersinnlichen nicht möglich ist.[80]

---

möglich, daß er das Gemüth auf gewisse Weise afficire. Die Fähigkeit (Receptivität), Vorstellungen durch die Art, wie wir von Gegenständen afficirt werden, zu bekommen, heißt Sinnlichkeit.

77 *Kant*, Kritik der reinen Vernunft, A19 | B33: „Vermittelst der Sinnlichkeit also werden uns Gegenstände gegeben, und sie allein liefert uns Anschauungen; durch den Verstand aber werden sie gedacht, und von ihm entspringen Begriffe. Alles Denken aber muß sich, es sei geradezu (directe), oder im Umschweife (indirecte), vermittelst gewisser Merkmale zuletzt auf Anschauungen, mithin bei uns auf Sinnlichkeit beziehen, weil uns auf andere Weise kein Gegenstand gegeben werden kann.“

78 So auch *Fleischer*, Wahrheit und Wahrheitsgrund, S. 87.

79 *Kant*, Kritik der reinen Vernunft, B75 | A51 a. E..

80 *Kant*, Kritik der reinen Vernunft, A246 | B303: „Die transscendentale Analytik hat demnach dieses wichtige Resultat: daß der Verstand a priori niemals mehr leisten könne, als die Form einer möglichen Erfahrung überhaupt zu anticipiren, und da dasjenige, was nicht Erscheinung ist, kein Gegenstand der Erfahrung sein kann, daß er die Schranken der

Wahrheit verortet Kant ausschließlich im Urteil. Als Gegenteil von Wahrheit bezeichnet Kant den Irrtum, der ebenfalls dem Urteil innewohnt. Das Urteil stellt ein vom Verstand ausgehendes Verhältnis des Gegenstandes zum Verstand dar. Für Kant ist der wahre Gebrauch des Verstandes ein objektiv gültiger Gebrauch. Die Wahrheit des Urteils hat objektive Gültigkeit in Bezug auf den Gegenstand und durch diesen Bezug.[81] Die Korrespondenz zwischen Erkenntnis und Urteil wird in das erkennende Subjekt bzw. in den einzelnen Menschen verlagert. Wahrheitsträger ist damit jeder einzelne vernünftige Mensch.

Mit den Mitteln der Logik lässt sich jedoch nach Auffassung Kants kein allgemeines und verbindliches Wahrheitskriterium für alle Urteile herstellen.

> „Die Übereinstimmung einer Erkenntnis mit den allgemeinen und formalen Gesetzen des Verstandes und der Ver-

---

Sinnlichkeit, innerhalb denen uns allein Gegenstände gegeben werden, niemals überschreiten könne. Seine Grundsätze sind bloß Principien der Exposition der Erscheinungen, und der stolze Name einer Ontologie, welche sich anmaßt, von Dingen überhaupt synthetische Erkenntnisse a priori in einer systematischen Doctrin zu geben (z. E. den Grundsatz der Causalität), muß dem bescheidenen einer bloßen Analytik des reinen Verstandes Platz machen."

81 *Kant*, Kritik der reinen Vernunft, B87: „Der Theil der transscendentalen Logik also, der die Elemente der reinen Verstandeserkenntniß vorträgt, und die Principien, ohne welche überall kein Gegenstand gedacht werden kann, ist die transscendentale Analytik und zugleich eine Logik der Wahrheit. Denn ihr kann keine Erkenntniß widersprechen, ohne daß sie zugleich allen Inhalt verlöre, d. i. alle Beziehung auf irgend ein Object, mithin alle Wahrheit."

> nunft (…) [sind] die conditio sine qua nun, mithin die negative Bedingung aller Wahrheit."[82]

Verstößt eine Erkenntnis gegen die allgemeinen Grundsätze der Logik, kann diese nicht wahr sein.

3. Zwischenergebnis

Kant formuliert ein Idealbild eines autonomen, vernünftigen Menschen und geht davon aus, dass jeder Mensch durch seine eigene Vernunftbegabung dieses Idealbild erreichen kann. Objektiv sind für ihn die Gesetze der allgemeinen Logik, die dem Menschen apriorische Kategorien bzw. reine Verstandesbegriffe bzw. Inbegriffe vorgeben.

Wahrheitsträger ist wieder der einzelne Mensch und dessen subjektive Erkenntnis. Diese Erkenntnis darf im Sinne einer negativen Abgrenzung nicht gegen die allgemeinen Gesetze der Logik und Denkgrundsätze verstoßen, wenn diese der Wahrheit entspricht. Der menschliche Verstand erfasst und verarbeitet das von den Sinnen Erkannte. Die Übereinstimmung dieser Erkenntnis mit dem vom Verstand gefällten Urteil ist für Kant Wahrheit.

IV. Hans-Georg Gadamer

Hans-Georg Gadamer wird zu einer kleinen Gruppe von herausragenden Philosophen des 20. Jahrhunderts gezählt, an die

---

82 *Kant*, Kritik der reinen Vernunft, B84.

sich noch in weiter Zukunft erinnert wird.[83] Der im Jahr 2002 im Alter von 102 Jahren verstorbene Gadamer stellt die Sprachlichkeit als die herausragende Fähigkeit des Menschen heraus, die eine Verständigung untereinander und ein Verstehen der Umwelt erst möglich macht. Der Mensch wird durch die Sprachlichkeit geformt. Gadamers Ausführungen zum Verstehen von Texten sind für diese Arbeit von besonderer Bedeutung, da die Jurisprudenz letztlich eine Sprachwissenschaft ist. Diese hat die Subsumtion von Lebenssachverhalten unter Tatbestandsmerkmale eines Gesetzestextes zum Gegenstand. In seiner frühen Schaffensphase wurde Gadamer dem Neukantianismus zugerechnet, diesen hat er jedoch im Laufe der Zeit hinter sich gelassen und er hat neue philosophische Wege eingeschlagen.[84]

1. Das Menschenbild bei Hans-Georg Gadamer

Zusammen mit dem bereits 1969 verstorbenen Mediziner Paul Vogler hat Gadamer 1972 das Werk *Neue Anthropologie* in sieben Bänden herausgegeben. In der Einführung schreibt Gadamer über die Aufgabe einer neuen Anthropologie, bevor Spezialisten verschiedenster wissenschaftlicher Disziplinen wie etwa der Medizin, der Biologie, der Philosophie, der Sozial- oder der Kulturwissenschaften ein Bild des Menschen im Spiegel des jeweiligen Fachgebietes zeichnen. In einer modernen Wissensgesellschaft

83 Die Zeit vom 21.03.2002, „Die Sprache ist das Licht der Welt – Zum Tod von Hans-Georg Gadamer".

84 Frankfurter Allgemeine Zeitung vom 14.03.2002, „Zum Tod von Hans-Georg Gadamer".

kann es demnach nicht mehr ein einziges Menschenbild geben. Der Mensch als Wesen ist viel facettenreicher, als dies ein einziges, schematisches Leitbild darstellen könnte.

Der Weg der Menschheit zur Wissensgesellschaft führte über subjektive Erfahrungen, die wissenschaftlich fundiert wurden.[85] Die Wissenschaft ist objektiv und nahm im Verhältnis zur Praxis eine Vorrangstellung ein.

Gadamer betrachtet die Wissenschaft stets als unabgeschlossen, wohingegen die Praxis eine Entscheidung im Augenblick der Anwendung von wissenschaftlichen Erkenntnissen verlangt. Er zeigt damit, dass die Anwendung von Wissenschaften eine ethische Entscheidung abverlangt: der Anwender wählt stets zwischen unterschiedlichen Anwendungsmöglichkeiten aus und macht nicht lediglich das, was grundsätzlich gemacht werden kann.[86]

Der Inhalt von Wissenschaft hat sich im Vergleich zur griechischen Philosophie gewandelt. Nach Auffassung Gadamers ist Wissenschaft nicht länger Inbegriff des Wissens über Welt und Mensch, sondern vielmehr ein Ideal der Gewissheit und ein Maßstab aller Erkenntnis.[87] Dies hat dreifache Auswirkung auf die Wissenschaft: Erstens erhält die Wissenschaft dadurch einen sozialen und politischen Akzent. Zweitens führt dieser neue Wissenschaftsbegriff zu einer Vereinheitlichung der Methodik,

---

85 *Gadamer H.-G./ Vogler Paul*, Neue Anthropologie, Bd. 1, IX.

86 *Gadamer H.-G./ Vogler Paul*, Neue Anthropologie, Bd. 1, XI.

87 *Gadamer H.-G./ Vogler Paul*, Neue Anthropologie, Bd. 1, XII.

da ein konstruktives Möglichmachen durch Abstraktion von Kausalbeziehungen auf allen Forschungsgebieten auch übergreifend betrieben wird. Drittens führt dies zu einer verstärkten Kleinteiligkeit und einer größeren Spezialisierung innerhalb der wissenschaftlichen Disziplinen.[88]

Laut Gadamers Erkenntnis ist die Wissenschaft eine „künstliche Gegenwirklichkeit" zur Natur geworden.[89] Die Wissenschaft und deren Möglichkeiten sind so weit vorangeschritten, dass diese die Selbstexistenz des Menschen bedrohen. Zum einen hat der Mensch gelernt, Einfluss auf das Gleichgewicht der Natur zu nehmen. Zum anderen haben Wissenschaft und wissenschaftliche Erkenntnisse den Anspruch, sich in der Öffentlichkeit verkaufen zu müssen. Zusätzlich wird der Mensch von einer unbeherrschbaren Informationsflut überrollt, sodass die einzelne hochspezialisierte neue Erkenntnis in dieser Flut untergehen kann.[90]

Dieses neue Erscheinungsbild von Wissenschaft wirkt sich nach Gadamer auch auf die menschliche Gesellschaft aus. Althergebrachtes wird durch die Wissenschaft enttabuisiert. Eine grundsätzliche Ideologiekritik der Wissenschaft formt das gesellschaftliche Bewusstsein durch eine emanzipatorische Reflexion um, indem diese in wirtschaftlichen und gesellschaftlichen Herr-

---

88 *Gadamer H.-G./ Vogler Paul*, Neue Anthropologie, Bd. 1, XII f.

89 *Gadamer H.-G./ Vogler Paul*, Neue Anthropologie, Bd. 1, XIV.

90 *Gadamer H.-G./ Vogler Paul*, Neue Anthropologie, Bd. 1, XIV f.

schaftsstrukturen einen repressiven Zwang erkennt.[91] Bei der Anwendung von Wissenschaft steht eine entschlossene Rationalität in einem Spannungsfeld mit der Beharrungskraft der Gewohnheit und Hemmungen weltanschaulicher sowie religiös motivierter Art.[92]

Die Wissenschaft befindet sich in einem elementaren Konflikt mit dem menschlichen Wertebewusstsein[93].

Wissenschaft übt Kritik an der Behauptung einer Sonderstellung des Menschen im Kosmos. Die Verhaltensforschung hinterfragt beispielsweise die Existenz einer Seele bzw. des Seelischen insgesamt, wodurch die Grenze zwischen Menschen und Tier verschwimmt.[94] Gleichzeitig sind diese Forschungen laut Gadamer Beleg dafür, dass kein anderes Lebewesen als der Mensch über eine vergleichbare Schöpfungskraft verfügt. Der Mensch baut seine Umwelt zur Kulturwelt um. Einerseits zeigt der Mensch sein eigenes Schöpfungspotenzial, andererseits werden etwa mit Blick auf Umweltzerstörungen auch dessen Möglichkeiten zur Selbstvernichtung sichtbar.

Gadamer zeichnet das Idealbild eines Menschen in einer freien Gesellschaft und stellt in diesem Zusammenhang fest, dass jede

---

91 *Gadamer H.-G./ Vogler Paul*, Neue Anthropologie, Bd. 1, XV.

92 *Gadamer H.-G./ Vogler Paul*, Neue Anthropologie, Bd. 1, XVI.

93 *Gadamer H.-G./ Vogler Paul*, Neue Anthropologie, Bd. 1, XVI.

94 *Gadamer H.-G./ Vogler Paul*, Neue Anthropologie, Bd. 1, XVII f.

Form der Ideologie ein Reizwort für die einzelnen wissenschaftlichen Disziplinen ist.[95]

Die Freiheit des Menschen sieht er durch die zunehmende Spezialisierung und Arbeitsteilung innerhalb der Gesellschaft gefährdet. Je rationaler die Organisationsformen des Lebens gestaltet werden, desto weniger ist der Einzelne gefordert und geschult, ein vernünftiges Urteil im Einzelfall zu treffen.[96] Dem einzelnen Menschen geht dadurch der Blick für das große Ganze verloren und er kann sich im Detail verlieren.

Die Freiheit des Menschen kann in der Informationsgesellschaft nur gewahrt werden, wenn der Einzelne mit unabhängigen Informationen versehen wird, die ihm eine unabhängige Urteilsmöglichkeit eröffnen.[97]

Der einzelne Mensch muss wiederum seine Freiheit für das Treffen von eigenverantwortlichen Entscheidungen nutzen. Die Verantwortlichkeit für eine eigene praktische Entscheidung darf nicht auf die Wissenschaft oder eine größere rationale Organisationsform abgewälzt werden, dies erkennt Gadamer als eine menschliche Schwäche.[98] Der Mensch kann nur frei sein, wenn ihm die Freiheit durch möglichst objektive, öffentlich zugängliche Informationen – extern von der Gesellschaft aus – eröffnet

---

95 *Gadamer H.-G./ Vogler Paul*, Neue Anthropologie, Bd. 7, S. 384 f.

96 *Gadamer H.-G./ Vogler Paul*, Neue Anthropologie, Bd. 1, XXIV f.

97 *Gadamer H.-G./ Vogler Paul*, Neue Anthropologie, Bd. 1, XXX.

98 *Gadamer H.-G./ Vogler Paul*, Neue Anthropologie, Bd. 1, XXXII.

wird und er gleichzeitig – von sich aus – diese Freiheit aktiv wahrnimmt und sucht.

Zusammengefasst ist der Mensch selbst zum Schöpfer geworden. Dieser muss das gewonnene Potenzial verantwortlich bzw. wertebewusst nutzen. Gadamer zeichnet ein Menschenbild, das von enormen Fähigkeiten, aber auch von einem großen Maß an Verantwortung für sich selbst und den Nächsten gezeichnet ist. Damit verknüpft Gadamer das von Vernunft und Pflichtbewusstsein geprägte Menschenbild Kants mit den technisch und wissenschaftlich vorhandenen Möglichkeiten.

2. Der Wahrheitsbegriff bei Hans-Georg Gadamer

Gadamers 1960 erschienenes Hauptwerk *Wahrheit und Methode* beschäftigt sich weniger mit einer Definition von Wahrheit, sondern vielmehr mit der Erkenntnis.[99] Gadamers Herangehensweise an den Begriff der Wahrheit ist eine hermeneutische, d. h. er beschäftigt sich mit der Auslegung von gesprochenen oder verschrifteten Aussagen.[100] Diese Herangehensweise ist für diese Arbeit somit von besonderer Relevanz.

In zwei Aufsätzen aus dem Jahr 1971 mit den Titeln *Von der Wahrheit des Wortes* und *Über den Beitrag der Dichtkunst bei der Suche nach der Wahrheit* baut er auf seinen Ausführungen in Wahrheit und Methode auf. Die Ausführungen Gadamers sind umfassend und komplex. Deshalb sei an dieser Stelle auf die vorgenom-

---

99 *Endres/ Szaif*, S. 358.

100 *Gadamer*, Wahrheit und Methode, Einleitung S. XXVII.

mene Schwerpunktsetzung hingewiesen, um nicht den Rahmen dieser Arbeit zu sprengen.

Zunächst macht Gadamer deutlich, dass von der Wahrheit des Wortes zu sprechen die Rede als die Zusammensetzung von Worten meint. Gleichzeitig betont er, dass der Begriff Wort noch weiter geht und eine kollektive Bedeutung sowie eine gesellschaftliche Beziehung impliziert. Er verweist dabei auf Jesus Christus, der nach der christlichen Glaubenslehre das fleischgewordene Wort Gottes ist und unter den Menschen gelebt hat (Joh. 1, 14).

Ein Wort hat in all dessen Erscheinungsformen, in denen es ganz Wort ist, ein eigenes verlässlich-beständiges Dasein.[101] An dem in sich stehenden, autonomen Wort wird nach Auffassung Gadamers die Qualität der Sprache deutlich.

Es gibt seiner Meinung nach drei verbindliche Formen von Sprache:

erstens der religiöse Text, den Gadamer mit dem Begriff der Zusage in Verbindung bringt; zweitens der Rechtstext in der Ausgestaltung als Gesetzestext oder Urteil, den er mit dem Begriff der Ansage verknüpft; drittens das dichterische Wort, das von Gadamer als Aussage im engeren Sinne bezeichnet wird.[102]

---

101 *Gadamer*, Von der Wahrheit des Wortes, GW, S. 37.

102 *Gadamer*, Von der Wahrheit des Wortes, GW, S. 42.

a) Religiöse Texte

Bei religiösen Texten nimmt Gadamer Bezug auf die drei Buchreligionen Judentum, Christentum und Islam. Martin Luther hat im Protestantismus die Formulierung „es steht geschrieben" geprägt. Durch diesen Wortlaut erhält der religiöse Text eine Verbindlichkeit und Qualität, die nachprüfbar und nachlesbar ist. Der religiöse Text will selbst als Zusage verstanden werden.[103]

Auf eine solche religiöse Zusage respektive ein solches Heilsversprechen kann sich der Gläubige berufen. Mittels der Offenbarung des verbindlichen Wortes in Form der Zusage durch den Religionsstifter und die Annahme des Glaubens durch den Gläubigen entsteht eine gegenseitige Verbindlichkeit.[104] Die Verbindlichkeit im Sinne Gadamers bildet sich durch eine Wechselwirkung, die dem Zusammenwirken zweier Vertragsparteien beim Abschluss eines schuldrechtlichen Vertrages ähnelt.[105]

b) Rechtstexte

Der Rechtstext bzw. das Gesetz bindet durch das Geschriebensein und stellt eine Ansage dar. Grundlegende Voraussetzung für die Qualität und Verbindlichkeit des Rechtstextes ist

---

103 *Gadamer*, Von der Wahrheit des Wortes, GW, S. 43.

104 *Gadamer*, Von der Wahrheit des Wortes, GW, S. 42.

105 Vgl. S. 24: Der moderne Wissenschaftsbegriff führt zu einer Vereinheitlichung der Methodik, die auch interdisziplinär anwendbar ist.

die öffentliche Verkündigung, die der Ansage einen Rechtscharakter verleiht.[106]

Es ist grundlegendes Staatsrechtsprinzip, dass jeder von der Rechtsordnung bzw. vom Staat über den Inhalt der entsprechenden Ansage in Kenntnis gesetzt sein muss.

Insofern hat das 1933 von den Nationalsozialisten nach dem Reichstagsbrand erlassene Gesetz Lübbe mit der vorgesehenen Rückwirkung nach Auffassung Gadamers keinen Wahrheitsgehalt.[107] Dieses Gesetz hat grundlegende Rechtsstaatsprinzipien verletzt und einen ersten offenkundigen Tatbestand eines Unrechtsstaats gesetzt. Es stellt somit ein unwahres Wort dar und wird von Gadamer als eine der schrecklichsten Rechtskatastrophen überhaupt bezeichnet.[108]

Religiöse Texte und Rechtstexte haben nach Auffassung Gadamers die Gemeinsamkeit, dass beide Arten von Sprache mehr als die Vermittlung von Informationen darstellen. Sowohl Zusage als auch Ansage haben einen vollständig in sich geschlossenen Sinn. Dies steht im Gegensatz zu privaten Aufzeichnungen, Notizzetteln oder Nachschriften von Gesprochenem, die alle der

106 *Gadamer*, Von der Wahrheit des Wortes, GW, S. 44.

107 *Gadamer*, Über den Beitrag der Dichtkunst bei der Suche nach der Wahrheit, GW, S. 74.

108 a.a.O.

Gedächtnisauffrischung dienen und erst durch ein gedankliches Rekurrieren auf Erlebtes wieder Leben erhalten.[109]

c) Dichterisches Wort bzw. Gedicht

Das dichterische Wort bezeichnet Gadamer als Aussage in dem Sinne und steht losgelöst von allem Meinen und Interpretieren autonom im Sinne einer Selbsterfüllung. Das dichterische Wort ist „ganz, ganz Wort“[110].

Eine Kontrolle des dichterischen Wortes als Aussage ist anders als etwa die Aussage vor Gericht nicht möglich.[111] Bei Bedarf dieser Kontrolle oder Nachprüfung hätte dieses nicht die Sprachqualität, dichterisches Wort zu sein.

Das dichterische Wort als Inbegriff des reinen Wortes kann nach Auffassung Gadamers niemals unglaubwürdig sein.[112] Das dichterische Wort erfüllt sich selbst als Wort, sodass es die Annahme externer Verifikationen abweist. Das dichterische Wort bindet sowohl den Dichtenden als auch den Rezipienten in gleicher Weise und schafft eine ständige Präsenz und ein „Halten der Nähe“. Wird diese Bindung im Verhältnis vom Dichtenden zum

---

109 *Gadamer*, Von der Wahrheit des Wortes, GW, S. 44; Gadamer, Über den Beitrag der Dichtkunst bei der Suche nach der Wahrheit, GW, S. 74.

110 *Gadamer*, Über den Beitrag der Dichtkunst bei der Suche nach der Wahrheit, GW, S. 72.

111 *Gadamer*, Über den Beitrag der Dichtkunst bei der Suche nach der Wahrheit, GW, S. 74 f.

112 *Gadamer*, Über den Beitrag der Dichtkunst bei der Suche nach der Wahrheit, GW, S. 75.

Gedicht und vom Aufnehmenden zum Gedicht nicht erreicht, entleert sich das Wort zur Worthülse und wird letztlich auf dessen Zeichenfunktion reduziert.[113] Ist ein Gedicht sprachlich schwach, verhallt es. Es wirkt nicht nach und wird vergessen. Das dichterische Wort ist demnach „unwahr", wenn ein Sagen derart sinnlos und in überzeugender Weise verkehrt ist, dass über das Gesagte hinaus nach einer anderen Instanz der Verifikation gefragt werden muss.[114]

Sprachlichkeit eröffnet nach Gadamer einen universalen Weltzugang. Dieser sprachliche Weltzugang ist eine ausgezeichnete Form, um menschliche Erfahrungen zu einem sprachlichen Bleiben hervorzuheben. Das dichterische Wort bzw. das Gedicht ist ein bestimmt gesagtes Wort, das menschliches Dasein beglaubigt. Die religiöse Botschaft ist die Verkündung des Heils und das Urteil trennt Recht und Unrecht voneinander.[115]

3. Zwischenergebnis

Hans-Georg Gadamer sieht den Menschen als komplexes Wesen in einer arbeitsteiligen Wissensgesellschaft. Der Mensch kann nur autonom und frei sein, wenn er mit unabhängigen Informationen versorgt wird und einen eigenen Blick für das „große Ganze" gewinnt. Das erfordert ein erhebliches Maß an

113 *Gadamer*, Von der Wahrheit des Wortes, GW, S. 55.

114 *Gadamer*, Über den Beitrag der Dichtkunst bei der Suche nach der Wahrheit, GW, S. 75.

115 *Gadamer*, Über den Beitrag der Dichtkunst bei der Suche nach der Wahrheit, GW, S. 79.

Eigenverantwortung, da sich der Einzelne im gesellschaftlichen System zurückziehen und alle Verantwortlichkeiten abschieben kann. Der Mensch ist gleichermaßen in der Lage, selbst Schöpfer seiner Umwelt zu sein und die eigene Existenzgrundlage durch übermäßige Ausbeutung dieser Umwelt zu zerstören.

Der Wahrheitsbegriff Gadamers ist eng mit seinem Menschen- und Gesellschaftsbild einerseits und seiner wissenschaftlichen Herangehensweise der Hermeneutik andererseits verknüpft.

Die Geisteswissenschaften müssen ihren Wahrheitsanspruch dadurch untermauern, dass diese ihre Erkenntnis verständlich machen. „Sein, das verstanden werden kann, ist Sprache"[116], so schreibt Gadamer. Nach ihm muss alle wissenschaftliche Erkenntnis verständlich sein, um die Gesellschaft insgesamt voranzubringen. Das ist ein objektives Element des Wahrheitsbegriffs.

Das subjektive Element bei Gadamer hat erneut eine kommunikative Prägung, wenn die Ausführungen zum *wahren Wort* verallgemeinert werden. Der Erklärende muss hinter seiner wahren Aussage mit voller Überzeugung stehen, da seine Aussagen sonst zu Floskeln verkommen. Wahrheitsträger ist der eigenverantwortliche und in Freiheit lebende Mensch.

116 *Gadamer*, Wahrheit und Methode, GW, S. 478.

V. Zusammenfassung

Die Betrachtungen zum philosophischen Wahrheitsbegriff haben gezeigt, dass die Wahrheit und deren Bestimmung abseits von der reinen Naturwissenschaft nicht einfach ist. Eine allgemeine Definition der Wahrheit läuft stets Gefahr, zu einem Zirkelschluss zu verkümmern oder nur auf prädikative Aussagen anwendbar zu sein.

Sämtliche in dieser Arbeit behandelten philosophischen Ansätze haben dies in ihren Theorien erkannt und dem Begriff der Wahrheit ein subjektives Element zugesprochen. Aristoteles verortet die Wahrheit im höchsten Seelenteil und damit als Charakterzug. Thomas von Aquin verändert den Blickwinkel und differenziert bei der Bestimmung der Wahrheit zwischen einer Sach- und einer Erkenntnisebene. Immanuel Kant postuliert, dass Wahrheit niemals in Konflikt mit den allgemeinen Gesetzen der Logik geraten dürfe und appelliert an den zur Vernunft fähigen individuellen Menschen. Hans-Georg Gadamer hat die Ausführungen dadurch ergänzt, dass Wahrheit verständlich gemacht und verstanden werden muss. Es handelt sich somit auch um eine Frage der Kommunikation zwischen Sender und Empfänger.

Dieses System aus objektiven Faktoren und subjektiven Elementen ist der Rechtsordnung in Österreich und Deutschland nicht fremd. Bei Willenserklärungen ist stets nach dem subjektiv Gewollten zu fragen und eine etwaige erforderliche Auslegung der Willenserklärung hat nach dem objektiven Empfängerhorizont zu erfolgen (§ 914 ABGB, §§ 133, 157 BGB).

Die Einstufung einer Aussage als wahr oder unwahr bedarf somit einer mehrschichtigen Prüfung. Zunächst ist die Frage zu klären, ob die Aussage eine Tatsachenbehauptung oder eine Meinungsäußerung darstellt.

Bei Tatsachenbehauptungen wird eine Prüfung der Quellen vorgenommen. Unter Anwendung journalistischer Sorgfaltsgrundsätze wird die Richtigkeit der Tatsachenbehauptung angenommen, wenn zwei voneinander unabhängige Quellen diese Behauptung stützen. Nach diesem Prinzip funktionieren sogenannte Faktenchecks. Die aktuelle Problematik von Fake News betrifft vor allem den Bereich der Tatsachenbehauptungen und zeigt, dass Aussagen nicht zwingend unwahr sein müssen. Oftmals führt auch eine bewusst in Kauf genommene Mehrdeutigkeit zu Problemen.

Bei stark vom Meinen und Dafürhalten geprägten Aussagen ist die Frage des Kontextes der Äußerung zu überprüfen, wobei die grundsätzlichen Freiheitsrechte der Person lediglich eine eingeschränkte staatliche Überprüfung zulassen. Schlussfolgerungen und Interpretationen werden von einer feststehenden Tatsachenbasis nicht mehr getragen und müssen im Rahmen eines pluralistischen Meinungsstreites relativiert oder zurechtgerückt werden. Der Staat hat vor allem Eingriffsbefugnisse, wenn es um Schmähungen, Hatespeech oder strafrechtlich relevante Meinungsäußerungen wie insbesondere Holocaustleugnung geht.

Wahrheit wie in Gestalt von Ehrlichkeit und Wahrhaftigkeit ist ein Grundwert, der gesellschaftlichen Zusammenhalt und eine freiheitliche Gesellschaft garantiert. Wahrheit ist subjektiv geprägt. Diese ist Zeichen einer inneren Haltung. Ohne Verantwortung für sich selbst und andere sowie ohne grundrechtlich garantierte Freiheit ist Wahrheit nicht zu denken. *Max Weber* hat den Begriff der Verantwortungsethik geprägt und die Frage zur Handlungsmaxime erklärt, ob die möglichen Folgen eines Handelns verantwortbar sind. Wenn auf diese Handlungsmaxime das subjektive Bemühen um Wahrheit im Sinne einer inneren Haltung Einfluss nimmt, dürften die Kritiker der Verantwortungsethik zumindest leiser werden, die eine fehlende Kenntnismöglichkeit möglicher Folgen bemängeln.

C. Der rechtliche Wahrheitsbegriff

Nachdem die philosophische Dimension des Wahrheitsbegriffs betrachtet wurde, stellt sich die Frage der praktischen Anwendung. Insbesondere wird untersucht, welchen Inhalt und welche Kriterien den rechtlichen Wahrheitsbegriff ausmachen. Des Weiteren wird geklärt, ob Wahrheit ein geschütztes Rechtsgut ist und welche Ansprüche dem Einzelnen im Zusammenhang mit diesem Rechtsgut erwachsen können.

I. Materiell-rechtlicher Inhalt des Wahrheitsbegriffs

Eine erste Betrachtung des materiellen Rechts in Deutschland und Österreich zeigt, dass es keine Legaldefinition von Wahrheit gibt. Gleichwohl lassen sich einige interessante Erkenntnisse bei der Betrachtung von Rechtsnormen gewinnen, die den Wahrheitsbegriff voraussetzen.

1. Das deutsche Soldatengesetz

§ 13 des deutschen Soldatengesetzes (SG) ist mit dem Titel „Wahrheit" überschrieben. Nach § 13 Abs. 1 SG muss der Soldat in dienstlichen Angelegenheiten die Wahrheit sagen. Was dabei unter Wahrheit zu verstehen ist und ob sich einer der in Kapitel B behandelten philosophischen Ansätze wiederfindet, erschließt sich zunächst nicht.

Bei Betrachtung der Gesetzesbegründung ist im schriftlichen Bericht zum Gesetzesentwurf[1] zu lesen, dass Wahrheit keine grundsätzliche, ethisch-moralische Verhaltenskategorie eines Soldaten ist. Vielmehr bezieht sich diese Verpflichtung auf dienstliche Angelegenheiten, um innerhalb der Befehlsstruktur ein korrektes militärisches Urteil zu erhalten.

Die zu dieser Vorschrift veröffentlichte Rechtsprechung beschäftigt sich größtenteils damit, ob Reisekostenabrechnungen oder sonstige vergütungsrelevante Sachverhalte durch einen Soldaten korrekt angegeben wurden. Interessant ist diesbezüglich eine Entscheidung des Verwaltungsgerichts (VG) Würzburg.[2]

> Im Januar 2013 wurde gegenüber dem Antragsteller das Verbot des Erwerbs und Besitzes von Waffen und Munition, deren Erwerb nicht der Erlaubnis bedarf, verfügt. Der Bescheid wurde bestandskräftig. Grund für das Verbot war eine Vielzahl von Tatvorwürfen, auf deren Grundlage Ermittlungsverfahren sowie gerichtliche Strafverfahren gegen den Antragsteller geführt wurden. Die Vorwürfe betrafen

1 Bt.-Drs. 2/6860 B zur 132. Sitzung des 2. Deutschen Bundestages vom 06.03.1956: „Der Ausschuß ist der Auffassung, daß es sich hier nicht um die Verpflichtung zu einem allgemein moralischen Verhalten des Soldaten handelt. In § 12 wird vielmehr nur die Verpflichtung des Soldaten zu der Wahrheit entsprechenden dienstlichen Aussagen geregelt. Diese Verpflichtung ist notwendig, weil von den dienstlichen Aussagen die Bildung eines militärischen Urteils und die Erteilung von Befehlen abhängt, die erhebliche Folgen haben können. Aus diesem Grunde ist die Wahrheitspflicht gefordert in Angelegenheiten, die den Dienst betreffen."

2 VG Würzburg, Beschluss vom 28.06.2019, Az.: W 1 S 19.703 (beck-online).

Amtsanmaßung, Betrug, Körperverletzung, Verstoß gegen das Waffengesetz sowie Vergewaltigung. Dem Bescheid lagen darüber hinaus drei strafrechtliche Verurteilungen zwischen August 2003 und April 2009 zugrunde. Gegen den Antragssteller wurden jeweils Geldstrafen unter 90 Tagessätzen verhängt. Die weiteren Ermittlungen führten nicht zu einer Verurteilung des Antragstellers.

Im Rahmen des Einstellungsverfahrens in die Bundeswehr hat der Antragsteller im Februar 2018 unterschriftlich bestätigt, dass er weder durch ein deutsches Strafgericht rechtskräftig verurteilt worden ist bzw. eine Staatsanwaltschaft gegen ihn einen Strafbefehl erlassen hat sowie, dass ihm nicht bekannt ist, dass derzeit strafrechtliche Ermittlungen gegen ihn geführt werden bzw. ein Strafverfahren eröffnet wurde.

Mit Bescheid vom Mai 2019 wurde der Antragsteller aus dem Dienstverhältnis bei der Bundeswehr entlassen. Die Bundeswehr trug zur Begründung im Wesentlichen vor, dass er seiner Wahrheitspflicht nach § 13 SG mit Blick auf die drei Verurteilungen nicht nachgekommen sei und im Fall wahrer Angaben des Antragstellers ein Dienstverhältnis gar nicht erst zustande gekommen wäre.

Das VG Würzburg hat im Rahmen eines Eilrechtsschutzverfahrens die aufschiebende Wirkung der Klage des Antragstellers gegen den Entlassungsbescheid angeordnet.

Soweit der Antragsteller unterschriftlich bestätigt habe, dass er weder durch ein deutsches Strafgericht rechtskräftig verurteilt worden sei, so entspreche diese Angabe angesichts des in der Waffenverbotsverfügung vom Januar 2013 zitierten Bundeszentralregisterauszugs zwar nicht den Tatsa-

> chen, jedoch durfte sich der Antragsteller diesbezüglich auf § 53 Abs. 1 BZRG (Bundeszentralregistergesetz) berufen und brauchte die seinerzeitigen Verurteilungen nicht anzugeben. Dieses spezialgesetzliche Verschweigensrecht gelte auch anlässlich einer Bewerbung um Übernahme in ein Beamtenverhältnis. Für eine Bewerbung als Soldat auf Zeit in der Bundeswehr könne nach Überzeugung des VG Würzburg nichts Abweichendes gelten. Nach dieser Vorschrift dürfen sich Verurteilte als unbestraft bezeichnen und brauchen den der Verurteilung zugrundeliegenden Sachverhalt nicht zu offenbaren, wenn u. a. die Verurteilung im Bundeszentralregister zu tilgen ist (Nr. 2). Da die letzte der Verurteilungen im April 2009 erfolgt sei, waren sämtliche eingetragenen Verurteilungen spätestens im Jahre 2014 zu tilgen, §§ 45 Abs. 1, 47 Abs. 1, Abs. 3 Satz 1 BZRG. Vor diesem Hintergrund war der Antragsteller berechtigt, sich im Einstellungsverfahren bei der Bundeswehr im Jahre 2017/2018 als unbestraft zu bezeichnen.

Im Rahmen einer Interessenabwägung ist zum einen die Wahrheit im Sinne von Vollständigkeit und Richtigkeit und zum anderen der Rechtsfrieden insbesondere nach vollständigem Verbüßen einer Strafe und einer angemessenen Phase des Wohlverhaltens in Ausgleich zu bringen. Hierbei kam das VG Würzburg zum Ergebnis, dass der Rechtsfrieden höher zu gewichten ist.

Diese Entscheidung des VG Würzburg macht deutlich, dass die Wahrheit keinen absoluten Rang innehat. Diese ist auch mit verschiedenen anderen Rechtsgütern einer Abwägung zugänglich. Einen Erkenntnisgewinn zum Inhalt des rechtlichen Begriffs der Wahrheit liefert diese gesetzliche Regelung nicht.

2. Die Eidesformeln

Sowohl in Österreich als auch in Deutschland sind an verschiedenen Stellen Eidesformeln gesetzlich festgehalten, die allesamt auf die Wahrheit abstellen. Es kommt nicht auf die Verfahrensfrage an, ob und/oder wann ein Eid zu leisten ist. Demnach wird die Eidesformel an sich in diesem Fall als materielles Recht behandelt. In Österreich ist beispielweise für Zeugen in zivil- und strafrechtlichen Verfahren vor Gericht folgende Eidesformel vorgesehen:

> „Ich schwöre bei Gott dem Allmächtigen und Allwissenden einen reinen Eid, daß ich über Alles, worüber ich von dem Gerichte befragt worden bin (werde befragt werden), die reine und volle Wahrheit und nichts als die Wahrheit ausgesagt habe (aussagen werde); so wahr mir Gott helfe!“[3]

In Deutschland ist gemäß § 64 StPO bzw. § 392 S. 3 ZPO folgende Eidesformel in Zivil- und Strafverfahren vorgesehen:

> „Sie schwören bei Gott dem Allmächtigen und Allwissenden, dass Sie nach bestem Wissen die reine Wahrheit gesagt und nichts verschwiegen haben.“

Eine falsche Aussage unter Eid wird jeweils unter Strafe gestellt. Das durch die Strafdrohung geschützte Rechtsgut ist aber nicht die Wahrheit, sondern nach h. M. die Rechtspflege als staatliche Funktion bzw. das öffentliche Interesse an einer wahrheitsgemä-

---

3 § 1 Gesetz vom 3. Mai 1868, zur Regelung des Verfahrens bei den Eidesablegungen vor Gericht.

ßen Tatsachenfeststellung als Entscheidungsgrundlage für das Gericht oder eine sonstige Behörde.[4]

Bei Betrachtung der Strafvorschriften wie insbesondere §§ 288 ff. des österreichischen Strafgesetzbuches und §§ 153 ff. des deutschen Strafgesetzbuches wird ersichtlich, dass dort jeweils die falsche Aussage unter Strafdrohung gestellt wird. Der rechtliche Begriff der Wahrheit kann möglicherweise im Rahmen eines Umkehrschlusses bestimmt werden. Es haben sich drei Theorien bezüglich der Frage entwickelt, wann eine Aussage falsch ist. Diese werden im Folgenden am Beispiel eines vom OLG Koblenz[5] entschiedenen Falles kurz dargestellt:

> Der Angeklagte A unternahm zusammen mit dem Zeugen K eine Dienstfahrt mit dem Pkw. Den Wagen fuhr K, der A saß als Beifahrer neben ihm. Auf der Autobahn näherten sie sich einer Baustelle, an der die rechte Fahrspur gesperrt war. Vor dem Beginn der durch die Absperrung entstandenen Engstelle waren nach einem Beschilderungsplan Verkehrszeichen aufgestellt, die auf Baustelle und Fahrbahnverengung hinwiesen und u. a. die Geschwindigkeit stufenweise beschränkten auf schließlich 60 km/h. Insgesamt handelte es sich um 22 beiderseits der Fahrbahn aufgestellte Schilder. Innerhalb der Engstelle führte die Polizei eine Radarmessung durch. Der K fuhr mit einer Geschwindigkeit von ca. 120 km/h an die Baustelle heran. Die Schilder vor

4 *Bosch/ Schittenhelm* in Schönke/ Schröder, Strafgesetzbuch, Vorbemerkung zu den §§ 153 ff., Rn. 2 m. w. N.; BGH 8, 309; OGH 2, 86.

5 OLG Koblenz NStZ 1984, 551 ff.; dieses Fallbeispiel verwendet auch *Kargl*, Wahrheit und Wirklichkeit im Begriff der „falschen Aussage" (§§ 153 ff. StGB), GA 2003, 791 ff.

der Baustelle wurden weder von ihm noch vom A bemerkt. Erst unmittelbar an der Fahrbahnverengung setzte der K seine Geschwindigkeit leicht herab. Die vom Radar gemessene Geschwindigkeit seines Fahrzeugs betrug 92 km/h.

Gegen den K wurde wegen Geschwindigkeitsüberschreitung ein Verfahren eingeleitet. Es kam zu einem Hauptverhandlungstermin vor dem Amtsgericht, in dem der K sich als Betroffener dahin einließ, es seien keine die Geschwindigkeit beschränkenden Verkehrsschilder aufgestellt gewesen. Er benannte hierfür den A als Zeugen, der daraufhin vernommen wurde. Dieser war aufgrund seines fest eingewurzelten Erinnerungsbildes der Überzeugung, es seien vor Beginn der Engstelle keine Verkehrszeichen aufgestellt gewesen. Diesem nach seiner Vorstellung sicheren Erinnerungsbild entsprechend bekundete der A, es seien mit Bestimmtheit keine Verbotsschilder aufgestellt gewesen. Auf die Frage des Richters, ob er möglicherweise Schilder übersehen habe oder ob dort keine gestanden hätten, antwortete der A mit Bestimmtheit, es hätten dort keine Schilder gestanden. Der A beschwor seine Aussage.

Das Amtsgericht hat den A wegen eines Vergehens des fahrlässigen Falscheides in einem Folgeprozess zu einer Geldstrafe verurteilt. Auf seine Berufung hat die Strafkammer am Landgericht das Urteil aufgehoben und den A freigesprochen. Das OLG Koblenz hat auf die hiergegen gerichtete Revision der Staatsanwaltschaft das Urteil des Landgerichts mit den Feststellungen aufgehoben und die Sache zu neuer Verhandlung und Entscheidung an eine andere Strafkammer des Landgerichts zurückverwiesen. Daraufhin hat die Strafkammer die Berufung des A verworfen. Die Revision des A hatte auf die Sachrüge hin einen vorläufigen Erfolg.

a) Die subjektive Theorie

Nach der subjektiven Theorie[6] ist eine Aussage falsch, wenn diese nicht dem Wissen des Aussagenden entspricht. Der Aussagende hat die Funktion, das in ihm wohnende Wissen bzw. das für ihn erreichbare Wissen über das eigene Erleben eines Beweisthemas wiederzugeben.

Im genannten Fallbeispiel würde die subjektive Aussagetheorie die Erklärung von A auf Basis dessen „fest einverwurzeltem Erinnerungsbildes“ so behandeln, als würde diese der objektiven Sachlage entsprechen. Die Aussage von A gilt damit als wahr. Insbesondere *Willms* spricht sich für ein Scheitern der Strafbarkeit an der „markanten Stelle“[7] des objektiven Tatbestandes aus, weil der Zeuge die prozessuale Funktion zur Wiedergabe seines Erinnerungsbildes habe.

Eine tatbestandlich vollendete strafbare Falschaussage liegt in der Konsequenz nur vor, wenn die Aussage nicht mit dem Wissen des Aussagenden übereinstimmt. Damit würde aber auch eine objektiv wahre Aussage als Falschaussage im strafrechtlichen Sinne behandelt werden, wenn der Aussagende der Überzeugung ist, diese Aussage entgegen seinem Erinnerungsbild zu tätigen. Der Nachweis dürfte den Strafverfolgungsbehörden

---

6 Als Vertreter der subjektiven Theorie nennt *Arthur Kaufmann* in FS für Baumann, S. 119, u.a. Karl Peters, Friedrich Schaffstein und Gunther Willms.

7 *Willms* in Leipziger Kommentar zum Strafrecht, 10. Auflage 1988, vor § 153 Rn. 9.

schwerfallen, da die beim Aussagenden vorhandenen gesicherten Erkenntnisse zu ermitteln wären.

Der Versuch einer falschen Aussage ist denkbar, wenn entweder die Aussage vor Gericht oder der staatlichen Stelle abgebrochen wird oder der Aussagende irrtümlich der Meinung ist, nicht seinen Erkenntnissen entsprechend auszusagen. Auch in diesem Fall wäre der Straftatbestand für die Rechtspraxis nicht mehr tauglich.

Unter Einbeziehung des subjektiven Tatbestandes ist eine fahrlässige Begehung bei konsequenter Anwendung der subjektiven Theorie lediglich in dem seltenen Fall denkbar, dass der Aussagende seinem Wissen entsprechend aussagen will und ihm dabei ein Fehler unterläuft.

Damit würden Aussagedelikte in großen Teilen ihre praktische Bedeutung[8] verlieren. Zudem würde dieser Ansatz weit hinter den philosophischen Ansätzen zurückbleiben, die in Kapitel B dargestellt wurden. Die subjektive Theorie stellt sich als eindimensional dar und verzichtet grundlegend auf eine zweite Perspektive in Bezug auf eine Beweistatsache.

Die subjektive Aussagetheorie ist deshalb mit h. M. abzulehnen. Mit der subjektiven Theorie ist zusätzlich kein Rückschluss auf

---

8 http://www.statistik.at/web_de/statistiken/menschen_und_gesellschaft/soziales/kriminalitaet/index.html [Stand: 27.03.2020]: Die Kriminalitätsstatistik in Österreich zeigt für 2018 etwa, dass es bei den Delikten §§ 288, 289, 292a StGB insgesamt 1.027 Verfahren gegeben hat, von denen 696 Fälle mit einer Verurteilung des Angeklagten endeten].

den rechtlichen Wahrheitsbegriff möglich. Stattdessen würde die Bandbreite dessen noch größer werden, was wahr ist und als wahr gilt, insbesondere im Vergleich zur Naturwissenschaft. Filterblasen und Verschwörungstheorien könnten rechtlich nicht mehr als falsch bezeichnet werden, wenn der Aussagende fest genug von der Richtigkeit seiner Aussage überzeugt ist.

b) Die Pflichttheorie

Die Pflichttheorie wird von *Eberhard Schmidhäuser*[9] und *Harro Otto*[10] vertreten. Dabei gewinnt die Formulierung „nach bestem Wissen" in der deutschen Eidesformel eine zentrale Bedeutung. Die Pflichttheorie macht die Falschheit einer Aussage davon abhängig, dass der Aussagende bei seiner Aussage keine Sorgfaltspflichtverletzung begangen hat. Kriterium für die Falschheit einer Aussage ist, ob die Aussage nicht das Wissen wiedergibt, das der Aussagende bei prozessordnungsgemäßem Verhalten reproduzieren könnte.[11]

Die Pflichttheorie modifiziert die subjektive Theorie, indem diese vor allem auf das erreichbare Wissen bzw. das pflichtgemäß reproduzierbare Erlebnisbild abstellt. Die Verknüpfung des inneren Wissens des Aussagenden mit einer möglichen Sorg-

---

9 *Schmidhäuser*, Aussagepflicht und Aussagedelikt. Bemerkungen über die Falschheit der Aussage. In: Göttinger Festschrift für das Oberlandesgericht Celle, S. 207 ff.

10 *Otto*, Grundkurs Strafrecht, 3. Auflage 1991, S. 444 f.; ders.: Die Aussagedelikte - §§ 153-163 StGB in JuS 1984, 162 ff.

11 *Otto*, Grundkurs Strafrecht, 3. Auflage 1991, S. 444 f.

faltspflichtverletzung könnte darin bestehen, dass der Aussagende sein Erinnerungs- und Wahrnehmungsvermögen nicht kritisch genug geprüft hat; dies kann kein Entscheidungskriterium für die Wahrheit oder Falschheit einer Aussage sein.[12]

Gegen die subjektive Theorie sprechende Gründe sind sinngemäß auch gegen die Pflichttheorie ins Feld zu führen. Letztlich wird das für die Strafbarkeit maßgebliche Prüfungskriterium der Vorwerfbarkeit bzw. Schuld mit dem Tatbestand verknüpft, wodurch für einen Falschheitsbegriff kein Erkenntnisgewinn entsteht. Folglich können im Wege eines Umkehrschlusses keine Erkenntnisse für einen rechtlichen Wahrheitsbegriff gezogen werden.

c) Die objektive Theorie

Die von h. M. vertretene objektive Theorie besagt die Falschheit einer Aussage, wenn der Aussageinhalt mit der Wirklichkeit nicht übereinstimmt.[13] Aussagegegenstand ist die objektive Wirklichkeit. Im Umkehrschluss ist eine Aussage wahr, wenn diese mit der Wirklichkeit übereinstimmt.

Diese Aussagetheorie steht im Einklang mit allen philosophischen Ansätzen, die in Kapitel B betrachtet wurden. Allerdings läuft diese Theorie schnell Gefahr, zu einem reinen Zirkelschluss

---

12 So auch *Hilgendorf*, Der Wahrheitsbegriff im Strafrecht am Beispiel der strafrechtlichen Aussagetheorien (§§ 153 ff. StGB), GA 1993, 547 ff.

13 *Bosch / Schittenhelm* in Schönke / Schröder, Strafgesetzbuch, Vorbemerkung zu den §§ 153 ff., Rn.4ff.

zu werden. Ebenso stellt sich die Frage, wie die objektive Theorie mit einem anderslautenden, fest verwurzelten Erinnerungsbild umgeht.

Das OLG Koblenz[14] beschreibt die Zeugenpflichten im eingangs genannten Fallbeispiel wie folgt:

> „Er [gemeint: A] hat in jedem einzelnen Fall den Widerspruch zwischen solchen Informationen und seiner eigenen Vorstellung erkannt und aufzulösen versucht. Dabei hat er für jeden Umstand eine Erklärung gefunden, die mit seiner Annahme, es seien an der Baustelle keine Schilder gewesen, zusammenpasste. Nachdem seine eigene Vorstellung sich in dieser Weise gegen alle Anfechtungen, denen sie von Seiten gegenteiliger Aussagen und Indizien ausgesetzt war, behauptet hatte, bestand für den A kein Grund, anders als es seiner von Anfang an bestehenden Vorstellung entsprach, auszusagen. Geht eine falsche Aussage auf ein eingewurzeltes Erinnerungsbild zurück und kommt der Zeuge nach Vorhalt entgegenstehender Aussagen und der Prüfung, ob ihm ein Irrtum unterlaufen sein könnte, zu dem Ergebnis, seine Darstellung entspreche dennoch der Wahrheit, so ist er geradezu verpflichtet, bei dieser Darstellung zu verbleiben."

In der Konsequenz sieht die objektive Aussagetheorie eine tatbestandlich falsche Aussage als gegeben an, wenn objektive Nachweise für die Wirklichkeit vorliegen und durch die Aussage die Wahrheitsfindung objektiv gefährdet wird. Strafbarkeit wegen Fahrlässigkeit kommt infrage, wenn die Aussage mit der

14 OLG Koblenz NStZ 1984, 551 ff.

Wirklichkeit wegen fehlender erforderlicher Sorgfalt des Aussagenden nicht übereinstimmt. Hat der objektiv falsch Aussagende die erforderliche Sorgfalt beachtet, kommt auf der Prüfungsebene der Schuld bzw. Vorwerfbarkeit ein das Verschulden ausschließender Tatbestandsirrtum in Betracht. Dies stellt auch das OLG Koblenz fest:

> „Der Täter muss weiterhin schuldhaft gehandelt haben. Die Schuld hängt beim Fahrlässigkeitsdelikt davon ab, ob der Täter die ihm obliegende Sorgfaltspflicht in individuell vorwerfbarer Weise nicht beachtet hat; dies wiederum richtet sich danach, ob er nach seinen individuellen Fähigkeiten in der kritischen Situation die sorgfaltswidrige Handlung hätte vermeiden können [...]. In einer Situation wie der hier zu beurteilenden sind die individuellen Fähigkeiten des Täters nicht zuletzt durch seine Persönlichkeitsstruktur bestimmt [...]. Ein selbstsicherer, durchsetzungskräftiger Zeuge wird dazu neigen, seiner eigenen Überzeugung den Vorrang vor gegenteiligen Auffassungen oder Anhaltspunkten einzuräumen, ohne dass ihm dies in jedem Falle vorzuwerfen wäre; ein mehr selbstkritisch disponierter oder zu Zweifeln neigender Zeuge wird umgekehrt eher geneigt sein, seine eigene Überzeugung durch Gegengründe in Frage stellen zu lassen. Die Strafkammer hat Feststellungen zur Persönlichkeitsstruktur des A in dieser Hinsicht nicht getroffen."

Die objektive Aussagetheorie ist im Einklang mit h. M.[15] vorzugswürdig, weil die Wirklichkeit bei der Frage nach der Wahr-

---

15 Neben vieler anderer: *Arthur Kaufmann*, Festschrift für Baumann, S. 128; *Bosch / Schittenhelm* in Schönke/ Schröder, Strafgesetzbuch, Vorbemerkung zu den §§ 153 ff., Rn.6.

heit oder Falschheit einer Aussage nicht außer Acht gelassen werden darf.

Gleichwohl ist dieser Meinungsstreit von Relevanz, wenn ein rechtlicher Wahrheitsbegriff und dessen Geltungsbereich herausgearbeitet werden soll.

Walter Kargl weist darauf hin, dass von einem Aussagenden nicht verlangt werden kann, die objektive Wahrheit auszusagen.[16] Er plädiert für die Prüfung einer Revision der Gesetze, die sowohl bei den Eidesformeln als auch den Strafvorschriften zu den Aussagedelikten statt einer „wahren" eine „wahrhaftige" Aussage vom Aussagenden abverlangt. Dem Anliegen *Kargls* ist zuzustimmen. Im Eingangsbeispiel hätte A eine wahrhaftige Aussage im Ordnungswidrigkeitenverfahren gemacht und sich somit nicht einem Strafverfahren gegen sich selbst ausgesetzt sehen müssen. In diesem Fall hat A nach bestem Wissen und nach reiflicher Prüfung sein persönliches Erinnerungsbild wiedergegeben. Die von der subjektiven Theorie geforderte Behandlung einer objektiv falschen Aussage als wahr geht zu weit. Gleichwohl erscheint eine Unterscheidung zwischen einer falschen Aussage und einer Lüge durchaus angebracht, die als bewusster Mangel an Wahrhaftigkeit verstanden wird. Das geschützte Rechtsgut ist die Rechtspflege und ein funktionierender Apparat zur Ermittlung einer wahrheitsgemäßen Tatsachenbasis. Dieses geschützte Rechtsgut wird weniger durch eine falsche Aussage gefährdet,

---

16 *Kargl*, Wahrheit und Wirklichkeit im Begriff der „falschen Aussage" (§§ 153 ff. StGB), GA 2003, 805 f.

die aus einem Mangel an Erinnerungsvermögen oder einem fest verwurzelten, aber objektiv falschen Erinnerungsbild stammt. Vielmehr ist es aktives Lügen, das ein Problem darstellt. Seriöse Medien wie Tageszeitungen oder Rundfunkanstalten arbeiten nicht ohne Fehler – was diese Medien aber im Fall einer objektiven Falschmeldung unterscheidet, ist die Bereitschaft zur Richtigstellung. Es macht auch in der Rechtspraxis einen Unterschied, ob im objektiven Tatbestand das Aussagen der objektiven Wahrheit oder eine wahrhaftige Aussage abverlangt wird. Dann müssen die Strafverfolgungsbehörden bereits im Rahmen der Prüfung des objektiven Straftatbestandes entsprechende Beweise und Indizien für die innere Haltung des falsch Aussagenden ermitteln.

Eric Hilgendorf wirft die Frage nach den Wahrheitsträgern auf: Was kann im juristischen Sinne wahr oder falsch sein? Laut *Hilgendorfs* Zusammenfassung können nur prädikative Aussagen wahr oder falsch sein, was sich mit den in Kapitel B dargestellten philosophischen Ansätzen deckt.[17] Der Wahrheit nicht zugänglich sind Eigenschaften psychologischer Zustände, beispielsweise Gewissenhaftigkeit, Offenheit für Erfahrungen oder Extraversion. Gleiches trifft auf nichtsprachliche Gegebenheiten zu, wie beispielsweise Mimik und Gestik. Normen sind ebenfalls nicht wahrheitsfähig, was durch das juristische Trennungsprinzip zum Ausdruck gebracht wird. Schließlich ist auch ein Le-

---

17 *Hilgendorf*, Der Wahrheitsbegriff im Strafrecht am Beispiel der strafrechtlichen Aussagetheorien (§§ ff. StGB), GA 1993, 549.

bensgefühl oder ein emotional besonders geprägter Sachverhalt nicht in die Kategorie von wahr oder falsch einzuordnen. Auf die Frage „Was ist Wahrheit“ nennt *Hilgendorf* beispielhaft die Antwort „Gott – und die Liebe“.[18] *Hilgendorf* plädiert dafür, die Frage nach der rechtlichen Definition von Wahrheit und den Wahrheitskriterien konsequent zu trennen.

Arthur Kaufmann zeigt sich ebenfalls wenig überzeugt von einer durchgängigen Anwendung der objektiven Aussagetheorie. Er plädiert für einen pragmatischen Ansatz, der die Rolle des am Strafprozess Beteiligten berücksichtigt.[19] Ausgehend von der Erwartungshaltung des Gerichts müsse die Frage gestellt werden, was das Gericht wissen will. Von einem Zeugen möchte das Gericht die Wirklichkeit erfahren, von einem Sachverständigen die fachliche und sachliche Basis für eine erstellte Expertise und vom Angeklagten eine ihm freigestellte Aussage, die Rückschlüsse auf dessen Wahrhaftigkeit zulassen könnte. *Kaufmann* meint, dass je nach Rolle im Prozess eine unterschiedliche Aussagetheorie angewendet werden soll.[20] Er rechtfertigt dies damit, dass der „Ort der Wahrheit“ der Prozess als Gesamtheit sei und die Wahrheit nie von einem Beweismittel oder einer Zeugenaussage allein abhänge.[21] Das Gericht habe gemäß § 261 deutsche StPO nach seiner freien, aus dem Inbegriff der Verhandlung geschöpften Überzeugung zu entscheiden. *Hilgendorf* kritisiert diese

18 *Hilgendorf* a.a.O.

19 *Arthur Kaufmann*, Festschrift für Baumann, S. 129.

20 *Arthur Kaufmann*, a.a.O.

21 *Arthur Kaufmann*, a.a.O., S. 130.

Auffassung dahingehend, dass aus Gründen der Rechtssicherheit möglichst nur eine Aussagetheorie verfolgt wird und es klar definierte Ausnahmen hierfür geben muss, sofern ein Perspektivenwechsel erforderlich sein sollte. Dies könne der pragmatische Ansatz von Kaufmann nicht leisten.[22] Ferner merkt *Hilgendorf* an, dass die Ausführungen *Kaufmanns* über den Ort der Wahrheit als Prozess eine Frage des Wahrheitskriteriums bzw. des Verfahrens zur Ermittlung der Wahrheit durch das Gericht darstellen.[23] Mit beiden Einwänden hat *Hilgendorf* recht. Es ist zwar die Frage berechtigt, welche Erwartung das Gericht an Aussagepersonen stellen kann – jedoch erscheint der Lösungsansatz von *Kargl* als zielführend.

3. Zusammenfassung

Der Begriff Wahrheit ist materiell-rechtlich nicht definiert.

Im deutschen Soldatengesetz wird Wahrheit nicht als ethisch-moralische Verhaltenskategorie gesehen. Vielmehr ist Wahrheit abwägungsfähig und gegenüber anderen Rechtsgütern wie Rechtsfrieden unter Umständen sogar nachrangig.

Wahrheit findet auch in den Eidesformeln und den damit verknüpften strafrechtlichen Aussagedelikten ihren Niederschlag. Bei Letzterem ist jedoch die Falschheit einer Aussage Ausgangspunkt für die Wahrheitsdefinition. Eine Aussage ist nach der

---

22 *Hilgendorf*, Der Wahrheitsbegriff im Strafrecht am Beispiel der strafrechtlichen Aussagetheorien (§§ ff. StGB), GA 1993, 556 f.

23 *Hilgendorf* a.a.O., S. 557 f.

herrschenden objektiven Theorie falsch, wenn Aussageinhalt und objektive Wirklichkeit nicht übereinstimmen. Im Wege des Umkehrschlusses ist Wahrheit somit als Übereinstimmung von Aussageinhalt und objektiver Wirklichkeit zu verstehen und nicht als Übereinstimmung mit dem subjektiven Wissen, wie in der subjektiven Theorie. In der Literatur werden jedoch gewichtige Argumente dafür vorgetragen, dass die gesetzlich geforderte objektive Wirklichkeit von einer Aussageperson nicht geleistet werden kann. Es wird zumindest die Prüfung einer Revision der Gesetze dahingehend gefordert, ob von Aussagepersonen nicht vielmehr eine „wahrhaftige" Aussage abverlangt werden soll. Dieser Vorschlag ist zustimmungswürdig. Dabei wird nicht verkannt, dass damit die Aussagedelikte noch mehr zu Gesinnungsstraftatbeständen werden würden. Dadurch würde allerdings eine Differenzierung zwischen einer irrtümlich falschen Aussage und einer Lüge bereits auf Tatbestandsebene vorgenommen werden können.

II. Formell-rechtlicher Inhalt des Wahrheitsbegriffs

Die vorangegangenen Ausführungen haben gezeigt, dass formell-rechtliche Ansätze in die Bestimmung des materiell-rechtlichen Wahrheitsbegriffs einfließen. Im Folgenden wird anhand relevanter zivilprozessrechtlicher Vorschriften dargestellt, auf welche Art und Weise die Wahrheit prozessrechtlich ermittelt wird und welche Konsequenzen sich daraus ergeben.

1. Relevante Vorschriften

Die beiden zentralen Vorschriften im Zivilprozessrecht zur Wahrheit haben sowohl im österreichischen als auch im deutschen Recht dieselben Adressaten.

Erster Adressat sind die die Parteien des Prozesses, an die sich § 178 der österreichischen ZPO bzw. § 138 der deutschen ZPO wenden.

Tabelle 1: Wahrheitspflicht im Zivilprozess in Österreich und Deutschland

§ 178 Abs. 1 ZPO Österreich	**§ 138 ZPO Deutschland**
Jede Partei hat in ihren Vorträgen alle im einzelnen Falle zur Begründung ihrer Anträge erforderlichen thatsächlichen Umstände der Wahrheit gemäß vollständig und bestimmt anzugeben, die zur Feststellung ihrer Angaben nöthigen Beweise anzubieten, sich über die von ihrem Gegner vorgebrachten thatsächlichen Angaben und angebotenen Beweise mit Bestimmtheit zu erklären, die Ergebnisse der geführten Beweise darzulegen und sich auch über die bezüglichen Ausführungen ihres Gegners mit Bestimmtheit auszusprechen.	(1) Die Parteien haben ihre Erklärungen über tatsächliche Umstände vollständig und der Wahrheit gemäß abzugeben. (2) Jede Partei hat sich über die von dem Gegner behaupteten Tatsachen zu erklären. (3) Tatsachen, die nicht ausdrücklich bestritten werden, sind als zugestanden anzusehen, wenn nicht die Absicht, sie bestreiten zu wollen, aus den übrigen Erklärungen der Partei hervorgeht.

§ 178 Abs. 1 ZPO Österreich	§ 138 ZPO Deutschland
	(4) Eine Erklärung mit Nichtwissen ist nur über Tatsachen zulässig, die weder eigene Handlungen der Partei noch Gegenstand ihrer eigenen Wahrnehmung gewesen sind.

Beide Vorschriften ähneln sich in Bezug auf die Wahrheitsobliegenheit der Prozessparteien. In beiden ist die Verpflichtung normiert, Tatsachen zur Begründung eines gestellten Antrags der Wahrheit gemäß, vollständig und mit Beweisangeboten substantiiert vorzutragen. Jede Prozesspartei ist zu einer Äußerung zum Tatsachenvortrag der gegnerischen Partei verpflichtet und das unabhängig davon, ob diesem zugestanden oder dieser bestritten wird.

Wahrheit im Sinne dieser Vorschrift kann lediglich eine rein subjektive Wahrheit sein, die Wahrhaftigkeit.[24] Das bedeutet im Umkehrschluss: den Parteien ist eine wissentliche Falschaussage untersagt. Diese subjektive Wahrhaftigkeit umfasst sowohl das aktive Behaupten als auch das Bestreiten tatsächlicher Umstände.[25] Oft ist eine Partei zur Behauptung von anspruchsbegründenden Tatsachen gezwungen, ohne aktive Kenntnis zu haben oder ha-

24 *Leipold*, Wahrheit und Beweismaß im Zivilprozeß, in FS für Hideo Nakamura, S. 305.

25 *Zöller-Greger*, Kommentar zur ZPO, § 138 Rn. 2.

ben zu können. Dies betrifft vor allem subjektive Gegebenheiten beim Anspruchsgegner wie Bösgläubigkeit, Vorsatz, Fahrlässigkeit oder Arglist. Ein entsprechendes Parteivorbringen verstößt jedoch nicht gegen die subjektive Wahrheitspflicht, sofern es sich nicht um eine bewusste Lüge der vortragenden Partei handelt.[26]

Zu denken ist beispielsweise auch an die Fälle, in denen ein Kläger Leistungen nach einem Sportunfall aus einer privaten Unfallversicherung begehrt. Der Kläger wird dem Gericht vortragen, dass der Unfall allein kausal für einen Gesundheitsschaden ist und die körperliche Einschränkung nach den Versicherungsbedingungen zu einer Zahlungspflicht führt. Die Versicherung wird dieses tatsächliche Vorbringen mit Nichtwissen bestreiten und vortragen, dass die Gesundheitsbeeinträchtigung auch auf Verschleiß oder Vorerkrankungen beim Kläger zurückzuführen sein könnte. In dieser Fallkonstellation kommt jede Prozesspartei ihrer subjektiven Wahrheits- und Erklärungspflicht ordnungsgemäß nach, obwohl der Vortrag diametral entgegengesetzt ist.

Der zweite Adressat ist der Richter, an den sich § 272 der österreichischen ZPO und § 286 der deutschen ZPO wenden:

---

26 *Zöller-Greger*, Kommentar zur ZPO, § 138 Rn. 2.

Tabelle 2: Wahrheitsfeststellung durch den Richter

§ 272 ZPO Österreich	**§ 286 ZPO Deutschland**
(1) Das Gericht hat, soferne in diesem Gesetze nicht etwas anderes bestimmt ist, unter sorgfältiger Berücksichtigung der Ergebnisse der gesammten Verhandlung und Beweisführung nach freier Überzeugung zu beurtheilen, ob eine thatsächliche Angabe für wahr zu halten sei oder nicht. (2) Es hat insbesondere in gleicher Weise zu entscheiden, welchen Einfluss es auf die Beurtheilung des Falles hat, wenn eine Partei die Beantwortung von Fragen verweigert, welche durch den Vorsitzenden oder mit dessen oder des Senates Zustimmung an sie gestellt werden. (3) Die Umstände und Erwägungen, welche für die Überzeugung des Gerichtes maßgebend waren, sind in der Begründung der Entscheidung anzugeben.	(1) Das Gericht hat unter Berücksichtigung des gesamten Inhalts der Verhandlungen und des Ergebnisses einer etwaigen Beweisaufnahme nach freier Überzeugung zu entscheiden, ob eine tatsächliche Behauptung für wahr oder für nicht wahr zu erachten sei. In dem Urteil sind die Gründe anzugeben, die für die richterliche Überzeugung leitend gewesen sind. (2) An gesetzliche Beweisregeln ist das Gericht nur in den durch dieses Gesetz bezeichneten Fällen gebunden.

Bei Betrachtung dieser Vorschriften wird schnell deutlich, dass der Richter nicht die Erkenntnis der Wahrheit im philosophischen Sinne verlangt. Stattdessen richtet sich der Blick auf die Themen Tatsachenfeststellung und Beweis.[27] Das Erkenntnisziel des Richters und des gesamten Gerichtsverfahrens bleibt die Wahrheit. Die Wahrheitsfeststellung ist eng begrenzt und punktuell. Die Aufgabe des Richters ist zwar deutlich mehr als eine bloße Plausibilitätsprüfung, jedoch auch weniger als eine Ermittlung der wahren Tatsachenlage in einem umfassenden Sinne.

Der Richter prüft zunächst, welche Tatsachenbehauptungen für das Bestehen oder Nichtbestehen eines Anspruchs erheblich und beweisbedürftig sind.[28] Sodann ist zu überprüfen, welche Prozesspartei für die Tatsachenbehauptung beweisbelastet ist. Die gesetzliche Regelung geht davon aus, dass eine vorgetragene Tatsache sowohl wahr als auch falsch sein kann. Dem Richter wird zugebilligt, das gesamte Prozessgeschehen in seine Wahrheitsfeststellung und neben den angebotenen Beweismitteln auch das Prozessverhalten der Parteien einzubeziehen.[29]

---

27 *Leipold*, Wahrheit und Beweismaß im Zivilprozeß, in FS für Hideo Nakamura, S. 304.

28 *Zöller-Greger*, Kommentar zur ZPO, vor § 284 Rn. 9; Rechberger, Kommentar zur ZPO, vor § 266, Rn. 9, geht jedoch davon aus, dass eine Vorabprüfung der beweiserheblichen Tatsachen durch das Gericht nicht erforderlich sei, da Gericht und Parteien eine Arbeitsgemeinschaft mit starker Stellung des Richters bilden würden; tatsächlich dürfte diese Auffassung jedoch mit der Prozessökonomie unvereinbar sein.

29 *Zöller-Greger*, Kommentar zur ZPO, § 286 Rn. 14.

Demnach stellt der Richter in einem ersten Schritt den rechtlich zu würdigenden Sachverhalt nach den prozessualen Beweisregeln fest und bildet sich im zweiten Schritt eine eigene Überzeugung.[30]

Die Feststellung des Tatrichters zur Wahrheit oder Unwahrheit einer Tatsachenbehauptung der Prozessparteien erfährt insgesamt eine starke Relativierung. Grundlage der Feststellung des Gerichts ist immer der vorhandene Prozessstoff. Damit kann die Feststellung des Gerichts über die Wahrheit niemals in einem absoluten Sinn erfolgen, vielmehr stellt der Tatrichter eine relative Wahrheit fest.[31] Dementsprechend steht es den am Prozess Beteiligten zu, unter gewissen Voraussetzungen einen neuen Tatsachenvortrag in der Rechtsmittelinstanz vorzutragen. Auch nach Rechtskraft eines Urteils sieht die Prozessordnung über Restitutionsklagen eine Durchbrechung der Rechtskraft vor, sofern neue, zum Zeitpunkt des ursprünglichen Prozesses aber noch nicht bekannte Tatsachen hervortreten.

2. Maß der Überzeugung beim Richter

Im Rahmen der „Anastasia-Entscheidung"[32] hat der Bundesgerichtshof (BGH) wichtige Grundsätze festgelegt, ob und wie die Entscheidung des Tatrichters überprüft werden kann.

---

30 *Zöller-Greger*, Kommentar zur ZPO, § 286 Rn. 1.

31 *Leipold* a.a.O., S. 305.

32 BGH NJW 1970, 946 ff.: Die Klägerin behauptete, die jüngste Tochter des letzten russischen Zaren Nikolaus II zu sein. Bei der Ermordung

Der BGH führt dazu aus wie folgt:

> „Der Revision ist zuzugeben, daß ein Gericht keine „unerfüllbaren Beweisanforderungen" stellen darf (…), und daß es keine unumstößliche Gewißheit bei der Prüfung verlangen darf, ob eine Behauptung wahr und erwiesen ist. Irrig ist jedoch der Vortrag, der Zivilprozßrichter dürfe sich in Fällen dieser Art mit einer bloßen Wahrscheinlichkeit begnügen. Denn nach § 286 ZPO muß der Richter aufgrund der Beweisaufnahme entscheiden, ob er eine Behauptung für wahr oder nicht für wahr hält, er darf sich also gerade nicht mit einer bloßen Wahrscheinlichkeit beruhigen. Im übrigen stellt § 286 ZPO nur darauf ab, ob der Richter selbst die Überzeugung von der Wahrheit einer Behauptung gewonnen hat. Diese persönliche Gewißheit ist für die Entscheidung notwendig, und allein der Tatrichter hat ohne Bindung an gesetzliche Beweisregeln und nur seinem Gewissen unterworfen die Entscheidung zu treffen, ob er die an sich möglichen Zweifel überwinden und sich von einem bestimmten Sachverhalt als wahr überzeugen kann. Eine von allen Zweifeln freie Überzeugung setzt das Gesetz dabei nicht voraus. Auf diese eigene Überzeugung des entscheidenden Richters kommt es an, auch wenn andere zweifeln oder eine andere Auffassung erlangt haben würden. Der Richter darf und muß sich aber in tatsächlich zweifelhaften Fällen mit einem für das praktische Leben brauchbaren Grad von Gewißheit begnügen, der den Zweifeln

der Zarenfamilie im Jahre 1918 sei sie entkommen. Sie machte erbrechtliche Ansprüche gerichtlich geltend, wobei es als beweisbedürftige Tatsachenbehauptung um die Identität der Klägerin und deren Abstammung ging. Diese wurde vom Gericht verneint. Wie sich aber erst im Jahr 2007 durch DNA-Analysen herausstellte, lag das Gericht mit seiner Auffassung richtig.

> Schweigen gebietet, ohne sie völlig auszuschließen. Das wird allerdings vielfach ungenau so ausgedrückt, daß das Gericht sich mit einer an Sicherheit grenzenden Wahrscheinlichkeit begnügen dürfe; das ist falsch, falls damit von der Erlangung einer eigenen Überzeugung des Richters von der Wahrheit abgesehen werden sollte (vgl. BGH, DRiZ 67, 239 und 69, 53)."[33]

Nach dem Gesetzeswortlaut ist nicht klar geregelt, welche Beweisstärke erreicht werden muss, um dem Richter die Feststellung der Wahrheit einer Behauptung zu erlauben.[34]

Die im BGH-Urteil verlangte persönliche Gewissheit des Richters legt nahe, dass es wesentlich auf das subjektive Dafürhalten des Richters ankommt. Das bedeutet konsequent zu Ende gedacht, dass der Vorgang „für wahr erachten" letztlich eine Gewissensentscheidung des Richters darstellt; diese könnte sich als persönlichste und subjektivste Form einer Entscheidung wohl weitgehend einer Kontrolle der Rechtsmittelinstanz entziehen.[35] Dem wirkt der BGH jedoch entgegen, indem eine von allen Zweifeln freie Überzeugung des Richters nicht vorausgesetzt wird. Der Richter darf nicht übertrieben hohe Anforderungen an einen angebotenen Beweis stellen. Stattdessen muss er sich für die Rechtsmittelinstanz überprüfbar mit einem für das praktische Leben brauchbaren Grad von Gewissheit begnügen, der den Zweifeln Schweigen gebietet, ohne diese völlig auszuschlie-

---

33 BGH NJW 1970, 946 ff.

34 *Leipold*, a.a.O., S. 308.

35 So auch *Leipold*, a.a.O., S. 309.

ßen. „Weniger als die Überzeugung von der Wahrheit reicht für das Bewiesensein nicht aus: ein bloßes Glauben, Wähnen, Fürwahrscheinlichhalten berechtigt den Richter nicht zur Bejahung des streitigen Tatbestandsmerkmals“[36], fasst *Greger* zusammen. Gleichzeitig dürfe die Grenze der menschlichen Erkenntnisfähigkeit nicht negiert und mehr als die subjektive Überzeugung des Richters gefordert werden.[37]

Eine gerichtliche Überprüfung der Beweiswürdigung bzw. des Vorgangs „für wahr erachten“ ist trotz Bindung der Rechtsmittelinstanz an die Tatsachenfeststellungen in der I. Instanz einerseits dahingehend möglich, dass der Tatrichter sich mit dem Prozessstoff und den Beweisergebnissen umfassend und widerspruchsfrei auseinandergesetzt hat. Das Gericht muss die wesentlichen Grundlagen der Beweiswürdigung im Urteil zum Ausdruck bringen und erkennen lassen, dass es sich in sachgerechter Weise mit allen Beweismitteln befasst hat.[38] Die Beweiswürdigung des Tatrichters muss vollständig und rechtlich möglich sein und darf nicht gegen Denkgesetze oder Erfahrungssätze verstoßen.[39] Der Überprüfung in der Rechtsmittelinstanz unterliegt ferner das Beweismaß. In einer weiteren Entscheidung hat der BGH seine Ausführungen zur persönlichen Gewissheit des Richters ergänzt: Der Tatrichter „darf und muss“ sich in tatsächlich zweifelhaften Fällen mit dem näher spezifizierten und für

---

36 *Zöller-Greger*, Kommentar zur ZPO, § 286, Rn. 18.

37 *Zöller-Greger*, Kommentar zur ZPO, § 286, Rn. 19.

38 *Zöller-Greger*, Kommentar zur ZPO, § 286 Rn. 21, BGH NJW 1952, 23.

39 Vgl. BGH, NJW 1987, 1557 f.

das praktische Leben brauchbaren Grad von Gewissheit begnügen.[40]

Dieser Grad an persönlicher Gewissheit wird aktuell in Fällen rund um den sog. Dieselabgasskandal von Volkswagen von der Rechtsprechung zitiert, interessanterweise sowohl mit positivem Ausgang für die klagenden Käufer[41] als auch für den beklagten Autokonzern[42].

3. Weitere Beweisregeln im Zivilprozess

Neben dem beschriebenen System aus Verpflichtung der Prozessparteien zur subjektiven Wahrheit und dem Vorgang „für wahr erachten" durch den Richter gibt es weitere prozessrechtliche Regeln, die für die Wahrheitsfindung durch das Gericht entscheidend sein können. Die für die Bestimmung des rechtlichen Wahrheitsbegriffs wesentlichen Beweisregeln sind folgende:

a) Richterliche Schätzung

Gesetz und Rechtsprechung haben an mehreren Stellen Änderungen von der allgemeinen Regel vorgenommen, den Vollbeweis für den eigenen Tatsachenvortrag erbringen zu müssen.

---

40 BGH NJW 1993, 935.

41 OLG Stuttgart, BeckRS 2020, 5557.

42 OLG Hamm, BeckRS 2020, 5741.

Eine der wichtigsten Ausnahmen stellt das Recht des Richters dar, den Schadensumfang nach eigenem Ermessen zu schätzen.

Die gesetzliche Regelung lautet hierzu wie folgt:

Tabelle 3: Richterliche Schätzung in Österreich und Deutschland

§ 273 ZPO Österreich	**§ 287 ZPO Deutschland**
(1) Wenn feststeht, dass einer Partei der Ersatz eines Schadens oder des Interesses gebürt oder dass sie sonst eine Forderung zu stellen hat, der Beweis über den streitigen Betrag des zu ersetzenden Schadens oder Interesses oder der Forderung aber gar nicht oder nur mit unverhältnismäßigen Schwierigkeiten zu erbringen ist, so kann das Gericht auf Antrag oder von amtswegen selbst mit Übergehung eines von der Partei angebotenen Beweises diesen Betrag nach freier Überzeugung festsetzen. Der Festsetzung des Betrages kann auch die eidliche Vernehmung einer der Parteien über die für die Bestimmung des Betrages maßgebenden Umstände vorausgehen.	(1) Ist unter den Parteien streitig, ob ein Schaden entstanden sei und wie hoch sich der Schaden oder ein zu ersetzendes Interesse belaufe, so entscheidet hierüber das Gericht unter Würdigung aller Umstände nach freier Überzeugung. Ob und inwieweit eine beantragte Beweisaufnahme oder von Amts wegen die Begutachtung durch Sachverständige anzuordnen sei, bleibt dem Ermessen des Gerichts überlassen. Das Gericht kann den Beweisführer über den Schaden oder das Interesse vernehmen; (...). (2) Die Vorschriften des Abs. 1 Satz 1, 2 sind bei vermögensrechtlichen Streitigkeiten auch in anderen Fällen entsprechend anzuwenden, soweit unter den Parteien die Höhe einer Forderung

§ 273 ZPO Österreich	§ 287 ZPO Deutschland
(2) Sind von mehreren in derselben Klage geltend gemachten Ansprüchen einzelne, im Verhältnis zum Gesamtbetrag unbedeutende streitig und ist die vollständige Aufklärung aller für sie maßgebenden Umstände mit Schwierigkeiten verbunden, die zur Bedeutung der streitigen Ansprüche in keinem Verhältnisse stehen, so kann das Gericht darüber in der gleichen Weise (Abs. 1) nach freier Überzeugung entscheiden. Gleiches gilt auch für einzelne Ansprüche, wenn der begehrte Betrag jeweils 1.000 Euro nicht übersteigt.	streitig ist und die vollständige Aufklärung aller hierfür maßgebenden Umstände mit Schwierigkeiten verbunden ist, die zu der Bedeutung des streitigen Teiles der Forderung in keinem Verhältnis stehen.

Das Prozessrecht räumt dem Gericht sowohl in Österreich als auch in Deutschland eine teils weitgehende Freiheit ein, die Höhe des Schadens zu schätzen. Der Wortlaut des Gesetzes lässt offensichtlich erkennen, dass die österreichische Rechtsordnung mit diesem Instrument zurückhaltendender umgeht. Tragen die Parteien substantiiert sich als Grundlage für eine richterliche Schätzung eignende Tatsachen vor, steht es im freien Ermessen des Richters, die Höhe entweder zu schätzen oder doch eine mit erheblichem zeitlichen und finanziellen Aufwand verbundene Beweisaufnahme durchzuführen.

Der Gesetzgeber verzichtet auf das Erfordernis eines Wahrheitsbeweises für bestimmte Anspruchsvoraussetzungen, die den Umfang und nicht den Grund eines Haftungstatbestandes betreffen und erlaubt dem Richter, Wahrscheinlichkeitsbetrachtungen vorzunehmen.[43] Dabei handelt es sich jedoch um keine reine Billigkeitsentscheidung, die nicht von rechtlichen Maßstäben geleitet ist; vielmehr ist es eine Würdigung aller Umstände des Einzelfalls und eine aus freier Überzeugung des Richters vorgenommene Tatsachenermittlung.[44]

Auf diese Weise räumt der Gesetzgeber der Rechtssicherheit und dem Rechtsfrieden einen Vorrang gegenüber einer absoluten Wahrheit ein. Der Gesetzgeber schafft aber einen Ausgleich zwischen wirtschaftlich unterschiedlich potenten Prozessparteien. Zu denken ist etwa an Fälle, bei denen Einzelpersonen Ansprüche gegenüber einer Versicherung durchsetzen müssen. Anspruchsteller dürften von der Geltendmachung ihrer Ansprüche ohne Rechtsschutzversicherung grundsätzlich bei Fällen absehen, in denen Kosten für die Ursachen- und Schadenermittlung die zu erwartende Versicherungsleistung übersteigen. Andernfalls müssten die Versicherungsnehmer den Prozess mit einem immensen und unverhältnismäßigen Kostenrisiko führen.

---

43 *Zöller-Greger*, Kommentar zur ZPO, § 287, Rn. 1.

44 BGH NJW-RR 2016, 892.

b) Prima-facie-Beweis

Die Einordnung des Prima-facie-Beweises als Rechtsinstitut ist sowohl in Österreich als auch in Deutschland umstritten und dogmatisch bislang nicht geklärt. Eine Legaldefinition für dieses Institut fehlt, gleichwohl ist es in beiden Ländern gewohnheitsrechtlich anerkannt und wird in der Rechtspraxis vielfach angewandt.

Der Beweis des ersten Anscheins setzt voraus, dass ein „typischer Geschehensablauf" vorliegt. Dann sieht der Richter denjenigen Geschehensablauf kraft freier Würdigung als erwiesen an, der bei der gegebenen Sachlage der Regel des Lebens dem Üblichen und Gewöhnlichen entspricht.[45] Hiervon geht die Rechtsprechung regelmäßig bei Feststehen eines bestimmten Sachverhalts aus, der nach der allgemeinen Lebenserfahrung auf eine bestimmte Ursache oder einen bestimmten Ablauf als maßgeblich für den Eintritt eines bestimmten Erfolgs hinweist. Nicht ausreichend ist ausdrücklich ein erheblicher Grad an Wahrscheinlichkeit. Stattdessen muss das Gericht vielmehr anhand der sowohl unstreitigen als auch der durch die Beweiserhebung festgestellten Tatsachenbasis kraft seiner Lebenserfahrung den noch streitigen Sachvortrag als möglich und gegeben betrachten können.[46] Besonders häufig findet der Anscheinsbeweis

45 st. Rspr., vgl. exemplarisch BGH NJW 1982, 2447 f.; BGH VersR 1982, 1145.

46 *Leipold* in Stein/ Jonas, Kommentar zur ZPO, § 286 Rn. 129; Zöller-Greger, Kommentar zur ZPO, vor § 284 Rn. 29, BGH NJW 2004, 3623.

in der Rechtsprechung Niederschlag, wenn es um den Nachweis von Kausalität oder Verschulden geht. Das Paradebeispiel für die Anwendung dieses Rechtsinstituts ist ein Auffahrunfall im Straßenverkehr, bei dem das Verschulden und die Ursächlichkeit der Kollision beim auffahrenden Fahrzeuglenker vermutet werden.[47]

Der Prima-facie-Beweis ist ausdrücklich eine Beweiserleichterung und erreicht nicht das Beweismaß des Vollbeweises.[48] Dieser führt laut BGH in ständiger Rechtsprechung gerade nicht zu einer Umkehrung der Darlegungs- und Beweislast.[49] Der Anscheinsbeweis macht den Gegenbeweis nötig, wenn der Prozessgegner eine atypische Fallkonstellation behauptet[50]. Der Prozessgegner muss aber nicht den Vollbeweis für das Vorliegen eines atypischen Geschehensablaufs erbringen, sondern nur dessen ernsthafte Möglichkeit.[51] Der Gegenbeweis muss dazu führen, dass der Richter zur vollen Überzeugung der ernsthaften Möglichkeit eines atypischen Verlaufs zur Erschütterung des Prima-facie-Beweises gelangen kann.[52]

47 BGH NJW-RR 2007, 680; OLG Hamburg DAR 1965, 301.

48 BGH MDR 1981, 738; *Rechberger*, Kommentar zur ZPO, vor § 266, Rn. 22.

49 NJW 1987, 2876 f.: Die Annahme einer Beweislastumkehr wird als rechtsfehlerhaft bezeichnet.

50 Statt vieler: BGH NJW 1952, 217; BGH NJW 1972, 1131; LG Koblenz BeckRS 2020, 20144.

51 BGH, Urteil vom 27.04.2004, Az.: VI ZR 34/03; *Zöller-Greger*, Kommentar zur ZPO, vor § 284 Rn. 29.

52 BGH NJW 1991, 230 f.

c) Beweislastumkehr

In der Rechtsprechung findet sich bei schwierigen Beweissituationen nicht selten die floskelartige Formulierung, wonach „dem Beweisbelasteten Beweiserleichterungen bis hin zur Beweislastumkehr“ zu gewähren seien.[53] Soweit dadurch der Eindruck entstehen könnte, das Gericht sei nach Gutsherrenart zur Abfederung einer möglicherweise unbillig erscheinenden Beweisnot im Einzelfall befugt, ist dieser als falsch zurückzuweisen.[54] Dies wird an folgenden markanten Beispielen aufgezeigt:

Zum einen ist die Umkehr der Beweislast in Arzthaftungsfällen relevant.[55] Der klagende Patient wird in der Regel nicht dazu in der Lage sein, die konkrete Pflichtverletzung des Arztes medizinisch korrekt darzustellen und die Ursächlichkeit für eine negative Folge zu beweisen. Deshalb werden besondere Aufklärungs- und Dokumentationspflichten an den behandelnden Arzt gestellt. Deren Verletzung führt dazu, dass dem beklagten Arzt oder Krankenhaus der Entlastungsbeweis möglicherwiese nicht gelingt. In Deutschland ist die Beweislastverteilung über § 630h BGB explizit geregelt, wodurch die von der Rechtsprechung entwickelten gewohnheitsrechtlichen Grundsätze weitgehend Eingang in die Gesetzgebung gefunden haben.

---

53 Exemplarisch: BGH NJW 2015, 1026; BGH NJW 1988, 2611, BGH NVwZ 2017, 251.

54 *Zöller-Greger*, Kommentar zur ZPO, vor § 284 Rn. 22.

55 OGH JBl 2000, 657; *Zöller-Greger*, Kommentar zur ZPO, vor § 284 Rn. 20a.

Doch auch im Äußerungsrecht nimmt die Rechtsprechung[56] eine Umkehr der Beweislast an, was wiederum praktische Bedeutung für den Umgang mit Fake News hat. Zunächst ist die individuelle Betroffenheit zu prüfen. Diese ist gegeben, wenn sich die Äußerung erkennbar mit dem Anspruchsteller als Individuum befasst.[57] Für die Wahrheit der behaupteten Tatsachen trifft den Äußernden die Darlegungs- und Beweislast. Grundsätzlich trifft im Zivilverfahren den Anspruchsteller für alle tatsächlichen Voraussetzungen der von ihm begehrten Rechtsfolge die Darlegungs- und Beweislast. Demnach müsste derjenige die Unwahrheit einer Behauptung beweisen, der sich gegen eine ihn beeinträchtigende Äußerung zur Wehr setzt.[58] Allerdings tritt eine Beweislastumkehr hinsichtlich des Wahrheitsbeweises ein, wenn üble Nachrede Streitgegenstand ist. In diesem Fall trifft im deutschen Recht nach der über § 823 Abs. 2 BGB in das Deliktsrecht transformierten Beweisregel des § 186 StGB grundsätzlich den Schädiger die Beweislast für die Wahrheit der ehrbeeinträchtigenden Behauptung.[59] Ob eine beanstandete Äußerung als ehrabschneidend anzusehen ist, ist nicht nur anhand der solitär betrachteten Äußerung, sondern auch in einem weiteren Kontext zu beurteilen.[60] Die Beweislastumkehr greift ein, wenn die Äuße-

56 Vgl. etwa BGH NJW 1985, 1621; BGH NJW 1979, 266.

57 *Burkhardt*, in: Wenzel, Das Recht der Wort- und Bildberichterstattung, 5. Aufl., Kap. 12 Rn. 43.

58 LG Köln ZUM-RD 2008, 83 ff.

59 *Burkhardt*, in: Wenzel, Das Recht der Wort- und Bildberichterstattung, 5. Aufl., Kap. 12 Rn. 139.

60 LG Köln ZUM-RD 2008, 83 ff.

rung den Kläger als Betroffenen verächtlich macht oder in der öffentlichen Meinung herabzuwürdigen vermag.[61]

Genau betrachtet wurden im Äußerungsrecht lediglich die allgemeinen Verpflichtungen der Prozesspartei zum wahrheitsgemäßen Vortrag von Prozesstatsachen und der Erklärungspflicht der anderen Partei dogmatisch eng angewandt.

Die Umkehr der Beweislast erfolgt zusammengefasst stets auf Basis einer gesetzlichen Regelung oder vertraglichen Vereinbarung.[62]

4. Beweisverwertungsverbote

Anders als im Strafprozessrecht spielen Beweisverwertungsverbote im Zivilrecht eine untergeordnete Rolle. Eine gesetzliche Regelung hierzu fehlt sowohl in der österreichischen als auch in der deutschen ZPO.

a) Persönlichkeitsrechte im Konflikt mit der Beweiserhebung

Der OGH hat in seiner Entscheidung vom 27.09.2001, Az.: 6 Ob 190/01m, Folgendes festgehalten:

---

61 Ebd.: In diesem Fall wurde die historische Rolle einer Person, die als „Gerechter unter den Völkern" ausgezeichnet wurde, in Frage gestellt durch vermeintliche historische Belege, dass diese Person zum Zeitpunkt der Hilfeleistung zugunsten jüdischer Flüchtlinge gar nicht am Ort des Geschehens gewesen sein konnte.

62 *Zöller-Greger*, Kommentar zur ZPO, vor § 284 Rn. 27.

> „In der Rechtsprechung des deutschen Bundesgerichtshofes (BGHZ 27, 284) und des deutschen Bundesverfassungsgerichts (NJW 1973, 891) wird schon seit langem ein Recht am gesprochenen Wort bejaht, das einen Schutz gegen die heimliche Aufnahme von Gesprächen gewährt. Der Oberste Gerichtshof hat sich dieser Ansicht angeschlossen und eine ohne Zustimmung des Gesprächspartners durchgeführte heimliche Tonbandaufnahme als rechtswidrigen Eingriff in ein aus dem § 16 ABGB abzuleitendes Persönlichkeitsrecht qualifiziert, auch wenn die Aufnahme allein noch nicht den Straftatbestand des § 120 Abs 2 StGB herstellt, der die Weitergabe des Gesprächsinhaltes verlangt (9 ObA 215/92 = SZ 65/134). Die Kläger haben daher grundsätzlich einen Unterlassungsanspruch, der auch den Beseitigungsanspruch, also den Anspruch auf Löschung der heimlichen Tonbandaufnahme umfasst (BGH NJW 1988, 1016; 3 Ob 131/00m)."

Ob derartige Verletzungen des Persönlichkeitsrechts zu einem Beweisverwertungsverbot im Zivilprozess führen, wird von der Rechtsprechung nicht einheitlich gesehen. Bei dieser Rechtsfrage gehen die Meinungen in Österreich und Deutschland auseinander. Gleichwohl gibt es weder in Österreich noch in Deutschland eine h. M. in Rechtsprechung und Lehre.

Die Unterschiedlichkeit liegt einerseits daran, dass in beiden Rechtsordnungen eine unterschiedliche Auffassung zur Drittwirkung der Grundrechte besteht. In Deutschland wird eine mittelbare Drittwirkung der Grundrechte bei der Auslegung und Wirkung von Rechtsnormen gesehen, während in Österreich Grundrechte fast ausschließlich als Abwehrrechte des Bürgers gegen den Staat verstanden werden.[63] Ergänzend zu der Funktion als Abwehrrecht geht man in Österreich von einer „mittelbaren Einwirkung“ der Grundrechte aus, wodurch diese aus Gründen der Einheitlichkeit der Rechtsordnung zum Auslegungsmaßstab von Normen und Verträgen werden. Außerdem findet sich mit § 16 ABGB eine ausdrückliche gesetzliche Verankerung des Persönlichkeitsrechts innerhalb des Zivilrechts.

Andererseits sind die Strafvorschriften in einem markanten Punkt unterschiedlich ausgestaltet:

Tabelle 4: Schutz der Persönlichkeitsrechte bei der Beweiserhebung

§ 120 StGB Österreich	**§ 201 StGB Deutschland**
(1) Wer ein Tonaufnahmegerät oder ein Abhörgerät benützt, um sich oder einem anderen Unbefugten von einer nicht öffentlichen und nicht zu seiner Kenntnisnahme bestimmten Äußerung eines anderen Kenntnis zu verschaffen, ist mit Freiheitsstrafe bis zu einem Jahr oder mit Geldstrafe bis zu 360 Tagessätzen zu bestrafen.	(1) Mit Freiheitsstrafe bis zu drei Jahren oder mit Geldstrafe wird bestraft, wer unbefugt das nichtöffentlich gesprochene Wort eines anderen auf einen Tonträger aufnimmt oder eine so hergestellte Aufnahme gebraucht oder einem Dritten zugänglich macht.

63 *Mayer/ Kucsko-Stadlmayer/ Stöger*, Grundriss des Bundesverfassungsrechts, Rn. 1334 verbunden mit dem Hinweis, dass der OGH in einigen grundsätzlichen Fallkonstellationen eine mittelbare Drittwirkung etwa des Gleichheitsgrundsatzes, beim Recht auf Leben und dem Recht auf Privat- und Familienleben angenommen hat.

§ 120 StGB Österreich	**§ 201 StGB Deutschland**
(2) Ebenso ist zu bestrafen, wer ohne Einverständnis des Sprechenden die Tonaufnahme einer nicht öffentlichen Äußerung eines anderen einem Dritten, für den sie nicht bestimmt ist, zugänglich macht oder eine solche Aufnahme veröffentlicht.	(2) Ebenso wird bestraft, wer unbefugt das nicht zu seiner Kenntnis bestimmte nichtöffentlich gesprochene Wort eines anderen mit einem Abhörgerät abhört oder das nach Absatz 1 Nr. 1 aufgenommene oder nach Absatz 2 Nr. 1 abgehörte nichtöffentlich gesprochene Wort eines anderen im Wortlaut oder seinem wesentlichen Inhalt nach öffentlich mitteilt.
(2a) Wer eine im Wege einer Telekommunikation übermittelte und nicht für ihn bestimmte Nachricht in der Absicht, sich oder einem anderen Unbefugten vom Inhalt dieser Nachricht Kenntnis zu verschaffen, aufzeichnet, einem anderen Unbefugten zugänglich macht oder veröffentlicht, ist, wenn die Tat nicht nach den vorstehenden Bestimmungen oder nach einer anderen Bestimmung mit strengerer Strafe bedroht ist, mit Freiheitsstrafe bis zu drei Monaten oder mit Geldstrafe bis zu 180 Tagessätzen zu bestrafen.	Die Tat nach Satz 1 Nr. 2 ist nur strafbar, wenn die öffentliche Mitteilung geeignet ist, berechtigte Interessen eines anderen zu beeinträchtigen. 3Sie ist nicht rechtswidrig, wenn die öffentliche Mitteilung zur Wahrnehmung überragender öffentlicher Interessen gemacht wird. (...)

Die in § 201 Abs. 1 S. 2 StGB Deutschland bereits vom Gesetzgeber angelegte Interessenabwägung findet sich im österreichischen Recht nicht.

b) Meinungsstand in Literatur und Rechtsprechung

Die unterschiedlichen Ansichten zur Verwertung von unter Verletzung des Persönlichkeitsrechts oder anderer Rechtsnormen erlangten Beweismitteln lassen sich wie folgt zusammenfassen.

Eine erste Auffassung zu den Beweisverwertungsverboten hält die Verwertung rechtswidrig gewonnener Beweismittel grundsätzlich für unzulässig. Dies wird damit begründet, dass sich im Fall einer Verwertung Unrecht perpetuieren würde und sich gleichzeitig Justiz und Gerichte zu Komplizen dieses Unrechts machen würden.[64] Diese Auffassung räumt die Möglichkeit zur Beseitigung eines Unrechts auf materiell-rechtliche Weise ein, indem der in seinen Persönlichkeitsrechten Verletzte seinerseits den Schädiger auf Unterlassung und Löschung bzw. Beseitigung in Anspruch nimmt. Gleichwohl müsse das rechtswidrige Verhalten des Beweisführers prozessrechtlich sanktioniert werden.[65]

Eine vermittelnde Auffassung mit zahlreichen Facetten hält die Verwertung grundsätzlich für zulässig, wenn eine Interessenab-

---

64 BGH NJW 1982, 277: Der BGH nimmt jedoch keinen schrankenlosen Schutz des gesprochenen Wortes an, sondern verlangt eine Abwägung der widerstreitenden Interessen; das reine Beweisinteresse des Beweisführers reicht jedoch für sich alleine genommen nicht aus.

65 *Tschadek*, Der Beweis, S. 51 f.

wägung zugunsten des Beweisführers ausgeht. Insbesondere *Fasching* unterscheidet zunächst zwischen der Verletzung einer Vorschrift des Privatrechts oder einer vertraglichen Vereinbarung und einer strafgesetzwidrigen Erlangung von Beweismitteln. Im erstgenannten Fall sind die Aufnahme und Verwertung des Beweismittels stets zulässig.[66] Im Fall der Verletzung von Strafgesetzen ist nach dem Rang des verletzen verfassungsmäßig geschützten Freiheits- oder Grundrechts zu unterscheiden.[67] Eine Verletzung des Kernbereichs der Freiheitsrechte wie etwa durch Anwendung von Foltermethoden gegen Zeugen führt dazu, dass eine Verwertung der Beweise grundsätzlich unzulässig ist. Bei einer Verletzung von Rechtsgütern außerhalb dieses Kernbereichs wie etwa Diebstahl von Geschäftsgeheimnissen oder Urkunden bleibt die Verwertung des Beweismittels grundsätzlich zulässig. Die Erlangung soll jedoch im Rahmen eines gesonderten Strafverfahrens beleuchtet werden.[68] Die volle Darlegungs- und Beweislast für das überwiegend rechtliche Interesse trifft zunächst den Beweisführer. Diese Auffassung ist in der deutschen Rechtsprechung weit verbreitet, was auch an der unterschiedlichen Ausgestaltung der Strafvorschriften liegen dürfte. Gleichwohl ist diese Auffassung problematisch, vor allem wenn die Interessenabwägung nicht zugunsten des Beweisführers ausgeht und der Inhalt der entsprechenden Beweismittel bereits thematisiert wurde. In diesen Fällen müssten Justiz und Rechtsprechung un-

---

66 *Fasching*, Lehrbuch des österreichischen Zivilprozeßrechts, Rn. 935.

67 *Fasching* a.a.O., Rn. 936.

68 a.a.O.

ter Umständen bekannt gewordene Tatsachen völlig ausblenden und sich aus formalen, prozessrechtlichen Gründen der tatsächlichen Faktenlage und damit der Wahrheit bewusst verschließen. Dieser vermittelnden Ansicht hat sich auch der OGH in einigen Entscheidungen angeschlossen und dabei die Gefahr der Perpetuierung der Rechtswidrigkeit bei Erlangung des Beweismittels als Argument herangezogen.[69]

Die dritte Auffassung hält die Verwertung von Beweismitteln grundsätzlich für zulässig. Diese Meinung führt in erster Linie durchgreifende dogmatische Argumente an und ist grundsätzlich zustimmungswürdig. Insbesondere das Trennungsprinzip fordert, dass die Erlangung der Beweismittel und deren Verwertung im Prozess als zwei getrennte Vorgänge betrachtet werden müssen. Ein etwaiger materiell-rechtlicher Verstoß liegt in der Regel vor, aber jedenfalls außerhalb des Prozessrechtsverhältnisses. Es ist nicht zwangsläufig so, dass die Parteien des Prozesses und die am Rechtsverstoß Beteiligten personengleich sind.[70] Des Weiteren enthalten die Zivilprozessordnungen in Österreich und Deutschland keine ausdrückliche Regelung zu Beweisverwertungsverboten. Dies käme einem Negieren von entscheidungserheblichen Tatsachen gleich, was wiederum eine Sanktionierung der Beweiserlangung um den Preis eines bewusst falschen Urteils bedeuten würde.[71] Eine Beweiseinschränkung bedürfe einer besonderen Legitimation, wie es etwa bei Verschwiegen-

69 OGH Urteil vom 27.09.2001, Az.: 6 Ob 190/01m; OGH JBl 2000, 458.

70 *Kodeck* in ÖJZ 2001, 281 [289].

71 *Rechberger*, Kommentar zur ZPO, vor § 266, Rn. 24.

heitsverpflichtungen und Aussageverweigerungsrechten der Fall ist. Die Kehrseite der prozessualen Wahrheitspflicht ist nach *Kodek* ein subjektives Recht des einzelnen Prozessbeteiligten auf Beweis, das Verfassungsrang hat[72].

Auch die EMRK enthalten keine Regelungen über die Zulässigkeit von Beweismitteln. Eine nach nationalem Recht zulässige Verwertbarkeit einer rechtswidrig erlangten Tonbandaufnahme als Beweismittel sei grundsätzlich nicht ausgeschlossen, wenn die Aufnahme von einem Privatmann ohne Einverständnis des Betroffenen gemacht wurde. Das in Art. 6 der Konvention garantierte Recht auf ein faires Verfahren werde nur verletzt, wenn die Verurteilung ausschließlich auf dem rechtswidrig erlangten Beweismittel beruhe.[73] In einer neueren Entscheidung hält der EGMR allerdings nicht mehr an der Konventionswidrigkeit der Verwertung des Beweismittels im Strafverfahren fest, wenn die heimlich gefertigte Tonbandaufnahme das einzige und entscheidende Beweismittel war.[74]

Der von Teilen der Rechtsprechung angewandte Automatismus einer Unverwertbarkeit von der Herkunft nach zweifelhaften Beweismitteln ist selbst mit der vermittelnden Rechtsansicht nicht nachvollziehbar. Im Zweifelsfall stehen sich das Grund-

---

72 *Kodeck* in ÖJZ 2001, 281 [285]; *Zöller-Greger*, Kommentar zur ZPO, vor § 284, Rn. 8 m.w.N.; für das Strafverfahren auch: BVerfG, Urteil vom 19.03.2013, Az.: 2 BvR 2628/10, 2 BvR 2883/10, 2 BvR 2155/11 sowie Bt-Drs. 16/12310, S. 8 f.

73 EGMR EuGRZ 1988, 390.

74 EGMR ÖJZ 2001, 654.

recht auf Beweiserhebung etwa nach Art. 103 Abs. 1 GG und das durch die Beweisverwertung möglicherweise verletzte Persönlichkeitsrecht gleichrangig gegenüber.[75]

Vielmehr ist der Grundsatz der Verwertbarkeit anzunehmen und die Unverwertbarkeit sollte die Ausnahme darstellen.[76] Solche Ausnahmen beträfen Fallkonstellationen, in denen aus reiner Sensationsgier beispielsweise über die sexuelle Orientierung, medizinische Befunde oder andere, den Kernbereich des Privaten betreffende Umstände berichtet wird – dies wohlgemerkt stets auf Basis zweifelhafter Beweismittel.

5. Zwischenergebnis

Das formelle Recht gibt dem juristischen Wahrheitsbegriff ein Antlitz. Auf Basis des formellen Rechts wird eine neue Kategorie von Wahrheit in die Diskussion eingeführt: die relative Wahrheit.

Das Prozessrecht bildet das Regelwerk für die Ermittlung des Sachverhalts, den ein Gericht für seine Urteilsfindung zugrunde legen muss. Es appelliert an die Verantwortung der Prozessparteien, den erforderlichen und richtigen Tatsachenvortrag im Rahmen eines geordneten Verfahrens schlüssig vorzutragen und sich hierzu zu erklären.

---

75 *Balthasar*, Beweisverwertungsverbote im Zivilprozess, JuS 2008, 35 [39].

76 So auch *Balthasar*, Beweisverwertungsverbote im Zivilprozess, JuS 2008, 35 [39].

Hierin besteht eine wesentliche Gemeinsamkeit mit den Naturwissenschaften. Zu denken ist beispielsweise an die Herleitung der Kreiszahl Pi. Genauso wie der Mathematiker versucht, den exakten Umfang eines Kreises durch den Näherungswert an ein beliebig großes n-Eck innerhalb und außerhalb des Kreises zu bestimmen, zerlegt auch der Jurist den für die Wahrheitsermittlung wesentlichen Sachverhalt in möglichst viele kleine, aber nachprüfbare Einzelheiten. Dem Mathematiker und dem Juristen ist dabei bewusst, dass eine punktgenaue Bestimmung weder von der Kreiszahl Pi noch von der objektiven Wahrheit gelingen wird.

Über das rechtliche Näherungsverfahren wird auf transparente und nachprüfbare Weise eine punktuelle Wahrheitsermittlung betrieben. Das Prozessrecht kann stets nur ein Näherungsverfahren darstellen und reklamiert für sich selbst nichts anderes. Demnach werden dem Rechtsuchenden konsequenterweise Möglichkeiten zu einer späteren Durchbrechung der eintretenden Bestands- oder Rechtskraft gewährt, wenn nachträglich neue Erkenntnisse vorliegen, die zu einer anderen rechtlichen Bewertung führen müssen.

Das bewusst regelwidrige Verhalten einer Prozesspartei wird jedoch auf einem anderen „Spielfeld“ geahndet, nämlich dem des Strafrechts. Dies setzt gleichzeitig einen in der Menschenkenntnis und der Beweisaufnahme geschulten Richter als Persönlichkeit voraus.

Die Juristenausbildung ist in Österreich und Deutschland höchst unterschiedlich ausgestaltet. Demnach dürfen Anforderungen an Juristenpersönlichkeiten – nicht zuletzt im Richteramt – nicht unterschätzt werden. Während in Österreich eine Konzipientenzeit und eine Zeit der Gerichtspraxis für die Aufnahme zur Anwaltschaft bzw. in den Richterdienst erforderlich sind, ist in Deutschland einzig das Bestehen zweier Staatsprüfungen mit Praxiserfahrungen im Referendariat für die weitere juristische Karriere erforderlich. Zu hinterfragen ist, ob in Deutschland nicht ein größerer Fokus auf Persönlichkeitsbildung durch sog. Soft Skills gelegt werden sollte, insbesondere Kommunikationstraining und Fremdwahrnehmung der Persönlichkeit. Denn ein Richter – Gleiches gilt übrigens sinngemäß für den Parteivertreter – ist nicht nur „Rechtsmaschine". Dieser bringt sich mit seiner eigenen Persönlichkeit und seinen individuellen Fähigkeiten und Fertigkeiten in „den Fall" ein. Es hängt sowohl in der Mathematik als auch in der Jurisprudenz von der Gründlichkeit der Arbeit am Detail ab, wie nahe ein Gerichtsprozess der objektiven Wahrheit kommt.

III. Wahrheit als geschütztes Rechtsgut?

Im Folgenden wird untersucht, ob die Wahrheit ein derart geschütztes Rechtsgut darstellt, dass deren Verletzung einen Schadenersatzanspruch begründen kann. Oft stellt eine Verletzung der Wahrheit bzw. Wahrheitspflicht zugleich eine anderweitige Rechtsgutverletzung dar, etwa des allgemeinen Persönlichkeitsrechts über die Strafvorschrift des (versuchten) Prozessbetrugs.

Diese Aspekte werden bewusst bei der Betrachtung ausgeklammert. Der Fokus wird auf § 1294 ABGB bzw. § 823 Abs. 1, Abs. 2 BGB mit der Frage gerichtet, ob einerseits die Wahrheit ein absolutes Recht darstellt oder andererseits die prozessrechtliche Wahrheitspflicht ein Schutzgesetz darstellen kann.

1. Wahrheit als absolutes Schutzrecht

Obwohl das Deliktrecht in Österreich und Deutschland formalstrukturell höchst unterschiedlich gestaltet ist, sind die inhaltlichen Abweichungen nach herrschender Auffassung eher überschaubar. Sowohl die Generalklausel des § 1295 Abs. 1 ABGB als auch §§ 823 ff. BGB setzen voraus, dass der Schädiger entweder ein absolutes Recht oder ein Schutzgesetz verletzt hat.[77]

Absolute Rechte sind durch klare tatsächliche und rechtliche Konturen gekennzeichnet, die jedem Dritten den Umfang des zu achtenden Bereichs hinreichend erkennbar machen. Der Schutz betrifft jedoch stets nur den Kernbereich des Schutzguts.[78] Als Maßstab und Richtschnur wurde das Eigentumsrecht herangezogen: Der Eigentümer wird deliktrechtlich lediglich vor Eingriffen in den Bestand und die Integrität der Sache geschützt, allerdings nicht zwingend gegen bloße Beeinträchtigungen der Nutzungsmöglichkeiten einer Sache.

---

77 OGH SZ 65/76.

78 *Kodek* in Kletečka/Schauer, ABGB-ON 1.03 § 1294 (Stand 01.01.2018, rdb.at).

Der Entstehungsprozess des BGB in Deutschland zeigt für eine teleologische und funktionale Auslegung sowie für die Deutung des „sonstiges Rechts“ maßgeblich, dass immaterielle Persönlichkeitsgüter jenseits von Leben, Körper, Gesundheit und Freiheit aus dem Schutzbereich des § 823 Abs. 1 BGB ausgeklammert wurden und die Einstandspflicht eines Schädigers für reine Vermögensschäden auf vorsätzlich-sittenwidrige Handlungen § 826 BGB begrenzt wurden, soweit nicht gegen ein drittschützendes Gesetz verstoßen wurde § 823 Abs. 2 BGB.[79]

Lediglich *Görres* hat unter diesen Vorzeichen ein Recht auf Wahrheit angenommen. Er führt als Argument an, dass andernfalls den Aussagedelikten und davon insbesondere dem Meineid zivilrechtlich nicht beizukommen wäre.[80] Diese relativ kurz nach der Einführung des BGB geäußerte Rechtsmeinung hat sich nicht durchgesetzt und stieß auf Ablehnung. *Eisele* argumentiert, dass die prozessuale Wahrheitspflicht nicht auf den Einzelnen, sondern vielmehr auf die Institution der Rechtspflege gerichtet sei.[81] *Prange* ergänzt, dass die Ableitung eines subjektiven Rechts des Einzelnen aus der Wahrheitsverpflichtung von Prozessparteien gegenüber dem Gericht zu weit führen würde.[82] Im Übrigen bestehe die Wahrheitspflicht unabhängig davon, ob sich eine Prozesspartei darauf beruft oder nicht; selbst ein wie auch immer

79 MüKoBGB/Wagner BGB § 823 Rn. 164.

80 *Görres* in ZZP 1905, 37 f.

81 *Eisele*, Die Wahrheitspflicht, S. 47.

82 *Prange*, Materiell-rechtliche Sanktionen bei Verletzung der prozessualen Wahrheitspflicht durch Zeugen und Parteien, S. 64 f.

gearteter erklärter Verzicht einer Prozesspartei würde für die Verfahrensordnung nicht zur Folge haben, dass das Gericht nicht weniger um die Aufklärung des Sachverhalts bemüht sein muss.

Ein Recht auf Wahrheit als absolutes Recht des einzelnen im Sinne des Deliktrechts anzunehmen, geht zu weit. Die Ausführungen zum philosophischen Wahrheitsbegriff ergänzen den vom Prozessrecht geprägten Begriff der relativen Wahrheit und belegen, dass die Wahrheit nur schwer zu konkretisieren ist. Subjektive Wahrheit und Wahrhaftigkeit können von der objektiven Wahrheit zum Teil erheblich abweichen. Insofern ist Wahrheit als Rechtsgut für sich allein zu unbestimmt und unkonkret, um ein subjektives Rechtsgut vergleichbar mit dem Eigentumsrecht im Sinne des Deliktrechts darzustellen. Darüber hinaus würde es das Funktionieren der Rechtspflege erheblich beeinträchtigen, wenn jede objektiv unrichtige, aber subjektiv wahrhaftige Aussage einer Prozesspartei sowie konsequent weitergedacht jedes Zeugen und Sachverständigen die Gefahr einer zivilrechtlichen Haftung auf Schadenersatz zur Folge haben könnte.

2. Prozessuale Wahrheitspflicht als Schutzgesetz

Sofern der prozessualen Wahrheitspflicht eine Schutzgesetzeigenschaft zukommt, könnte die Verletzung der Norm Schadenersatzansprüche begründen. Insofern kommt der Prüfung der Schutzgesetzeigenschaft eine zentrale Bedeutung im Hinblick auf die Anspruchsvoraussetzungen der § 1295 Abs. 1 a. E. ABGB bzw. § 823 Abs. 2 BGB zu.

Die verletzte Vorschrift muss dem Willen des Gesetzgebers entsprechend dazu bestimmt sein, den Einzelnen oder einzelne Personenkreise gegen die Verletzung eines bestimmten Rechtsguts zu schützen[83]. Die Schutzgesetzeigenschaft muss nicht das gesamte Gesetz, sondern die konkrete Einzelnorm erfüllen, auf deren Verletzung der Geschädigte seinen Schadenersatzanspruch zu stützen gedenkt.[84]

Der BGH[85] hat zu den zu erfüllenden Voraussetzungen eines Schutzgesetzes folgendes aufgeführt:

> „Schutzgesetz i.S. von § 823 Abs. 2 BGB ist nach der ständigen Rechtsprechung des BGH eine Rechtsnorm, die zumindest auch dazu dienen soll, den Einzelnen oder einzelne Personenkreise gegen die Verletzung eines bestimmten Rechtsguts zu schützen. Dafür kommt es nicht auf die Wirkung, sondern auf Inhalt und Zweck des Gesetzes sowie darauf an, ob der Gesetzgeber bei Erlass des Gesetzes gerade einen Rechtsschutz, wie er wegen der behaupteten Verletzung in Anspruch genommen wird, zu Gunsten von Einzelpersonen oder bestimmten Personenkreisen gewollt oder doch mitgewollt hat. Es genügt, dass die Norm auch das in Frage stehende Interesse des Einzelnen schützen soll, mag sie auch in erster Linie das Interesse der Allgemeinheit im Auge haben (…). Andererseits soll der Anwendungsbereich von Schutzgesetzen nicht ausgeufert werden. Deshalb reicht es nicht aus, dass der Individualschutz durch Befolgung der Norm als ihr Reflex objektiv erreicht werden kann;

83 BGH NJW 2012, 1800 f.

84 MüKoBGB/Wagner BGB § 823 Rn. 498.

85 BGH NJW 2005, 2923 f.

> er muss vielmehr im Aufgabenbereich der Norm liegen (...). Dann allerdings kann eine im Gesetz angelegte drittschützende Wirkung der Norm auch zu Schadensersatzansprüchen führen, wenn sie in Bezug auf die im Einzelfall zu erlassenden Ge- und Verbote noch der Konkretisierung durch einen Verwaltungsakt bedarf (...)."

Unter den vorgenannten Prämissen haben Teile der Literatur den Schutzgesetzcharakter der prozessualen Wahrheitspflicht abgelehnt. Einerseits wurde vorgetragen, dass eine Verletzung der prozessualen Wahrheitspflicht ein reines innerprozessuales Momentum darstellen würden und notfalls auf dem Instanzenweg innerprozessual geklärt werden müsste. Andererseits sei eine Differenzierung zwischen einer Prozesslüge und einer fahrlässig falschen Prozessbehauptung geboten. Da die prozessuale Wahrheitspflicht die nur fahrlässig falsche Prozessbehauptung nicht verbiete, sei jeder hierdurch Geschädigte durch die Strafvorschrift des Prozessbetrugs in Verbindung mit der zivilrechtlichen Anspruchsnorm hinreichend geschützt. Weiters diene die prozessuale Wahrheitspflicht dem Ansehen des Staates und dessen Gerichte sowie einer funktionierenden Rechtspflege, sodass der Individualschutz der Prozessparteien lediglich ein Reflex des Gesetzes sei.[86]

Im Ergebnis zutreffend argumentiert *Prange* jedoch, dass der gesetzgeberische Wille bei Einführung der prozessualen Wahr-

---

[86] vgl. Zusammenfassung bei *Prange*, Materiell-rechtliche Sanktionen bei Verletzung der prozessualen Wahrheitspflicht durch Zeugen und Parteien, S. 78 f.

heitspflicht in die deutsche ZPO im Jahr 1933 der Rechtsschutz des einzelnen Prozessbeteiligten war. Dies sei selbst unter Außerachtlassung der Volksganzheitsideologie der damals herrschenden Nationalsozialisten so zu verstehen.[87] Da eine prozessuale Wahrheitspflicht in Österreich zeitlich wesentlich früher Einfluss auf die Prozessordnung gefunden hat, ist dieses Argument zu unterstreichen. Des Weiteren sei allgemein in Rechtsprechung und Literatur anerkannt, dass die strafrechtlichen Aussagedelikte als Schutzgesetz im Sinne des Deliktrechts angesehen seien, obwohl deren geschütztes Rechtsgut das Funktionieren der Rechtspflege sei.[88] Deshalb kann für die prozessuale Wahrheitspflicht nichts anderes gelten.

In der neueren Rechtsprechung ist zunehmend die Ansicht aufgegriffen worden, bei der prozessualen Wahrheitspflicht handele es sich um ein Schutzgesetz.[89]

Damit scheint sich insgesamt durchgesetzt zu haben, dass der prozessualen Wahrheitspflicht drittschützende Wirkung zugestanden wird und eine Verletzung derselben zivilrechtliche Schadenersatzansprüche bei Vorliegen weiterer haftungsbegründen-

87 *Prange*, Materiell-rechtliche Sanktionen bei Verletzung der prozessualen Wahrheitspflicht durch Zeugen und Parteien, S. 80.

88 Ebd.

89 OLG Oldenburg BeckRS 2011, 23084: Hier wurde jedoch zugleich ein Prozessbetrug angenommen; BAG NJW 2018, 3131: die Verletzung der prozessualen Wahrheitspflicht im Kündigungsschutzprozess kann einen Kündigungsgrund darstellen.

der und haftungsausfüllender Tatbestandsvoraussetzungen auslösen kann.

3. Zwischenergebnis

Wahrheit ist als absolutes Schutzrecht zu unbestimmt, um im Fall der Rechtsgutverletzung Schadenersatzansprüche auszulösen. Eine Verletzung der konkret gefassten prozessualen Wahrheitspflicht ist hingegen geeignet, einen zivilrechtlichen Schadenersatzanspruch zu begründen. Dabei ist nicht zu übersehen, dass in den allermeisten Fällen eine weitere Rechtsgutverletzung teils die Verwirklichung von Straftatbeständen konstatieren wird. In der Praxis dürfte äußerst selten ein Schadenersatzanspruch vorkommen, der allein auf der Verletzung der prozessualen Wahrheitspflicht fußt. Gleichwohl: Je konkreter Wahrheit gefasst ist, desto eher besteht die Möglichkeit, zivilrechtliche Ansprüche einer Verletzung herzuleiten.

IV. Menschenrecht auf Wahrheit

Im supranationalen Recht ist ein Menschenrecht auf Wahrheit zwar nicht konkret normiert, jedoch zumindest im „Set of Principles for the Protection and promotion of Human Rights through action to combat impunity" (E/CN.4/2005/102/Add.1) angelegt.

Das Originaldokument ist in englischer Sprache abgefasst, weshalb hier der Originaltext zitiert wird. Bemerkenswert ist, dass in der deutschen Fassung der „Leitprinzipien für die Suche nach verschwundenen Personen" das Wort Wahrheit nicht ein einziges Mal verwendet wird; stattdessen wird die zu achtende Würde der Opfer in den Vordergrund gestellt.

Im Principle 2 wird ein Recht des Einzelnen auf Wahrheit statuiert:

> „Every people has the inalienable right to know the truth about past events concerning the perpetration of heinous crimes and about the circumstances and reasons that led, through massive or systematic violations, to the perpetration of those crimes. Full and effective exercise of the right to the truth provides a vital safeguard against the recurrence of violations."[90]

Im Principle 4 heißt es weiter:

> „Irrespective of any legal proceedings, victims and their families have the imprescriptible right to know the truth about the circumstances in which violations took place and, in the event of death or disappearance, the victims' fate."[91]

Das Recht auf Wahrheit hat zusammengefasst einen Doppelcharakter, nämlich das Recht einer Gesamtgesellschaft auf historische Wahrheit betreffend die Herrschaft eines Unrechtsregimes. Es soll damit ein gesamtgesellschaftlicher Veränderungsprozess zur Aufarbeitung vergangenen Unrechts im Sinne eines „nie wie-

---

90 Die deutsche Übersetzung trägt den Titel „Bei der Suche ist die Menschenwürde zu achten" und das Prinzip enthält mehrere Absätze, durch die dieses Postulat konkretisiert wird.

91 In der deutschen Fassung ist das Prinzip 4 mit dem Titel „Die Suche soll auf einem differenzierenden Ansatz beruhen" überschrieben.

der“ angestoßen werden.[92] Aber auch das einzelne Individuum hat ein Recht auf Wahrheit betreffend den Verbleib von Angehörigen, die von staatlicher Seite verschwinden gelassen wurden. Das individuelle Recht auf Wahrheit soll zu einer psychologischen Heilung beitragen und Gewissheit über das Schicksal naher Angehöriger ermöglichen.[93]

Das Recht auf Wahrheit in diesem Sinne ist insbesondere vor dem Hintergrund der Militärdiktaturen in Südamerika wie vor allem die Pinochet-Diktatur in Chile, dem Apartheidsystem in Südafrika, aber auch dem letzten Balkankrieg in den 1990er-Jahren zu verstehen.

Es steht zweifellos im Spannungsfeld mit anderen Rechten, etwa dem Recht auf informationelle Selbstbestimmung wie das Recht auf Unbehelligtbleiben im Zusammenhang mit Zwangsadoptionen.[94] Die Wahrheit für die adoptieren Kinder bedeutet den Zusammenbruch einer bis dahin möglicherweise heilen Welt und eine massive psychische Belastung.

Mit der Frage der Konturierung eines Menschenrechts auf Wahrheit beschäftigt sich *Stolleis*, der zuallererst die Frage der Praktikabilität stellt. Ein derartiges Menschenrecht spreche zwar „elementare psychische Bedürfnisse“[95] von Menschen an, jedoch sei der Wahrheitsbegriff zu unkonkret, um als Tatbestandsmerk-

---

92 *Brunner/ Stahl*, Recht auf Wahrheit, S. 13.

93 Ebd.

94 *Brunner/ Stahl*, Recht auf Wahrheit, S. 17.

95 *Stolleis* in Brunner/ Stahl, Recht auf Wahrheit S. 174.

mal und nicht als Ziel und Leitmotiv von rechtlicher Würdigung herangezogen zu werden. Es müsse sich also gefragt werden, ob die bloße Feststellung einer Verletzung des Rechts auf Wahrheit als Deklaration ausreicht oder die Feststellung eines Rechtsverstoßes auch mit einer Sanktion oder Handlungs- bzw. Vollzugsanweisung zu versehen ist. *Stolleis* lässt dies offen. Diese Frage dürfte im Fall der Konkretisierung des Menschenrechts auf Wahrheit einer konkreten Vereinbarung von Teilnehmerstaaten vorbehalten sein.

Bei der inhaltlichen Bestimmung des Rechts auf Wahrheit müssten zunächst alle theologischen, moralischen, ästhetischen und philosophischen Aspekte der Wahrheit vollkommen außer Acht gelassen und der Fokus auf die Situationen gerichtet werden, in denen Menschen ein Recht auf Wahrheit einfordern und einen Rechtsanspruch für sich reklamieren.[96] Auf diese Weise gelangt *Stolleis* zum zutreffenden Ergebnis, dass Wahrheit zwingend Informationsfreiheit voraussetzt. In Deutschland ist die Informationsfreiheit das Spiegelbild zur Meinungsfreiheit und gemeinsam mit dieser in Art. 5 Abs. 1 GG geregelt, in Österreich[97] ist die öffentliche Verwaltung an ein Auskunftspflichtgesetz gebunden. *Stolleis* fasst zusammen, dass der Rechtszustand in Deutschland recht geordnet sei. Als Belege führt er an, dass die Informa-

96 *Stolleis* a.a.O., S. 175.

97 In Österreich gab es in den vergangenen Jahren immer wieder Gesetzesinitiativen, um die Informationsfreiheit zu stärken und mit der Amtsverschwiegenheit, die auch derzeit Verfassungsrang hat, noch besser in Einklang zu bringen.

tionsfreiheit ein Grundrecht sei, in der Rechtsprechung die Verhandlungen in der Regel öffentlich stattfinden, der Zugang zu Archiven – bei Betroffenheit von Persönlichkeitsrechten zum Teil nach Zeitablauf – und die Einsicht in die Stasi-Unterlagen ermöglicht werde. Der Konflikt eines „Rechts auf die ganze Wahrheit“ als Teil der Informationsfreiheit werde über durchaus ausgewogene Gerichtsentscheidungen im Einzelfall gelöst.

Im Ergebnis legt *Stolleis* seinen Fokus auf zwei Reichweitenprobleme, die Wahrheit über die eigene biologische Herkunft und die Wahrheit über historische Menschenrechtsverletzungen. In diesen beiden Punkten hält er die Etablierung eines Menschenrechts auf Wahrheit für praktikabel und sinnvoll.

Im erstgenannten Fall ist eine Entscheidung des BGH aus dem Jahr 2015 zu nennen.[98] Der BGH hat ein Recht des Kindes auf Kenntnis der eigenen Abstammung aus dem allgemeinen Persönlichkeitsrecht gemäß Art. 2 Abs. 1 GG i. V. m. Art. 1 Abs. 1 GG gesehen, der über die Grundsätze von Treu und Glauben die beklagte Reproduktionsklinik zur Preisgabe des Namens eines Samenspenders verpflichtet hat.

Für die Gewährleistung der historischen Wahrheit müssen Täterwahrheit, Opferwahrheit und Richterwahrheit möglichst miteinander vereinbart werden, wenngleich dies schier unmöglich erscheint. Dies kann über eine Strafgerichtsbarkeit, aber auch über freien Zugang zu historischen Quellen und Archiven gewährleistet werden. Die Mittel der Gerichtsbarkeit sind be-

---

98 BGH, Urteil vom 20.01.2015, Az.: XII ZR 201/13.

grenzt, wie bei der Diskussion des formellen Wahrheitsbegriffs bereits angeklungen ist. Auch hier muss die Bereitschaft gewährleistet sein, Justizirrtümer zu korrigieren. Die Einhaltung rechtsstaatlicher Grundsätze und die Achtung der Menschenwürde ist von besonderer Bedeutung.

Der Blick über den Tellerrand des deutschsprachigen Rechtskreises hinaus ist für die Diskussion des rechtlichen Wahrheitsbegriffs bereichernd, jedoch dürfte auch nach der von *Stolleis* vorgenommenen Schärfung der Konturen eines Menschenrechts auf Wahrheit die Relevanz in der Praxis sehr überschaubar sein. Im deutschen Rechtsraum ist die Achtung der Würde des Menschen das zentrale Leitmotiv. Dies wird von den Freiheitsrechten wie insbesondere der Informationsfreiheit und dem Justizgewährungsanspruch flankiert. Insofern würde die Einführung eines Menschenrechts auf Wahrheit mit dem von *Stolleis* vorgeschlagenen Inhalt nicht zu einer materiellen Rechtsänderung und angesichts der ausgeprägten Erinnerungskultur nach zwei Weltkriegen ausgehend von deutschem Boden wohl auch nicht zu einer Veränderung der gesellschaftlichen Werte führen.

V. Zusammenfassung

Die Betrachtungen zum rechtlichen Wahrheitsbegriff haben gezeigt, dass materiell-rechtlich durchaus auf einen philosophischen Wahrheitsbegriff zurückgegriffen wird. Eine eigene Legaldefinition bietet das materielle Recht nicht. Deutlich wird dies beispielsweise bei den Eidesformeln, bei denen eine Aussageperson vor Gericht zur subjektiven Wahrhaftigkeit ermahnt wird und zur Umgehung eines möglichen Vorwurfs der Lüge sich auch mit dem kritischen Vorhalt von objektiv nachweisbaren Tatsachen auseinandersetzen muss.

Die Wahrheit genießt keinen absoluten Rang, sondern ist als Rechtsgut und Wert einer Abwägung zugänglich. Im Rahmen einer materiell-rechtlichen Abwägung können andere Rechtsgüter wie Rechtsfrieden oder Persönlichkeitsrechte wie das Recht auf Resozialisierung nach einer verbüßten Strafe höherrangig bewertet werden. Eine Verletzung der Wahrheit als Rechtsgut löst für sich keine Schadenersatzansprüche aus. Dies tritt erst ein, wenn die Rechtsverletzung im Rahmen einer förmlichen Aussage vor Gericht oder einer Behörde erfolgt; erst dann ist von der Rechtsverletzung auch das Allgemeininteresse an einer funktionierenden Rechtspflege betroffen. Formulierungsversuche eines Menschenrechts auf Wahrheit führen zum Ergebnis, dass die Wahrheit und das Recht auf Wahrheit immer auf das zentrale Prinzip der Menschenwürde zurückzuführen sind. Die deutsche Übersetzung eines *right to know the truth* mündet zutreffend in der Achtung der Menschenwürde. Die von *Stolleis* im Zusammenhang mit der Genese eines Menschenrechts auf Wahrheit diskutierten Anwendungsfälle betreffen den Kern des Menschen. Die Fragen nach der eigenen biologischen Herkunft einerseits sowie dem gesellschaftlichen Wertekanon, der historischen und sozialen Hintergründe von gesamtgesellschaftlichen Zusammenhängen und der Entwicklungsmöglichkeiten des Einzelnen andererseits sind seit jeher fundamentale menschliche Themen. Insofern ist es nur folgerichtig, dass die Wahrheit auch im materiellen

Recht dem Menschen dient und nicht rechtspositivistisch der Mensch der Wahrheit dient. In diesem Zusammenhang wird offensichtlich, weshalb Wahrheit sinnvoll auch einer Abwägung zugänglich ist.

Der Gesetzgeber bemüht sich um Vermeidung von Willkür durch Transparenz und zur Herstellung von Rechtsfrieden mittels des Versuches, die Ermittlung des einer rechtlichen Entscheidung zugrunde zu legenden Sachverhalts nachvollziehbar und überprüfbar zu machen und feste Regeln für die Beweisführung einzuführen. Da das prozessrechtliche System der Wahrheitsermittlung fehleranfällig ist, werden dem Rechtsuchenden Möglichkeiten zur nachträglichen Durchbrechung der Rechtskraft in prozessualer Hinsicht über Restitutionsklagen u. Ä. gewährt. Dies zeugt davon, dass sich der Gesetzgeber der Unzulänglichkeiten und Problemkreise im prozessualen Beweisrecht bewusst ist und er gleichzeitig Rechtsfrieden, Prozessökonomie und Freiheitsrecht des Einzelnen auf Beweiserhebung und Zugang zu rechtsstaatlichen Verfahren in ein Gleichgewicht bringen will.

Wesenhaft und prägend für den rechtlichen Wahrheitsbegriff sind zusammengefasst die Unverletzlichkeit der Menschenwürde und die Staatsordnung eines freiheitlich-demokratischen Rechtsstaats.

D. Fake-News als Herausforderung

Nachdem in den vorangegangenen Kapiteln der Begriff der Wahrheit behandelt wurde, wird in diesem Kapitel der Blick auf Fake News gerichtet.

Problematisch gestaltet sich bereits die Begriffsdefinition, was mit Fake News bezeichnet wird oder ob der Begriff zum inhaltsleeren politischen Kampfbegriff verkommen ist. Zu denken ist dabei etwa an Auftritte des US-amerikanischen Präsidenten *Trump*, der im Rahmen von Pressekonferenzen, Wahlkampfauftritten oder über Twitter einzelne Journalisten oder ganze Presseorgane immer wieder mit dem Begriff „Fake News" betitelt hat.

Deshalb werden grundsätzliche Bemerkungen zur Meinungsfreiheit und rechtlichen Einteilung von Äußerungen vorgelagert, um den Fake News in rechtlicher Hinsicht Kontur zu verleihen.

Danach wird die Rolle von sozialen Netzwerken und Plattformen beleuchtet, die eine bis dato für unerreichbar gehaltene Breitenwirkung entfalten. Die Reichweite dieser neuen Medien geht mit einem Vertrauensverlust der breiten Masse in klassische Verlagshäuser und Redaktionen einher.

I. Grundsätzliches zum Äußerungsrecht

Gerade in der aktuellen Zeit wird der öffentliche Meinungsaustausch zum Teil sehr erbittert geführt. Jeder sich öffentlich wie etwa in sozialen Netzwerken Äußernde läuft Gefahr, dass über ihn ein „Shitstorm" hereinbricht. Weil die Diskussionskultur darunter leidet, wird zunächst die zentrale Bedeutung der Äußerungsfreiheit gemäß Art. 10 EMRK bzw. Art. 5 Abs. 1 GG für einen pluralistischen Meinungsbildungsprozess in einer Demokratie betont. Es handelt sich um ein grundlegendes Kommunikationsfreiheitsrecht, das über den Wortlaut hinaus nach h. M. auch Tatsachenbehauptungen einschließt.[1]

Die Äußerungsfreiheit jedes einzelnen Menschen geht so weit, dass dieser grundsätzlich mit eng begrenzten Ausnahmen alles äußern darf, was er möchte. Folge zentraler Freiheitsrechte und der Würde des Menschen ist, dass fast alles gesagt werden darf und das ohne sich vorher die Frage stellen zu müssen, ob eine Verfolgung durch den Staat – auf zivilrechtlicher oder strafrechtlicher Basis – drohen könnte. Jeder Mensch hat das Recht, seine Gedanken in den pluralistischen Prozess einzubringen, Unterstützer für seine Ansichten zu sammeln und letztlich sogar eine Mehrheit innerhalb eines Parlaments aus gewählten Volksvertretern zu erreichen. Die einzelne Äußerung muss nicht wahr sein, nicht zwangsläufig einen Sinn ergeben und braucht keinem anderen zu schmeicheln.[2] Deswegen gehört es zur Grundkonzeption eines freiheitlich-demokratischen Rechtsstaates, dass ein

---

1 *Burkhardt/ Pfeifer* in Wenzel: Das Recht der Wort- und Bildberichterstattung, Kap. 1 Rz. 8-15 m. w. N.

2 Vgl. BVerfG NJW 1972, 811; *Burkhardt/ Pfeifer* in Wenzel: Das Recht der Wort- und Bildberichterstattung, Kap. 1 Rz. 15: es wird zurecht darauf hingewiesen, dass auch unwahre Tatsachenbehauptungen zwar in den Schutzbereich des Grundrechts fallen, jedoch in den allermeisten Fällen sehr schnell an die Schranken des Art. 5 Abs. 2 GG stoßen.

Grundvertrauen der Menschen in die Selbstreinigungskräfte des pluralistischen Meinungsbildungsprozesses und das Funktionieren der demokratischen Ordnung vorhanden ist. Es wird Mündigkeit und Verantwortungsbewusstsein des einzelnen Bürgers vorausgesetzt, da jeder Einzelne als Teil des Staatsvolkes gleichzeitig Souverän des Staates ist. Es wird erwartet, dass sehr vielen Äußerungen im Rahmen des pluralistischen Prozesses aktiv widersprochen wird, zweifelhafte Äußerungen nicht unbestritten bleiben und ein lebendiger kommunikativer Austausch von Menschen stattfindet.

Mit den Grundpfeilern der Demokratie ist eine mehr oder minder pauschale staatliche Zensur von Äußerungen nicht vereinbar; diese Äußerungen sind entweder aufgrund einer anderen Meinung eines Dritten unbequem oder diese sind von einem Dritten – etwa aus Furcht vor möglicher Irreführung durch Fake News – als nicht fundiert bzw. mit ausreichend Quellenangaben belegt.

Sofern eine Beeinträchtigung Dritter vorliegt, werden an den Inhalt einer Äußerung die für die Abwägung bei Beeinträchtigungen des allgemeinen Persönlichkeitsrechts durch Werturteile oder Tatsachenbehauptungen in der Rechtsprechung entwickelten Prüfkriterien und Abwägungsmaßstäbe angelegt.[3] Dabei unterscheiden sich die Rechtsordnungen in Österreich und Deutschland im Grundsatz nicht.[4]

---

3 LG Köln ZUM-RD 2008, 83 ff.

4 Vgl. etwa OGH, Urteil vom 27.05.1998, Az.: 6 Ob 93/98i.

Die Voraussetzungen zum analogen Verlangen der Unterlassung einer Äußerung gemäß § 1330 ABGB bzw. §§ 823 Abs. 1, 1004 Abs. 1 S. 2 BGB sind:

- die Beeinträchtigung eines geschützten Rechtsguts, hier kommt insbesondere das allgemeine Persönlichkeitsrecht oder das sonstige absolute Recht in Betracht;
- eine kausale Beeinträchtigung durch den Störer, insbesondere auch die Persönlichkeitsrelevanz der Äußerung;
- eine objektive Rechtswidrigkeit der Äußerung und insbesondere das Fehlen eines berechtigten Interesses im Sinne des § 193 StGB in Deutschland;
- entweder die Gegenwärtigkeit der Beeinträchtigung und eine ernsthaft drohende Wiederholungsgefahr oder eine künftige Beeinträchtigung und eine ernsthaft drohende Erstbegehungsgefahr.

Der Unterlassungsanspruch setzt demnach kein Verschulden in Form von Fahrlässigkeit oder Vorsatz beim Äußernden voraus.

1. Unterscheidung von Tatsachenbehauptung und Werturteil

Sofern es sich bei einer Äußerung um eine Tatsachenbehauptung handelt, kommt es entscheidend darauf an, ob dem Äußernden der Wahrheitsbeweis gelingt.

Werturteile genießen aufgrund der grundrechtlich geschützten Meinungsfreiheit einen größeren Schutz. Bei Werturteilen ist deshalb zu überprüfen, ob diese als Schmähung, Formalbeleidigung oder Verletzung der Menschenwürde anzusehen und aus diesem Grund zu unterlassen sind; bei einer Verneinung ist zu überdenken, ob diese im Rahmen einer Abwägung dem Persönlichkeitsschutz vorgehen.[5]

Für die Abgrenzung zwischen Tatsachenbehauptung und Werturteil ist der Inhalt der Äußerung ausgehend vom Wortlaut heranzuziehen. Ferner ist der sprachliche Kontext der Äußerung zu berücksichtigen. Außerdem müssen die für den Adressaten erkennbaren Begleitumstände ermittelt werden, unter denen die Äußerung getätigt wurde.[6]

Wenn eine Äußerung sowohl Tatsachenbehauptungen als auch Elemente der Meinungsäußerung enthält, ist nach dem Schwerpunkt der Äußerung[7] zu suchen.

Eine Meinungsäußerung liegt vor, wenn die Äußerung insgesamt durch die Elemente der Stellungnahme, des Dafürhaltens oder Meinens geprägt ist; dies liegt an der Substanzarmut ihres Tatsachengehaltes, sodass dieser gegenüber der subjektiven Wertung in den Hintergrund tritt.[8]

Insgesamt ist von einer Tatsachenbehauptung auszugehen, wenn die Äußerung überwiegend durch den Bericht über tatsächliche Vorgänge geprägt ist und beim Adressaten zugleich die Vorstellung von konkreten in die Wertung eingekleideten Vor-

---

5 BVerfGE 90, 241 ff.; BVerfGE 93, 266 ff.

6 BGH NJW 2004, 598.

7 OGH, Urteil vom 10.10.1995, Az.: 4 Ob 49/95.

8 BVerfG NJW 1983, 1415.

gängen hervorruft, die als solche einer Überprüfung mit den Mitteln des Beweises zugänglich sind[9].

Die nachfolgenden Ausführungen geben einen Überblick über den Schutzbereich der Äußerungsfreiheit und die Einordnung von Äußerungen als Tatsachenbehauptungen oder Meinungsäußerungen.

2. Die Äußerung wird auf Wissenschaftsfreiheit gestützt

In wissenschaftlichem Kontext getätigte Äußerungen sind seit jeher einer äußerungsrechtlichen Überprüfung zugänglich, wie die Geschichte zeigt. Bereits *Galileo Galilei* musste seine Thesen zum heliozentrischen Weltbild widerrufen, weil diese seinerzeit nicht dem kirchlichen Weltbild entsprachen.

Aber auch in der jüngeren Geschichte gibt es wissenschaftliche Äußerungen, die auf Widerstand stoßen können. Zu denken ist an die historische Aufarbeitung des Pontifikats von Papst *Pius XII.*, der zur Zeit des Zweiten Weltkriegs amtierte und nach der Freigabe von Unterlagen aus der damaligen Zeit durch das Vatikanische Geheimarchiv in der *Welt* als „Hitlers Papst“[10] bezeichnet wurde. Diese Überschrift kann Tatsachenbehauptung, Ergebnis eines wissenschaftlichen Forschungs- und Meinungsbildungsprozesses oder eine Schmähung sein. Die Frage wird je-

---

9 BGH NJW 1994, 2614.

10 *Sven Felix Kellerhoff* in Welt vom 02.03.2020: „„Hitlers Papst“: Welche Sensation birgt das Geheimarchiv des Vatikan?“.

doch wohl keiner juristischen Klärung mehr zugeführt, da das Tatbestandsmerkmal der persönlichen Betroffenheit nicht (mehr) erfüllt ist: keiner der damals Agierenden ist mehr am Leben oder hat Angehörige, die die eigene Reputation oder die ihres Angehörigen fürchten könnten. Darüber hinaus dürfte der in Anführungszeichen gesetzte und mit der Frage nach möglichen Sensationen aus dem Geheimarchiv verknüpfte Titel „Hitlers Papst" als wissenschaftliche Arbeitsthese zulässig sein. Denn es wird nicht definitiv behauptet, dass ein Abhängigkeitsverhältnis zwischen Papst *Pius XII.* und dem Hitler-Regime bestanden hat.

In Österreich hat in den vergangenen Jahren die Diskussion um die historische Person *Jörg Haider* immer wieder die Gerichte beschäftigt. Zuletzt hat der OGH[11] entschieden, dass Medienveröffentlichungen über die sexuelle Orientierung des bei einem Verkehrsunfall tödlich verunglückten früheren Landeshauptmanns von Kärnten verboten bleiben. Damit hat der OGH mit Bezugnahme auf § 78 UrhG das postmortale Persönlichkeitsrecht bestätigt. Dieser hält weiter daran fest, dass nahen Angehörigen eine Klagebefugnis bei Rechtsverletzungen zusteht. Des Weiteren verbleibt laut OGH auch bei Personen von öffentlichem Interesse ein höchstpersönlicher Lebensbereich, der von der Öffentlichkeit zu respektieren ist. Dieses Gesamtabwägungsergebnis des OGH ist ebenso mit Blick auf in Österreich vorhandene spezialgesetzliche Regelungen im UrhG zustimmungswürdig.

---

[11] OHG, Beschluss vom 13.07.2010, Az.: 4 Ob 112/10i.

Die historische Einordnung von Persönlichkeiten der Zeitgeschichte ist auch in Deutschland nicht immer einfach. Beispielsweise gibt es seit dem Tod von Altbundeskanzler *Helmut Kohl* immer wieder Auseinandersetzungen zwischen der Witwe und dem Bundesarchiv betreffend die Herausgabe von Unterlagen, die eine Unterscheidung zwischen privaten Notizen und amtlichen Unterlagen erforderlich zu machen scheinen. Von besonderem Interesse der Medien ist offenbar die Annahme von Parteispenden durch den Altkanzler sowie langjährige CDU-Vorsitzende. Diese Umstände tragen dazu bei, dass Spekulationen um den Platz des Altkanzlers in der Geschichte ähnlich wie bei Papst *Pius XII.* auf unsicherer Faktenlage zumindest als wissenschaftliche Arbeitsthesen zulässigerweise verbreitet werden können.[12]

Aber nicht nur bei einer wissenschaftlich-historischen Bewertung der Lebensleistung von Personen der Zeitgeschichte kann es äußerungsrechtliche Probleme geben. Gerade in der aktuellen Zeit und in Bezug auf die Situation bezüglich SARS-CoV-2 stellt sich die Frage, ob jede vermeintlich wissenschaftliche These rechtlich haltbar sein kann. Bei keinem anderen Thema werden derzeit so viele Fake News verbreitet. Exemplarisch seien die unrichtigen Behauptungen sog. „Coronaleugner" über das Versterben mehrerer Kinder genannt, weil diese eine Mund-Nase-Bedeckung hätten tragen müssen.[13]

---

12 Etwa: *Jost Müller-Neuhof* in Der Tagesspiegel vom 29.04.2020: „Kanzleramt muss Briefverkehr mit Maike Kohl-Richter offenlegen".

13 *Matthias Schwarzer* über Redaktionsnetzwerk Deutschland: „Faktencheck: Starben wirklich Kinder, weil sie eine Maske trugen?" –

Die Rechtsprechung hat sich zu wissenschaftlichen Äußerungen deshalb sehr differenziert positioniert.

Zunächst ist festzuhalten, dass anders als bei Meinungsäußerungen die Wissenschaftsfreiheit nach Art. 17 StGG bzw. Art. 5 Abs. 3 GG keinem einfachgesetzlichen Schrankenvorbehalt unterliegt. Damit können nur andere Rechtsgüter mit Verfassungsrang wie insbesondere die Menschenwürde oder das allgemeine Persönlichkeitsrecht die Wissenschaftsfreiheit im Rahmen einer Einzelfallabwägung beschränken.[14]

Für das deutsche Bundesverfassungsgericht (BVerfG) sind vom Schutzbereich der Wissenschaftsfreiheit sämtliche Tätigkeiten umfasst, die „nach Form und Inhalt als ernsthaft planmäßiger Versuch zur Ermittlung der Wahrheit anzusehen" sind.[15] Sowohl die Gewinnung neuer Erkenntnisse als auch die Bestätigung oder das Anzweifeln bestehender Forschungsergebnisse sind dabei vom Schutzbereich umfasst.

Sobald die wissenschaftlichen Erkenntnisse jedoch zum Veranlassen von politischem Tun oder Unterlassen benutzt werden sollen, wird der Schutzbereich der Wissenschaftsfreiheit über-

---

https://www.rnd.de/panorama/faktencheck-starben-wirklich-kinder-weil-sie-eine-maske-trugen-KLDHCWRACZAF5NEILU6T6EHPAA.html [Stand: 27.12.2020].

14 *Burkhardt/ Pfeifer* in Wenzel: Das Recht der Wort- und Bildberichterstattung, Kap. 3 Rz. 38.

15 BVerfG NJW 1973, 1176.

schritten.[16] Die Heranziehung wissenschaftlicher Erkenntnisse beispielsweise im Zusammenhang mit SARS-CoV-2 genießen keinen Schutz mehr, wenn diese zur Rechtfertigung von politischen Entscheidungen der Regierung oder von Demonstrationszügen gegen diese Maßnahmen verwendet werden.

Für die Einordnung einer solchen Schlussfolgerung als Tatsachen- oder Meinungsäußerung bleibt letztlich entscheidend, ob die Äußerung dem Adressaten Tatsachen mitteilt und sich als definitive Tatsachenbehauptung darstellt oder als Ergebnis einer um Erkenntnis ringenden Bemühung anzusehen ist.[17] Wissenschaftliche Darstellungen sind in der Regel als Meinungsäußerungen zu qualifizieren, sofern diese lediglich die subjektive Wahrnehmung und das daraus gewonnene Urteil des Wissenschaftlers wiedergeben.[18] Wissenschaftliche Werturteile und Schlussfolgerungen sind einem Beweis nicht zugänglich. Diese fallen deshalb nicht unter die Kategorie der Wahrheit, sondern unter die der Richtigkeit.[19]

Diese Anschauung ändert sich auch nicht, wenn das wissenschaftliche Werturteil der äußeren Form nach als Tatsachenbehauptung formuliert ist. Dafür muss die wissenschaftliche Äußerung zunächst im Einzelnen darstellen, welches Quellenmaterial ihr zugrunde liegt, wie der Äußernde seine wissenschaftliche

---

16 Vgl. BayVerfGH NJW 1992, 226 für die Wissenschaftsfreiheit nach Art. 108 BV.

17 BVerfG ZUM-RD 2000, 220.

18 LG Köln ZUM-RD 2008, 83.

19 BGH NJW 1978, 751.

Aufgabenstellung gesehen hat und welche Befunde mit welchen dazu vorgenommenen Bewertungen erhoben worden sind.[20] Wenn nach diesen Darstellungen ein zusammenfassendes Ergebnis formuliert wird, kann ein unbefangener Betrachter darin nichts anderes als die abschließende Wertung eines Sachverständigen oder Wissenschaftlers sehen. Von der Rechtsprechung wird dann der Zusatz als überflüssig betrachtet, dass es sich um die persönliche Meinung des Verfassers handelt.[21]

Gleichwohl ist eine im Rahmen eines Gutachtens oder einer wissenschaftlichen Ausarbeitung getätigte Äußerung sowohl einem Unterlassungsanspruch als auch einem Widerruf zugänglich. Dies ist der Fall, wenn dem Sachverständigen offensichtlich jedwede Kompetenz für die Beurteilung der von ihm beantworteten Fragen fehlt oder wenn er zwar über die notwendige Sachkunde verfügt, von seinen speziellen Fähigkeiten und Kenntnissen bei der Begutachtung aber keinen Gebrauch gemacht hat und die Unrichtigkeit der Begutachtung mithin ohne weitere Erforschung offen zutage tritt.[22] Dann kann die wissenschaftliche Äußerung im Rahmen eines Gutachtens den Charakter als Werturteil verlieren und dem Erfordernis des Schutzes der Ehre des Betroffenen der Vorzug gegenüber dem Schutz der freien Meinungsäußerung zu geben sein.[23] In solchen Fällen genießen Gut-

20 Ebenda.

21 Ebenda.

22 OLG Köln, Hinweisbeschluss vom 29.08.2012, Az.: 5 U 104/12.

23 BGH NJW 1971, 284 f.

achten eines Sachverständigen und Veröffentlichungen mit wissenschaftlichem Charakter keinen Schutz.

Zusammengefasst erfahren Äußerungen im wissenschaftlichen Rahmen eine Privilegierung, sofern diese den wissenschaftlichen Rahmen nicht verlassen. Die Privilegierung geht soweit, dass auch einzelne Tatsachenfeststellungen äußerungsrechtlich nicht angegriffen werden können und die gesamte wissenschaftliche Arbeit als Werturteil zu verstehen ist. Bereits eine politische Absicht des Verfassers führt dazu, dass diese Privilegierung entfällt und gegebenenfalls ein Wahrheitsbeweis für geäußerte Tatsachenfeststellungen erbracht werden muss.

3. Die Äußerung wird auf Glaubensfreiheit gestützt

Nicht nur wissenschaftliche Beiträge können polarisieren. Insbesondere auch bei den Themen Glaube und Religion kann dies der Fall sein.

Die Meinungs- und Pressefreiheit etwa nach Art. 5 GG wird in Fragen der religiösen und weltanschaulichen Verkündigung von der Bekenntnisfreiheit gemäß Art. 4 Abs. 1 GG als lex specialis verdrängt.[24] Das Grundrecht der Glaubensfreiheit ist sowohl in Deutschland als auch in Österreich – vor allem gemäß Art. 14 StGG und Art. 9 EMRK – ein dem Wortlaut nach schrankenloses Grundrecht. Deshalb stellt sich für in den Schutzbereich die-

---

24 *Maunz/Dürig/Herzog*, 91. EL April 2020, GG Art. 4 Rn. 18, m. w. N.

ses Grundrechts fallende Äußerungen die Frage nach etwaigen Beschränkungen.

Die grundrechtliche Garantie der Glaubensfreiheit beinhaltet die Glaubensfreiheit im engeren Sinne sowie die Bekenntnisfreiheit. Die Glaubensfreiheit im engeren Sinne meint eine nach innen gewandte Verhaltensmodalität des Menschen: das Denken und Fühlen in Bezug auf eine religiöse Weltanschauung. Die Bekenntnisfreiheit ist im Gegensatz dazu nach außen gerichtet und meint die Modalitäten des Redens und Verkündens. Das Grundrecht des freien Glaubensbekenntnisses verbrieft nur ein Recht der freien geistigen Auseinandersetzung. Vom Schutzbereich ausgeschlossen sind andere Missionierungsmethoden wie insbesondere Gewaltakte, die Ausnutzung massiven Gruppenzwangs oder Methoden der Gehirnwäsche.[25]

Grundsätzlich besteht für die grundrechtlich verbriefte Glaubensfreiheit eine mittelbare Drittwirkung ins Privatrecht. In Österreich wird – anders als in Deutschland – das allgemeine Persönlichkeitsrecht aus der Generalklausel des § 16 ABGB abgeleitet. Im deutschen BGB ist eine vergleichbare Klausel nicht ausdrücklich geregelt. Daher besteht eine Notwendigkeit dafür, das allgemeine Persönlichkeitsrecht generell durch eine mittelbare Drittwirkung der Grundrechte abzuleiten.

In Österreich ist die mittelbare Drittwirkung des Grundrechts beispielsweise im Schadenersatzrecht anerkannt, wenn ein Verstoß gegen die Schadensminderungsobliegenheit bei Verweige-

[25] *Maunz/Dürig/Herzog*, 91. EL April 2020, Art. 4 GG Rn. 84.

rung einer Bluttransfusion aus religiösen Gründen von den Gerichten abgelehnt wird.[26] Die Rechtsprechung nimmt dadurch eine teleologische Reduktion der Schadensminderungsobliegenheit vor. Auch für das Äußerungsrecht ist die mittelbare Drittwirkung der Glaubensfreiheit in Österreich grundsätzlich anerkannt, wobei die Rechtsprechung noch eine Unterscheidung zwischen einem staatlichen Realakt und einem Verwaltungsakt vornimmt. Im Fall einer Amtshaftung durch hoheitliche Realakte kommt – so die Rechtsprechung[27] – lediglich eine Entschädigung in Geld, nicht jedoch ein Unterlassungs- oder Widerrufsanspruch des Betroffenen in Betracht. Ob die in der Entscheidung behandelte Sektenwarnung tatsächlich zulässig war, lässt der OGH offen. Dennoch erscheint dieser in der Entscheidungsbegründung durchaus bemüht, die staatliche Sektenwarnung zu rechtfertigen.

Ein ähnlicher in Deutschland entschiedener Fall stellt sich in materiell-rechtlicher Hinsicht als deutlich aufschlussreicher dar. Hierbei ging es jedoch nicht um eine staatliche Äußerung, sondern um eine Sektenwarnung des Sektenbeauftragten einer katholischen Diözese[28].

---

26 OGH, Urteil vom 22.06.2011, Az.: 2 Ob 219/10k; OLG Innsbruck, Urteil vom 16.08.1994, Az.: 1 R 159/94.

27 OGH JBl 2000, 179: Eine staatliche Sektenwarnung ist ein bloßer hoheitlicher Realakt und begründet aus formalen Gründen keinen Schadenersatzanspruch in Form einer Unterlassung oder eines Widerrufs.

28 VG Mainz, Urteil vom 11.01.2018, Az.: 1 K 577/17.MZ.

Das VG Mainz betrachtet zunächst die konkreten von der Klagepartei angegriffenen Äußerungen ausgehend vom Wortlaut und klärt die Frage, ob es sich um Tatsachenbehauptungen oder Werturteile handelt. Tatsachenbehauptungen liegen nach Ausführungen des VG Mainz vor, „wenn sich die Richtigkeit der Gesamtbehauptung durch eine Beweiserhebung klären lässt, es sich also um beweisbare Vorgänge handelt“[29]. Das VG Mainz geht auch bei im Rahmen der Glaubensfreiheit getätigten Äußerungen davon aus, dass unrichtige Tatsachenbehauptungen unter dem Blickwinkel der Meinungsfreiheit in der speziellen Ausprägung der Bekenntnisfreiheit im Sinne von Art. 4 Abs. 1 GG kein schützenswertes Rechtsgut darstellen.[30]

Im Gegensatz zu Tatsachenbehauptungen sind Meinungsäußerungen im religiösen Kontext als Werturteile grundsätzlich nicht mit einem Unterlassungsbegehren gerichtlich angreifbar, „wenn sie grundlos, falsch oder emotional bzw. nicht rational sind“[31]. Das VG Mainz stellt auch für religiös motivierte Meinungsäußerungen klar, dass diese in ihrem wesentlichen Gehalt durch Elemente des Meinens oder Dafürhaltens gekennzeichnet und einem objektiven Richtigkeitsbeweis nicht zugänglich sind.[32]

---

29 Ebd.: Rz. 84; BGH, NJW 1959, 636; BayVGH, Beschluss vom 28.03.1994, Az.: 7 CE 93.2403, Rn. 44.

30 BVerfG, NJW 1983, 1415.

31 BVerfG NJW 1993, 1845; BVerfG NJW 1972, 811 [813]; BayVGH, Beschluss vom 28.03.1994, Az.: 7 CE 93.2403, Rn. 44.

32 VG Mainz, Urteil vom 11.01.2018, Az.: 1 K 577/17.MZ Rn. 85; BVerfG NJW-RR 2017, 1003.

Eine religiöse Meinungsäußerung kann wie jede andere Meinungsäußerung mit einem Unterlassungsbegehren verboten werden, wenn sich die Äußerung als Formalbeleidigung oder Schmähkritik darstellt. Eine Privilegierung religiöser Meinungsäußerungen zeigt sich indes bei der von der Rechtsprechung gezogenen Messlatte für die Annahme einer Schmähung: Die Anforderungen sind nach der Rechtsprechung deutlich strenger zu stellen.[33] Eine übermäßige Herabsetzung im Rahmen einer religiösen Meinungsäußerung kann nur angenommen werden, wenn das Motiv der Bloßstellung des Betroffenen durch solche Äußerungen in der Öffentlichkeit und eine augenscheinliche Schädigungsabsicht die Auseinandersetzung in der Sache in den Hintergrund treten lassen.[34] Im Rahmen einer Einzelfallprüfung müsse berücksichtigt werden, dass auch „scharfe und überspitzte Formulierungen für sich genommen eine herabsetzende Äußerung noch nicht unzulässig machen“[35]. Bei Beiträgen zum geistigen und weltanschaulichen Meinungskampf in einer die Öffentlichkeit durchaus polarisierenden Frage sei überdies die freie Rede privilegiert.[36]

Bereits die Klassifizierung einer Äußerung als Tatsachenbehauptung oder Meinung wird von der Rechtsprechung als grundrechtsrelevante Frage angesehen.[37] Sofern sich bei Äußerungen

---

33 BayVGH, Urteil vom 29.09.2005, Az.: 7 B 04.2927 Rn. 15.

34 BayVGH NVwZ 1994, 787 [793].

35 Ebd.; VG Mainz, Urteil vom 11.01.2018, Az.: 1 K 577/17.MZ Rn. 86.

36 BVerfG NJW 1992, 1439 [1440 f.]; BayVGH NVwZ 1994, 787 [793].

37 BVerfG NJW-RR 2017, 1003.

wertende und tatsächliche Elemente dergestalt vermengen, dass die Äußerung insgesamt als Werturteil anzusehen ist, kommt es bei der Abwägung der widerstreitenden Interessen des Äußernden und des von der Äußerung Betroffenen vordringlich auf den Wahrheitsgehalt der mit der Äußerung verbundenen Tatsachenbehauptungen an. Sollte dieser Tatsachenkern bewusst unwahr sein, genießen die Betroffenenrechte stets ein größeres Schutzinteresse.[38]

Trotz oder aufgrund der vorgenannten Privilegierungen formuliert die Rechtsprechung aber auch in Bezug auf öffentlich-rechtlich korporierte Religionsgemeinschaften eine Pflicht zur Wahrung eines angemessenen Grads an Sorgfalt, Sachlichkeit und Wahrhaftigkeit.[39]

Zusammenfassend lässt sich festhalten, dass auch im Bereich religiöser Äußerungen unrichtige Tatsachenbehauptungen keinerlei Privilegierung genießen. Religiöse Meinungsäußerungen sind hingegen nur angreifbar, wenn diese entweder auf einem unwahren Tatsachenkern beruhen und der Äußernde im Fall der Zugehörigkeit zu einer staatlich anerkannten Religionsgemeinschaft seiner gesteigerten Sorgfaltspflicht bei der Ermittlung der

---

38 BVerfG NJW 1996, 1529 [1530]; BGH NJW 2015, 773.

39 BayVGH, Urteil vom 24.02.2011, Az.: 7 B 10.1272: Ein bayerischer Bischof hat den Inhalt eines von einem humanistischen Philosophen verfassten Buches im Rahmen einer Predigt, die von der Diözese im Internet veröffentlicht wurde, falsch wiedergegeben. Problematisch ist weniger die in freier Rede gehaltene Predigt, die -objektiv unrichtig- den Buchinhalt wiedergibt, sondern vielmehr die ungeprüfte Veröffentlichung dieser Predigt im Internet durch die Diözese.

Tatsachengrundlage nicht nachgekommen ist oder die Äußerungen den erhöhten Grenzwert zur Schmähung überschreiten. In letztgenanntem Fall muss jedoch die Intention des Äußernden offensichtlich sein, eine Herabsetzung oder Schmähung des von der Äußerung Betroffenen bewirken zu wollen. Innerhalb dieser weit gesteckten Grenzen ist ein in der Sache hart geführter Meinungsstreit um eine Meinungsführerschaft inklusive abwertender Äußerungen wie die negativ konnotierte Bezeichnung als Sekte zulässig.

4. „Kampf ums Recht“

„Kampf ums Recht“ ist der Titel eines Vortrags von *Rudolf von Ihering* vor der Juristischen Gesellschaft der Universität Wien aus dem Jahr 1872, der später mit Ergänzungen wörtlich in den Wiener Juristischen Blättern abgedruckt wurde. Diesen Vortrag leitete *von Ihering* mit folgender markanter Aussage ein:

> „Das Ziel des Rechts ist der Friede, das Mittel dazu ist der Kampf. (…) Alles Recht in der Welt ist erstritten worden, jeder wichtige Rechtssatz hat erst denen, die sich im widersetzten, abgerungen werden müssen, und jedes Recht, sowohl das Recht eines Volkes wie das eines einzelnen, setzt die stetige Bereitschaft zu seiner Behauptung voraus. Das Recht ist nicht bloßer Gedanke, sondern lebendige Kraft. Darum führt die Gerechtigkeit, die in der einen Hand die Waagschale hält, mit welcher sie das Recht abwägt, in der anderen das Schwert, mit dem sie es behauptet. Das Schwert ohne Waage ist die nackte Gewalt, die Waage ohne das Schwert die Ohnmacht des Rechts. Beide gehören zusammen und ein vollkommener Rechtszustand herrscht nur

> da, wo die Kraft, mit welcher die Gerechtigkeit das Schwert führt, die Geschicklichkeit gleichkommt, mit der sie die Waage handhabt."[40]

Laut *von Ihering* sei der vom Recht eingeforderte Kampf, um geboren zu werden, nicht ein Fluch, sondern ein Segen.[41] Der Wettstreit um das beste juristische Argument würde stets von den vorherrschenden und bestimmenden Interessenlagern mitentschieden und führe so einerseits zu einer steten Erneuerung des Rechts und andererseits zu einer besseren Identifizierung der Rechtsgemeinschaft mit dem Recht.

Deshalb müsse sich jeder Berechtigte mit der Verletzung seiner Rechte die Frage stellen, ob er Widerstand gegen die Rechtsverletzung leistet oder sein Recht aufgibt. Egal wie die Entscheidung ausfällt, es sei stets mit einem Opfer verbunden: Entweder werde das Recht dem Frieden oder der Frieden dem Recht geopfert.[42] Das Leisten von Widerstand gegen die Rechtsverletzung sei unabhängig vom Wert des Streitgegenstandes zu sehen und damit weniger eine Interessen- als vielmehr eine Charakterfrage und eine Frage der Verteidigung des eigenen Rechtsgefühls. Der Kampf ums Recht sei eine moralische Pflicht des Berechtigten gegen sich selbst und gegen das Gemeinwesen, da es um die Daseinsberechtigung von Recht gehe und mit der Ver-

---

40 *Von Ihering*, Der Kampf ums Recht, herausgegeben von Ermacora, S. 61 f.

41 Ebd., S. 75.

42 Ebd., S. 75.

teidigung des eigenen Standpunktes die Bewahrung der eigenen ethischen Lebensbedingungen verbunden sei.

Doch wie weit darf der Kampf ums Recht gehen? Insbesondere in der deutschen Rechtsprechung gab es hierzu in jüngerer Vergangenheit einige bemerkenswerte Entscheidungen, die mit Blick auf die gesetzliche Grundlage auch auf Österreich übertragbar scheinen.

Eine Partei umgeht ihre Wahrheitspflicht dadurch, dass diese sich eines prozessbevollmächtigten Rechtsanwalts bedient und die unwahren Tatsachen durch diesen als „doloses Werkzeug" vortragen lässt. In diesen Fallkonstellationen ist die Verletzung der Wahrheitspflicht durch den Rechtsanwalt deckungsgleich mit einer Verletzung der Wahrheitspflicht durch den Mandanten, weil der Rechtsanwalt im Prozess nur als Vertreter seiner Partei in Erscheinung tritt. Die Äußerung unwahrer Tatsachenbehauptungen im Rahmen eines Prozesses werden jedoch innerprozessual auf dreifache Weise sanktioniert. Erstens geschieht dies dadurch, dass der unwahre Tatsachenvortrag bei der Beweiswürdigung idealerweise unberücksichtigt bleibt. Zweitens läuft die aufgrund des unwahren Tatsachenvortrags obsiegende Partei Gefahr, strafrechtlich über den Straftatbestand des Prozessbetruges belangt zu werden. Drittens besteht die Möglichkeit, dass die unterlegene Partei nachträglich die Rechtskraft der objektiv unrichtigen Entscheidung durchbrechen kann, sobald der unterlegenen Partei der Wahrheitsbeweis des Gegenteils möglich ist. Des Weiteren ist in Österreich sowie in Deutschland ein Rechtsanwalt berufsrechtlich zum Beenden des Mandatsverhältnis angehalten, sobald er Kenntnis über bewusst aufgetischte Lügen seines Mandanten erhält.

Die Äußerung unwahrer Tatsachenbehauptungen innerhalb eines Prozesses bzw. im Ausgangsverfahren ist nicht eigenständig im Rahmen eines Parallel- oder Folgeverfahrens angreifbar und das unabhängig davon, ob die unwahren Tatsachen von der Partei selbst oder von deren Rechtsanwalt vorgetragen werden. Die Frage über die Wahrheit und Erheblichkeit eines Tatsachenvortrages soll ausschließlich im Ausgangsverfahren nach allen Möglichkeiten des prozessrechtlichen Erkenntnisverfahrens geklärt werden.[43] Einer äußerungsrechtlichen Klage auf Unterlassung fehlt in solchen Fällen grundsätzlich das Rechtsschutzbedürfnis.[44] Damit soll ermöglicht werden, dass die Parteien und deren Rechtsanwälte im Rahmen eines Gerichtsverfahrens alles vortragen dürfen, was sie zur Wahrung der Rechte der Parteien für erforderlich halten.[45] Ein äußerungsrechtlicher Unterlassungsanspruch kann allenfalls bestehen, wenn ein Prozessbeteiligter sich außerhalb des Prozesses wie etwa im Rahmen eines Zeitungsinterviews, eines Blogbeitrags o. Ä. äußert.[46]

Eine ähnliche Sonderstellung gilt für im Rahmen eines Prozesses getätigte Meinungsäußerungen, die als ehrenkränkend und Persönlichkeitsrechte verletzend einzustufen sind, sofern diese der

43 BGH NJW 2005, 279, 280.

44 Ebd., BGH NJW-RR 2004, 1717.

45 *Hirtz* in AnwBl 2008, 163 f.

46 BGH NJW 2005, 279, 281.

Rechtsverfolgung oder -verteidigung im Rahmen eines Gerichtsprozesses dienen sollen. Diese Anlassbezogenheit auf den Prozess wird von der Rechtsprechung weit gesehen.

Einem beklagten Arzt kann nicht die ehrabschneidende Meinungsäußerung über den klägerischen Rechtsanwalt untersagt werden, dass dieser den Arzthaftungsprozess gegen den Arzt ohne Vollmacht und nur zum Geld verdienen führen würde.[47] Die Entscheidung ist nachvollziehbar, da der beklagte Arzt damit die Vollmacht und das Rechtsschutzbedürfnis in Zweifel gezogen hat, wenn auch mit drastischen Worten.

Die Rechtsprechung geht so weit, dass die Bezichtigung eines Rechtsanwalts der Begehung von Straftaten wie Urkundenfälschung, Betrug und Bildung einer kriminellen Vereinigung durch die andere Partei im Rahmen des Kostenausgleichverfahrens für zulässig erachtet wird.[48] Im Kostenausgleichsverfahren wird kein streitiger Tatsachenvortrag mehr verhandelt, es wird lediglich die Höhe der erstattungsfähigen Prozesskosten geklärt. Zu diesem Zeitpunkt ist der eigentliche Streitgegenstand längst durch ein Urteil entschieden oder durch einen Vergleich beigelegt. Insofern ist es bemerkenswert, dass das BVerfG die Anlassbezogenheit derartiger Äußerungen für immer noch gegeben erachtet.

Selbst wenn das Gericht Ziel verbaler Attacken ist, genießt die – auch ehrverletzende – Meinungsäußerung im Rahmen eines Gerichtsverfahrens eine Privilegierung. Ein Kindsvater hat mit sei-

47 OLG Hamm NJW 1992, 1329.

48 BVerfG NJW-RR 2007, 840.

ner früheren Lebensgefährtin mehrere Prozesse u. a. um die elterliche Sorge geführt und verloren; in einem Internetblog über die an den Entscheidungen beteiligten Richter äußerte er dahingehend, dass diese „asoziale Justizverbrecher“, „Provinzverbrecher“ und „Kindesentfremder“ wären.[49] Das gegen den Mann eingeleitete Strafverfahren wegen Beleidigung gemäß § 185 StGB endete mit einer Verurteilung zu einer geringen Geldstrafe. Das Verfassungsgericht entschied, dass die angegriffenen Äußerungen keine Schmähung und keine Verletzung der Menschenwürde der attackierten Personen darstellten, sondern lediglich im Rahmen einer Abwägung Ehrenschutz gegen Meinungsfreiheit zu beanstanden sei. Für das Verfassungsgericht war auch das Element der Machtkritik in den Äußerungen bei der Abwägung von Relevanz.

Bemerkenswert ist eine Entscheidung des OLG München zu einer Äußerung eines Rechtsanwalts im Rahmen eines Klageerzwingungsantrags. Der Rechtsanwalt schrieb Folgendes an das Gericht:

> „Der Unterschied zwischen Ihnen und Roland Freisler liegt in Folgendem: Während Roland Freisler im Gerichtssaal schrie und tobte und überhaupt keinen Wert darauf legte, das von ihm begangene Unrecht in irgendeiner Weise zu verschleiern, gehen Sie den umgekehrten Weg: Sie haben sich ein Mäntelchen umgehängt, auf dem die Worte „Rechtsstaat“ und „Legitimität“ aufgenäht sind. Sie hüllen sich in einen Anschein von Pseudolegitimität, die Sie aber

---

49 BVerfG NJW 2020, 2622.

> in Wahrheit in keiner Weise für sich beanspruchen können. Denn in Wahrheit begehen Sie – zumindest in diesem vorliegenden Justizskandal – genauso schlicht Unrecht, wie es auch Roland Freisler getan hat. So betrachtet ist das Unrecht, das Sie begehen, noch viel perfider, noch viel abgründiger, noch viel hinterhältiger als das Unrecht, das ein Roland Freisler begangen hat: Bei Roland Freisler kommt das Unrecht sehr offen, sehr direkt, sehr unverblümt daher. Bei Ihnen hingegen kommt das Unrecht als unrechtmäßige Beanspruchung der Begriffe Rechtsstaatlichkeit und Demokratie daher: Sie berufen sich auf die Begriffe Rechtsstaatlichkeit und Demokratie, handeln dem aber – zumindest in dem vorliegenden Justizskandal – zuwider."[50]

Der Vergleich eines Richters am Amtsgericht mit dem früheren Präsidenten des Volksgerichtshofs zur NS-Zeit, der aufgrund seiner Menschenverachtung in Schauprozessen gegen politische Widersacher wie die Mitglieder der *Weißen Rose* oder die Widerstandskämpfer um *Claus Schenk Graf von Stauffenberg* und rund 2.600 ausgesprochene Todesurteile zu den führenden NS-Verbrechern zu zählen ist, ist sehr harter Tobak. Gleichwohl hat das OLG München die Grenze zur Schmähung als nicht erreicht angesehen und den Rechtsanwalt freigesprochen, gegen den ein Strafverfahren wegen Beleidigung eingeleitet worden war. Dies wurde damit begründet, dass in Fällen ehrenrühriger Werturteile das sich aus § 193 StGB ergebende berechtigte Interesse als Rechtfertigungsgrund von dem Grundrecht auf Meinungsfreiheit konsumiert wird. Die Meinungsfreiheit und deren Schran-

---

50 OLG München BeckRS 2017, 112292.

ken werden damit zum Maßstab für die Rechtmäßigkeit der Äußerung. Nach dem Prinzip der praktischen Konkordanz bzw. dem Gegenübertreten von zwei gleichwertigen Grundrechten ist eine umfassende und einzelfallbezogene Güter- und Pflichtenabwägung vorzunehmen. Bei der Kritik an Entscheidungen eines Richters stehen sich bei dieser Abwägung das Recht des Bürgers zum Kritisieren von Maßnahmen der öffentlichen Gewalt auch mit drastischen Worten sowie die Beeinträchtigung des allgemeinen Persönlichkeitsrechts des Richters gegenüber.

Die Äußerung des Rechtsanwalts ist Teil einer umfassenderen Meinungsäußerung und dient dem Zweck der Durchsetzung legitimer prozessualer Rechte.[51] Auf der anderen Seite hat das OLG München in der Abwägung hervorgehoben, dass ein Richter schon von Berufs wegen in der Lage und auch gehalten ist, überpointierte Kritik an seiner Arbeit beim „Kampf um das Recht" auszuhalten.[52]

Zusammenfassend lässt sich festhalten, dass im Rahmen einer rechtlichen Auseinandersetzung die Prozessordnung die äußerungsrechtlichen Instrumente fast vollständig verdrängt. Das Äußerungsrecht darf zu Recht nicht die grundsätzliche Handlungsfreiheit von Prozessparteien beschneiden. Die Äußerung unwahrer Tatsachenbehauptungen wird zuvorderst im Rahmen der Beweiswürdigung sanktioniert. Ehrverletzende Meinungsäu-

---

51 Vgl. auch BayObLGSt 2001, 92, 100.

52 OLG München BeckRS 2017, 112292; OLG Naumburg, StraFo 2012, 283f.; BVerfG NJW 2019, 2600.

ßerungen können nur innerprozessual über §§ 199, 200 ZPO in Österreich bzw. § 178 GVG in Deutschland geahndet werden und nicht über äußerungsrechtliche Parallel- und Folgeverfahren, denen das Rechtsschutzbedürfnis fehlt.

Von Ihering hat in seiner Schrift „Kampf ums Recht" abschließend von zwei verhängnisvollen Verirrungen der modernen Jurisprudenz im Jahr 1872 gesprochen: dem Abhandenkommen der Genugtuungsfunktion für eine Rechtsverletzung durch die Monetarisierung des rechtlichen Interesses einerseits[53] und der aufgestellten Beweistheorie[54] andererseits, die dem Kläger die grundsätzliche Beweislast auferlege. Die Rechtsprechung lässt jedoch mit Blick auf die angesprochenen Entscheidungen sehr wohl Emotionalität, Übertreibung, Schärfe und Kampf im Rahmen eines Prozesses zu. Die Justiz gibt den Prozessbeteiligten damit die Möglichkeit zum Appell an das Rechtsgefühl und das Rechtsempfinden, wodurch im einen oder anderen Fall auch eine Fortbildung des Rechts stattfindet. Wahrscheinlich wäre *von Ihering* noch nicht gänzlich mit dem Verhältnis von Schwert und Waage zufrieden. Gleichwohl wird in der aktuellen Rechtsprechung deutlich, dass Freiheitsrechte sowie das sowohl sachliche als auch emotionale Ringen um gerechte Entscheidungen im Einzelfall zentrale Bedeutung im Prozessrecht haben.

---

53 *Von Ihering*, Der Kampf ums Recht, herausgegeben von Ermacora, S. 140.

54 *Von Ihering*, Der Kampf ums Recht, herausgegeben von Ermacora, S. 144.

5. Politischer Meinungsstreit

Der politische Meinungsstreit ist Kern des demokratischen Pluralismus. Äußerungen im Rahmen des politischen Meinungsbildungsprozesses werden von der Rechtsprechung grundsätzlich als Meinungsäußerung gewertet.

Jeder politische Akteur begibt sich in der öffentlichen Wahrnehmung in eine exponierte Lage. Dieser gibt unter Umständen einer politischen Richtung ein Gesicht. Deshalb ist von der Rechtsprechung anerkannt, dass diese sich in die Öffentlichkeit begebende Person auch mit harscher Kritik an ihrer Meinung zurechtkommen muss. In politischen Abstimmungsprozessen gibt es nur die Möglichkeit, mit Ja oder Nein zu votieren. Daher ist in diesem Bereich die Zuspitzung eines Für und Wider am extremsten. Überspitzt formuliert bedeutet dies: Was für die einen Heil und Segen bedeutet, ist für die anderen der Weltuntergang. Innerhalb dieses Prozesses ist die Grenze deutlich geweitet, ab der eine Äußerung als Schmähung zu charakterisieren ist. Dies gilt insbesondere für Äußerungen im Wahlkampf. Bei dieser Bewertung unterscheiden sich die Rechtsordnungen und Rechtsprechungen in Österreich und Deutschland nicht grundlegend.

Insofern kann ein von einem anderen Sitzungsteilnehmer als „Querulant" bezeichnetes Gemeinderatsmitglied keine privatrechtlichen Unterlassungsansprüche geltend machen.[55] Wird ein Stadtratsmitglied in einer Sitzung jedoch als „Oberhetzer" be-

[55] OGH, Urteil vom 25.05.2020, Az.: 1 Ob 70/20f.

zeichnet, stellt dies eine Schmähung dar.[56] Das deutsche BVerfG hat die Bezeichnung des früheren Bayerischen Ministerpräsidenten *Franz Josef Strauß* als „Zwangsdemokraten“ als zulässiges Werturteil erachtet, weil der Äußernde dessen Politikstil kritisierte.[57] Der frühere Generalsekretär der FPÖ *Walter Grabher-Meyer* forderte während des Wahlkampfes zur Nationalratswahl, die staatlichen Familienbeihilfen für österreichische Frauen um 50 Prozent zu erhöhen. Damit wollte er verhindern, dass österreichische Frauen aus finanziellen Gründen Kinder abtreiben. Der Herausgeber einer Zeitschrift erhob daraufhin den Vorwurf, der FPÖ-Generalsekretär vertrete nationalsozialistische Auffassungen. Der EGMR hielt die Äußerung eines derartigen Vorwurfs als Meinungsäußerung für zulässig.[58] Zwar hätten auch in ihrer öffentlichen Funktion auftretende Politiker gemäß Art. 10 Abs. 2 EMRK einen Anspruch auf den Schutz ihres guten Rufes, dieser reiche jedoch nicht so weit wie bei Privatpersonen.[59]

Wer sich in der Öffentlichkeit präsentiert, macht dies bewusst. Die Person weiß, dass sie unter öffentlicher Beobachtung steht. Dies kann dazu führen, dass einem politischen Akteur privates Verhalten öffentlich vorgeworfen wird.

---

56 LG Magdeburg, Beschluss vom 28.04.2009, Az.: 9 O 727/09.

57 BVerfG NJW 1991, 95 f.

58 EGMR NJW 1992, 613 ff.

59 EGMR a.a.O.

Als Beispiel kann ein Bericht der ARD-Sendung „Report München" über den Vorsitzenden der Deutschen Polizeigewerkschaft *Rainer Wendt* aus dem März 2017 angeführt werden. Dieser erhielt jahrelang ein Beamtengehalt als Polizeihauptkommissar aufgrund seiner Vollzeittätigkeit für die Gewerkschaft, ohne diese Tätigkeit tatsächlich auszuüben. In einem Interview mit den Investigativjournalisten von „Report München" hatte er den Bezug dieses Gehalts zunächst ausdrücklich bestritten. Er musste jedoch kurze Zeit später gegenüber den Journalisten einräumen, die Unwahrheit gesagt zu haben – angeblich zum Schutz des damaligen Innenministers des Landes Nordrhein-Westfahlen.[60] Kurz nach den Interviews beantragte *Wendt* seine vorzeitige Pensionierung aus dem Polizeidienst. Wendt stand als Gewerkschaftsfunktionär in der Öffentlichkeit. Dieser Umstand erlaubte es den Journalisten, Nachforschungen über dessen beamtenrechtliches Verhältnis und dessen Privatleben anzustellen sowie entsprechend darüber zu berichten. Erfolgreich zur Wehr setzen konnte sich der frühere deutsche Bundeskanzler *Gerhard Schröder* gegen die Verbreitung von Gerüchten aus seinem Eheleben.[61] Gerüchte über eine mögliche Ehekrise dienen dem Unterhaltungsinteresse der Leserschaft einer Zeitung, weshalb das Grundrecht aus Art. 5 Abs. 1 GG in der Abwägung hinter den privaten Interessen des Betroffenen zurücktreten muss. Nur weil

60 „Mit der Wahrheit auf Kriegsfuß" in: Spiegel Online vom 4. März 2017 – [https://www.spiegel.de/panorama/gesellschaft/rainer-wendt-politi ker-kritisieren-beamtensold-fuer-polizeigewerkschafter-a-1137328.html].

61 LG Berlin AfP 2003, 174.

ein Politiker bei öffentlichen Auftritten seine Ehefrau bewusst ins Rampenlicht treten lässt und so Teile des Privatlebens freigibt, rechtfertigt dies keine andere Entscheidung.[62]

Von der Meinungsfreiheit nicht mehr gedeckt sind solche Meinungen, die einen Straftatbestand erfüllen. Hier sind vornehmlich Straftatbestände der Volksverhetzung gemäß § 283 österreichisches StGB bzw. § 130 deutsches StGB wie insbesondere die Leugnung des Holocaust („Auschwitz-Lüge") sowie Beleidigungstatbestände zu nennen. Bei der strafbaren Beleidung fehlt es in der Regel an einer Anlassbezogenheit und/oder einem berechtigten Interesse.

Unwahre Tatsachenbehauptungen muss sich auch ein politischer Akteur nicht gefallen lassen. Besonders relevant ist das falsche Zitieren eines Politikers.[63]

6. Zusammenfassung

Die Ausführungen zum Äußerungsrecht machen sichtbar, dass dieses Menschenrecht eines der höchsten Güter in einem freiheitlich-demokratischen Rechtsstaat darstellt und einen weitgehenden Schutzbereich beinhaltet. Der EGMR äußert sich grundlegend zur Äußerungsfreiheit wie folgt:

> „Der Gerichtshof erinnert daran, daß die Freiheit der Meinungsäußerung gem. Art. 10 I EMRK eine der wesentlichen Grundlagen einer demokratischen Gesellschaft und eine

62 LG Berlin a.a.O.

63 OLG Frankfurt AfP 2020, 223.

> der besten Voraussetzungen für ihren Fortschritt und für die Selbstverwirklichung des Individuums darstellt. In den Schranken des Abs. 2 ist sie nicht nur auf „Nachrichten" und „Ideen" anwendbar, die positiv aufgenommen werden oder als harmlos oder gleichgültig gelten, sondern auch auf solche, die beleidigen, schockieren oder stören; dies fordert der Geist des Pluralismus, der Toleranz und der Großzügigkeit, ohne den eine „demokratische Gesellschaft" nicht bestehen kann (vgl. u. a. Urteile Handyside vom 7. 12. 1976, Serie A Nr. 24 Ziff. 49 = EuGRZ 1977, 42 und Lingens vom 8. 7. 1986, Serie A Nr. 103, Ziff. 41 = EuGRZ 1986, 428 = NJW 1987, 2143)."[64]

Das Wort darf einem Menschen nur verboten werden, wenn ein geschütztes Rechtsgut eines anderen verletzt ist. Dabei kann es sich beispielsweise um das allgemeine Persönlichkeitsrecht oder das Recht am eingerichteten und ausgeübten Gewerbebetrieb handeln. Nahezu keinen Schutz genießen unwahre Tatsachenbehauptungen, die Rechte eines Dritten verletzen. Meinungsäußerungen können nur verboten werden, wenn diese eine Schmähung darstellen bzw. die Menschenwürde des Betroffenen verletzen oder – falls dies noch nicht der Fall ist – im Rahmen einer Güterabwägung im Einzelfall nachrangig zu Schutzrechten des Betroffenen sind.

Diese Ausführungen machen aber auch deutlich, dass es keine „Popularklage" auf Feststellung der Wahrheit oder Unwahrheit einer Äußerung gibt. Ein aufgebrachter Zuschauer einer politischen Diskussionsrunde im Fernsehen hat weder ein zulässiges

---

64 EGMR NJW 1992, 613 Rn. 57.

Rechtsmittel noch einen Anspruch auf Feststellung der Wahrheit oder Richtigkeit seiner Auffassung von einem Sachverhalt bzw. der Unwahrheit oder Falschheit der Äußerung eines anderen. Das bedeutet, dass ein „gerichtlicher Faktencheck“ zu einer allgemeinen politischen Diskussion grundsätzlich nicht möglich ist. Die Wahrheit ist als solche kein absolut geschütztes Rechtsgut.[65]

Wird beispielsweise in einer Diskussion über Maßnahmen zur Eindämmung von SARS-CoV-2 über die Sinnhaftigkeit einer einfachen Mund-Nase-Bedeckung diskutiert und einer der Mitdiskutanten äußert dabei die Behauptung über das Versterben von Kindern in Wien nach dem Tragen einer Maske[66], hat keiner der anderen Gesprächsteilnehmer oder Zuhörer einen zivilrechtlichen Anspruch auf Feststellung der Wahrheit oder Unwahrheit dieser Behauptung. Die Rechtsordnung vertraut hierbei auf die Selbstreinigungskräfte des pluralistischen Prozesses.

Jeder Eingriff in den pluralistischen Prozess durch den Staat in Form von Verbotsnormen bedarf einer besonderen Rechtfertigung und stellt nach den Grundwerten der Verfassungen in Österreich und Deutschland die absolute Ausnahme dar. Beim Umgang mit Fake News ist darauf zu achten, ob diese eine so massive Beeinträchtigung für den pluralistischen Prozess darstellen, dass ein hoheitlicher Eingriff überhaupt gerechtfertigt ist und

65 vgl. Kapitel C. III.

66 vgl. Fn 227.

wie dieser entsprechend den gesetzlichen Wertungen verhältnismäßig ausgestaltet werden kann.

II. Was sind Fake-News?

Die vorhergehenden Ausführungen betrafen weitgehend eine Unterscheidung von richtigen und falschen Meinungsäußerungen sowie von wahren und unwahren Tatsachenbehauptungen. Der Begriff Fake News hat insbesondere in den Jahren der Präsidentschaft *Donald Trumps* an Bedeutung gewonnen und ist als Anglizismus in den deutschen Sprachgebrauch übernommen worden.

1. Fake-News - nur ein politischer Kampfbegriff?

Der Duden beschreibt Fake News als umgangssprachliche Bezeichnung für „in den Medien und im Internet, insbesondere in sozialen Netzwerken, in manipulativer Absicht verbreitete Falschmeldungen“[67].

Die Beschreibung im Duden lässt grundsätzlich alles offen. Eine „Meldung“ kann sowohl Tatsachenbehauptung als auch Meinungsäußerung sein. Die Bezeichnung der Meldung als „falsch“ kann als Indiz für eine Form der Meinungsäußerung gewertet werden, die richtig oder falsch, aber nicht wahr oder unwahr sein kann. Gegen diese Indizwirkung spricht die Einordnung als umgangssprachlich. Das Merkmal „in manipulativer Absicht“

---

67 „Fake News“ auf Duden online. URL: https://www.duden.de/node/44637/revision/44666 (Abrufdatum: 14.03.2021).

macht lediglich deutlich, dass die Meldung nicht auf einem bloßen Schreib-, Tipp- oder Flüchtigkeitsfehler beruht, sondern auf zielgerichtetes Handeln zurückzuführen ist. Vage bleibt auch der Kontext der manipulativen Absicht, der beispielsweise politisch, wirtschaftlich, ideologisch, weltanschaulich-religiös oder wissenschaftlich sein kann. Der Hinweis auf den Verbreitungsweg bringt ebenfalls keinerlei Konkretisierung, da die Verbreitung sowohl analog als auch digital möglich ist. Vor diesem Hintergrund ist mit Recht die Frage zu diskutieren, ob es sich bei „Fake News" nur um einen inhaltsleeren politischen Kampfbegriff handelt.

Die Diskussion um den Begriff Fake News ist insbesondere am 11. Januar 2017 entbrannt, als der damalige President-elect *Donald Trump* im Rahmen eines heftigen und lautstarken Wortgefechts dem CNN-Journalisten *Jim Acosta* entgegenschrie: „I'm not going to give you a question – you are fake news!" Es handelte sich um ein absolutes Novum, dass ein US-Präsident noch vor seiner Vereidigung einen Frontalangriff auf etablierte Medien und Medienvertreter startete und diese konfrontative Haltung bis zu seinem Ausscheiden aus dem Amt aufrechterhielt.

Dieser Umgang eines Spitzenpolitikers mit Medien hat in der Debatte um Fake News den Begriff so vorbelastet, dass dieser in einer sachlichen Diskussion über dieses Phänomen für ungeeignet gehalten wird.[68]

---

68 So auch Romy Jaster/ David Lanius, Die Wahrheit schafft sich ab, S. 33 f.

Bei der Digitalmesse „re:publica 2017" warb die Social-Media-Leiterin der Tageszeitung „Die Welt" *Niddal Salah-Eldin* dafür, den Begriff Fake News nicht mehr zu benutzen; stattdessen solle zwischen Propaganda, Falschmeldungen und Recherchefehlern differenziert werden.[69]

Auch *Christian Wendelborn* spricht sich gegen die Verwendung des Begriffs Fake News aus. Fake News sei zum politischen Kampfbegriff und rhetorischen Mittel in der politischen Auseinandersetzung geworden, um andere Meinungen oder Personen herabzuwürdigen bzw. komplexe Sachverhalte unangemessen zu verkürzen.[70] Der Begriff sei sehr deskriptiv, weil dadurch kein Sachverhalt konkret beschrieben werden könne; darüber hinaus habe dieser ein starkes evaluatives Element, da der Begriff Fake News eine negativ behaftete Bewertung über die Meldung an sich umfasst.[71] Des Weiteren weist der Begriff „Fake News" ein deutliches expressives Element auf, indem eine negativ konnotierte Gefühlshaltung des Verwenders der Begrifflichkeit Fake News entweder in Bezug auf den Sender oder Empfänger der Meldung

---

69 *Anna Lutz*, Kampfbegriff Fake News abschaffen vom 09.05.2017, URL: https://www.pro-medienmagazin.de/medien/journalismus/2017/05/09/kampfbegriff-fake-news-abschaffen/ (Abrufdatum: 14.03.2021)

70 *Christian Wendelborn*, Warum wir auf den Begriff „fake news" verzichten sollten, Blogbeitrag auf philosophie.ch, URL: https://www.philosophie.ch/blogartikel/highlights/philosophie-aktuell/warum-wir-auf-den-begriff-fake-news-verzichten-sollten (Abrufdatum: 14.03.2021).

71 a.a.O.

zum Ausdruck gebracht werde.[72] *Wendelborn* resümiert in seinem Beitrag, dass die Vorbelastung des Begriffs eine konstruktive und sachorientierte Diskussion über Fake News verhindere.

Diese Argumentation ist grundsätzlich nachvollziehbar. Es kann der Vergleich zur Flüchtlingskrise in den Jahren ab 2015 gezogen werden. In dieser Zeit gab es zahlreiche ideologisch geprägte Kampfbegriffe, die eine Diskussion um die unterschiedlichen Themen von Asyl und Migration erheblich erschwert haben.

Dessen ungeachtet ist es für die Rechtswissenschaft nichts Neues, umgangssprachliche Begriffe aufzugreifen, mit einem subsumierbaren objektiven und subjektiven Tatbestand zu untermauern und in der Praxis brauchbare Rechtsfolgen abzuleiten. Zu denken ist beispielsweise an das Phänomen „Stalking". Der Begriff des Stalkings findet sich in keiner Rechtsnorm der österreichischen oder deutschen Rechtsordnung, gleichwohl stellt etwa § 107a österreichisches StGB bzw. § 238 deutsches StGB ein derartiges Verhalten unter Strafe. In diesem Kontext hat der Gesetzgeber bei Regelung dieses Tatbestandes diesen Anglizismus als beharrliches Verfolgen bzw. Nachstellen beschrieben, im Rahmen dessen der Täter etwa die räumliche Nähe zu seinem Opfer aufsucht, dieses Täterverhalten über einen längeren Zeitraum andauert und dies zu einer Beeinträchtigung der Lebensführung des Opfers führt.

Demnach sollte der Begriff „Fake News" nicht vermieden oder aus der Debatte gestrichen werden, sondern vielmehr das Recht

[72] a.a.O.

der Lebenswirklichkeit und damit auch diesem Phänomen sowie dessen Präsenz in der Alltagssprache der Menschen angepasst werden. Dementsprechend bedeutsam ist es, das tatsächliche Problem mit Fake News zu beschreiben und bestehende Begriffsfassungen zu würdigen. Dies geschieht im Folgenden, um dem Begriff in rechtlicher Hinsicht Kontur zu verleihen.

2. Verändertes Nutzungsverhalten von Medien

Fake News sind in jüngerer Vergangenheit in das Bewusstsein einer breiten Öffentlichkeit gerückt. Dies liegt nicht zuletzt an einem veränderten Verhalten der Gesellschaft in Bezug auf die Nutzung von Medien.

Die nachfolgend dargestellten Entwicklungen betreffen den gesamten deutschen Sprachraum. Die Entwicklungen werden auf Basis der vorhandenen Zahlen für Deutschland dargestellt, da diese mit der Entwicklung in Österreich im Wesentlichen übereinstimmen oder diese vorwegnehmen. Die nachfolgende Darstellung erfolgt mit Zahlen der ARD-ZDF-Onlinestudie, die es seit 1997 jährlich gibt. Damit werden Entwicklungen nach einer einheitlichen Methode über diesen längeren Zeitraum aufgezeigt.

Die markantesten Veränderungen haben „Social Media" mit sich gebracht. In der Anfangsphase des Internets bzw. im sog. „Web 1.0" gab es im Vergleich zu heute nur wenige Bereitsteller von Informationen, die eine Website unterhielten. Diese Informationen konnten von vielen Nutzern konsumiert werden. Es gab ähnlich wie beim Rundfunk eine klar erkennbare Struktur von Sendern und Empfängern.

Mit dem „Web 2.0" haben die Quantität der Internetnutzung und die technischen Möglichkeiten eine neue Qualität des Internets mit sich gebracht.[73] Das Web 2.0 hat ein ganzes Bündel an zusätzlichen Kommunikations- und Informationskanälen hervorgebracht, das die Produktion und Verteilung von Inhalten für alle ermöglicht und erleichtert. Dies geschieht letztlich, indem Anwendungen weg vom lokalen Computer „ins Internet hinein" verlagert werden. Eine Grundlage ist geschaffen, damit die von einem Internetnutzer bereitgestellte Information von einem anderen Nutzer weiterverarbeitet werden kann und auf die Ursprungsinformation aufbauende Informationen veröffentlicht werden.

Diese Entwicklung mündete im Durchbruch der „sozialen Netzwerke" wie insbesondere WhatsApp, Facebook, Instagram, Snapchat, Twitter, Twitch und TikTok. Diese Plattformen ermöglichen es ihren Nutzern technisch, schnell und einfach Inhalte mit anderen ausgewählten Nutzern bzw. „Freunden" oder einer unbegrenzten Öffentlichkeit zu teilen. Die zur Verfügung gestellten Inhalte können von anderen Nutzern wieder geteilt werden. Durch die ursprüngliche Veröffentlichung und die Wei-

---

73 *Norbert Schulz-Bruhdoel/ Michael Bechtel*, Medienarbeit 2.0, S. 87; wohl zurecht erfolgt der Hinweis darauf, dass auch der Begriff des Web 2.0 nur ein „Jargonausdruck" sei, da sich am Internet relativ wenig und am Nutzerverhalten jedoch sehr viel geändert habe.

terverbreitung durch andere Nutzer kann in kürzester Zeit eine immense Reichweite erlangt werden.

Im Jahr 1997 haben nur 7 Prozent der deutschsprachigen Bürger über 14 Jahren angegeben, das Internet zumindest gelegentlich zu nutzen. Im Jahr 2009 gaben 67 Prozent dieser Personengruppe an, das Internet zumindest gelegentlich zu nutzen. Im Jahr 2020 stieg die Zahl der Internetnutzer auf 94 Prozent an.[74] Mehr als zwei Drittel der Referenzgruppe nutzen täglich Messenger wie WhatsApp, 80 Prozent nutzen Messengerdienste mindestens einmal wöchentlich.[75]

Die mediale Internetnutzung bzw. die Nutzung abseits der Individualkommunikation über E-Mail, Chat etc. und der sonstigen Nutzung wie Einkaufen, Onlinebanking oder Onlinespiele erreicht täglich die Hälfte der im Rahmen der Studie befragten Menschen; bei Einbezug der Personen, die diese Netzwerke „mindestens selten" nutzen, beträgt die Reichweite des medialen Internets sogar rund 80 Prozent.[76] Facebook wird von 37 Prozent mindestens einmal pro Monat genutzt.[77]

Der überwiegende Anteil der medialen Internetnutzung betrifft den Konsum von Bewegtbildern, gefolgt von Audio. Nur etwa

---

74 *Natalie Beisch/ Carmen Schäfer*, Ergebnisse der ARD/ZDF-Onlinestudie 2020, S. 463 URL: https://www.ard-zdf-onlinestudie.de/files/2020/0920_Beisch_Schaefer.pdf (Abrufdatum: 02.04.2021).

75 *Beisch / Schäfer*, Ergebnisse der ARD/ZDF-Onlinestudie 2020, S. 466 f.

76 *Beisch / Schäfer*, Ergebnisse der ARD/ZDF-Onlinestudie 2020, S. 468 und 473.

77 *Beisch / Schäfer*, Ergebnisse der ARD/ZDF-Onlinestudie 2020, S. 474.

die Hälfte der Reichweite von Bewegtbildern erreicht ein ausschließliches Textangebot.[78]

Gleichzeitig ist die Internetnutzung mobiler geworden. Im Jahr 2019 nutzten fast drei Viertel der Bevölkerung das Internet von einem mobilen Endgerät aus. Im Jahr 2020 gab es einen leichten Rückgang von 74 Prozent auf 71 Prozent, der jedoch auf die pandemiebedingten Ausgangsbeschränkungen im Befragungszeitraum zurückzuführen sein dürfte.[79] Das bedeutet, dass der Informationsfluss dynamischer und schneller verläuft.

Im Vergleich dazu sinken die Auflagen der Tageszeitungen dramatisch. Wurden im Jahr 1997 noch 24,6 Millionen Exemplare von Tageszeitungen in Deutschland aufgelegt, betrug die Auflage im Jahr 2020 nur noch 12,5 Millionen – das entspricht nahezu einer Halbierung.[80] Die auflagenstärkste Zeitung in Deutschland ist die BILD-Zeitung mit einer Auflage von etwa 1,2 Millionen Exemplaren. Angaben zur Reichweite klassischer Tageszeitungen divergieren zum Teil stark. Ein Grund dafür sind Hochrechnungen, wie oft eine verkaufte Zeitung mutmaßlich gelesen wird. Deshalb erscheint es sinnvoll, etwa mit der Printwerbewirtschaft die Auflagenanzahl als relevante Größe auszusehen. Der Bundesverband der Digitalpublisher und Zeitungsverleger BDZV e. V. geht davon aus, dass die Tageszeitun-

---

78 *Beisch / Schäfer*, Ergebnisse der ARD/ZDF-Onlinestudie 2020, S. 469.

79 *Beisch / Schäfer*, Ergebnisse der ARD/ZDF-Onlinestudie 2020, S. 476.

80 URL https://de.statista.com/statistik/daten/studie/72084/umfrage/verkaufte-auflage-von-tageszeitungen-in-deutschland/#professional (Abrufdatum: 02.04.2021).

gen gedruckt und digital über E-Paper u. Ä. eine Reichweite von 79,4 Prozent bei der deutschsprachigen Bevölkerung über 14 Jahren haben.[81] Die Zahlen belegen, dass der Konsum der gedruckten Tageszeitung rückläufig ist.

Diese Entwicklung zeigt nicht nur auf, dass sich der Verbreitungskanal weg vom Papier und hin zu digitalen Verbreitungsformen verändert. Diese Entwicklung geht auch mit einem Qualitätsverlust der Informationen einher.

Die „klassischen Medien" wie Zeitungen, Rundfunk und Fernsehen arbeiten nach Qualitätsstandards, die zum Teil gesetzlich und zum Teil im Rahmen von Selbstverpflichtungen wie dem Pressekodex geregelt sind. Dazu zählen insbesondere die Pflicht zur Veröffentlichung von Impressumsangaben, die Pflicht zur Nennung des Autors, der Anspruch auf Auskunftserteilung gegenüber staatlichen Behörden[82], der Umgang mit Quellen, Zeugnisverweigerungsrechte gegenüber staatlichen Stellen und sonstigen Dritten zum Schutz von Informanten, Trennung von Bericht und Meinung sowie die Kenntlichmachung von Werbung.

Die sozialen Netzwerke bieten hingegen lediglich die technische Möglichkeit zur Veröffentlichung von Inhalten der Nutzer. Es

---

81 URL https://www.bdzv.de/alle-themen/marktdaten#c33585 (Abrufdatum 02.04.2021).

82 In nahezu allen deutschen Pressegesetzen der Länder ist ein Auskunftsanspruch gegenüber Behörden normiert; in Österreich gibt es weitgehende gesetzliche Verschwiegenheitspflichten, die jedoch von der Rechtsprechung deutlich aufgeweicht wurden: vgl. Verwaltungsgerichtshof, Urteil vom 29.05.2018, Az.: Ra 2017/03/008310.

ist kein Redakteur vorhanden, der Inhalte auf Qualität oder die Einhaltung von Recht und Gesetz wie insbesondere die Menschenwürde oder von ethischen Standards überprüft. Deshalb haben Fake News und Unwahrheiten auf solchen Plattformen leichtes Spiel und erreichen einen hohen Grad an Verbreitung.

Die enorme Reichweite der sozialen Netzwerke und die rasante Geschwindigkeit der Verbreitung haben Einfluss auf die öffentliche Meinung. Öffentliche Meinung ist in der Politikwissenschaft ein schwer fassbarer Begriff, der über das Ergebnis von Meinungsumfragen bzw. demoskopische Ergebnisse oder die Addition von Einzelmeinungen hinausgeht.[83] Die öffentliche „Meinung" im politikwissenschaftlichen Sinne ist keine Meinungsäußerung im rechtlichen Sinne in Abgrenzung zur Tatsachenbehauptung. Meinung in diesem Kontext ist vielmehr mit Äußerung gleichzusetzen. In der Kommunikationswissenschaft wird von der „veröffentlichten Meinung" im Hinblick darauf gesprochen, dass zur öffentlichen Meinung auch nicht öffentlich artikulierte Meinungen gehören (Stichwort „schweigende Mehrheit").[84] Daher bleibt die Frage offen, ob die jeweils veröffentlichte Meinung eine Minderheiten- oder Mehrheitenmeinung darstellt. Tatsache ist jedoch, dass die veröffentlichten Meinungen für sich Meinungsführerschaft allein dadurch beanspruchen und suggerieren, dass diese es in die Öffentlichkeit geschafft haben. Eine veröffentlichte Äußerung wird von Menschen gerne

83 *Felder*, Juristische Textarbeit im Spiegel der Öffentlichkeit, S. 246.

84 *Felder*, a.a.O.

als Referenz verwendet. Es ist richtig, dass die veröffentlichte Äußerung als Referenz für die Veröffentlichung an sich dient – nicht jedoch für den Umstand, dass die veröffentlichte Äußerung tatsächlich wahr ist. Das menschliche Verhalten ist jedoch darauf angelegt, Äußerungen für wahr zu halten, die auch andere Menschen für wahr halten. Dieses Phänomen wird als Informationskaskade bezeichnet und ist problematisch, wenn gezielte Falschinformationen sich auf diese Weise im öffentlichen Meinungsdiskurs verfestigen.[85] Das Internet fördert die Bildung sog. Echokammern, bei denen die Anhänger einer Meinung unter sich bleiben und diese Informationen dadurch verfestigen.[86]

Die klassischen Medien tragen über eine redaktionelle „Qualitätskontrolle" dazu bei, dass Informationskaskaden und Echokammern aufgelöst werden. Dies geschieht durch das Veröffentlichen von Richtigstellungen und Durchführen von Faktenchecks. Gleichzeitig steht insbesondere der öffentlich-rechtliche Rundfunk aufgrund dessen Beitragsfinanzierung immer wieder in der Kritik und muss sich „mangelnde Unabhängigkeit" vorhalten lassen.[87]

Diese Zweifel an der Unabhängigkeit des öffentlich-rechtlichen Rundfunks spiegelt die ARD-ZDF-Onlinestudie 2020 jedoch nicht wider. Bei der Frage nach der journalistischen Qualität

---

85 Eingehend hierzu: *Jaster/ Lanius*, Die Wahrheit schafft sich ab, S. 61 f.

86 *Jaster/ Lanius*, Die Wahrheit schafft sich ab, S. 68 ff.

87 URL: https://www.mdr.de/medien360g/medienpolitik/debatte-rundfunkbeitrag-100.html (Abrufdatum 03.04.2021).

schneiden die öffentlich-rechtlichen Rundfunkanbieter in Bezug auf Glaubwürdigkeit („bieten glaubwürdige Inhalte“), Kompetenz („bieten kompetent gemachte Inhalte“) und Unabhängigkeit („sind unabhängig von politischen und wirtschaftlichen Interessen“) besonders gut ab. Diese liegen zusammen mit den Zeitungen und Zeitschriften auf den vorderen Plätzen mit Zustimmungswerten zwischen 78 Prozent und 84 Prozent bei Glaubwürdigkeit und Kompetenz bzw. 54 Prozent bis 62 Prozent bei Unabhängigkeit.[88] Bei Unterhaltungsangeboten erzielen private Anbieter wie Spotify, Netflix und Amazon Prime Video ebenfalls hohe Kompetenzwerte in Bezug auf die Machart. Privatfernsehen und soziale Medien wie insbesondere Facebook und Instagram wird mit 27 Prozent die geringste Glaubwürdigkeit, mit 35 Prozent die geringste Kompetenz und mit 26 Prozent die geringste Unabhängigkeit zugeschrieben.[89] Auch bei der Frage nach dem gesellschaftlichen und gesellschaftspolitischen Mehrwert schneiden die öffentlich-rechtlichen Fernseh- und Radioanbieter zusammen mit den Zeitungen und Zeitschriften ebenfalls mit Zustimmungswerten zwischen 82 Prozent und 86 Prozent besonders gut ab; bemerkenswert ist jedoch, dass die sozialen Netzwerke vor den privaten Fernsehanbietern und den

---

88 *Breunig/ Handel/ Kessler*, Massenkommunikation 2020: Nutzungsmotive und Leistungsbewertungen der Medien, S. 612 ff., URL https://www.ard-zdf-massenkommunikation.de/files/Download-Archiv/MK_2020/MK_Langzeitstudie_2020_Nutzungsmotive_und_Leistungsbewertungen.pdf (Abrufdatum: 03.04.2021).

89 a.a.O.

reinen Unterhaltungsdiensten mit einem Zustimmungswert von 41 Prozent rangieren.[90]

Die Mediennutzung und damit das Informationsverhalten in der Gesellschaft sind virtueller, mobiler und schneller geworden. Dieser Trend setzt sich mit zunehmender Digitalisierung wohl fort. Des Weiteren nimmt die Bedeutung von reinen Plattformangeboten ohne journalistisch-redaktionellen Hintergrund zu. Jeder Internetnutzer kann zum „Bürgerreporter" werden und mit seinen Informationen eine breite Öffentlichkeit erreichen. Diese Entwicklung mag segensreich sein, wenn etwa an politische Dissidenten in totalitären Staaten gedacht wird, die ein Bewusstsein für ihre Situation schaffen und über außenpolitischen Druck Veränderungen in ihren Heimatländern erzeugen wollen. Diese Entwicklung birgt aber auch die Gefahr, dass die Qualität des pluralistischen Meinungsbildungsprozesses Schaden nimmt. Dies geschieht, wenn Desinformationen gezielt in politische Debatten eingebracht werden. Diese Gefahr steigt, wenn sich ein Informationsverhalten wie etwa der US-amerikanischen Gesellschaft auch bei uns durchsetzt: dort informieren sich zwischenzeitlich drei von fünf Erwachsene ausschließlich über soziale Netzwerke.[91]

---

90 a.a.O., S. 616.

91 *Holznagel*, Phänomen „Fake News" – Was ist zu tun?, MMR 2018, 18, 19.

3. Begriffliche Eingrenzung und Unterscheidung von Satire

Fake News können wörtlich als „falsche Nachrichten" übersetzt werden. Nachrichten stellen eine wertungsfreie Berichterstattung über Geschehensabläufe dar. Somit sind Fake News unter Berücksichtigung sämtlicher bisher gewonnener Erkenntnisse dem Bereich der Tatsachenbehauptungen zuzurechnen.

Facebook übersetzt Fake News in seinen Gemeinschaftsstandards mit dem Begriff „Falschmeldungen" und führt dazu in Ziffer 21 der Gemeinschaftsstandards wie folgt aus:

> „Wir nehmen unsere Verantwortung sehr ernst, die Verbreitung von Falschmeldungen auf Facebook zu reduzieren. Uns ist jedoch auch bewusst, dass es sich hierbei um ein schwieriges und heikles Thema handelt. Wir möchten die Menschen dabei unterstützen, stets informiert zu sein, ohne die produktive öffentliche Diskussion zu behindern. Zudem besteht nur ein schmaler Grat zwischen Falschmeldungen und Satire oder Meinungen. Daher entfernen wir Falschmeldungen nicht von Facebook, sondern reduzieren stattdessen ihre Verbreitung erheblich, indem wir sie weiter unten im News Feed anzeigen."[92]

Die Auffassung von Facebook deckt sich mit den gewonnenen Erkenntnissen, dass Fake News dem Spektrum der Tatsachenbehauptungen zuzuordnen sind. Im Einklang mit den Gemeinschaftsstandards von Facebook erscheint eine Abgrenzung von

---

92 URL https://www.facebook.com/communitystandards/false_news (Abrufdatum: 07.04.2021).

Fake News und Satire geboten. Das Spektrum von Satire reicht von reinen Textdarstellungen bis hin zu audiovisuellen Beiträgen oder Karikaturen. Satire setzt darauf, in „provokanter und frivoler Weise“[93] mit Übertreibungen, Verzerrungen und Verfremdungen zu arbeiten. Es gehört auch zur Satire, dass nicht jeder Rezipient diese erkennt. Einige reagieren durchaus empört darauf oder begrüßen diese lautstark im Sinne eines „Endlich traut sich mal einer, das auszusprechen“. Satire fällt nicht nur unter die Meinungsfreiheit, sondern auch unter die Kunstfreiheit, was bei der Abwägung widerstreitender Interessen beachtet werden muss. Im Ergebnis sind die Schranken beider Grundrechte sehr ähnlich, weshalb es keiner umfassenden Abgrenzung des jeweiligen Schutzbereichs bedarf.[94]

Die Rechtsprechung in Österreich sowie in Deutschland verlangt eine Deutung der Satire anhand sog. werkgerechter Maßstäbe.[95] Dementsprechend muss bei Äußerungen eine Gesamtbetrachtung erfolgen und der „Aussagekern“ sowie die „Einkleidung“ müssen ermittelt werden.[96] Der Aussagekern und dessen Einkleidung sind dahingehend gesondert zu untersuchen, ob eine die Menschenwürde verletzende Schmähung vorliegt. Die Rechtsprechung legt sodann einen weniger strengen Bewer-

---

93 OGH, Urteil vom 21.11.2006, Az.: 4 Ob 166/06z.

94 OLG Hamburg, ZUM-RD 2018, 484, 489 (Böhmermann); Faßbender NJW 2019, 705, 707.

95 RIS-Justiz RS0031735, BVerfG NJW 1987, 2661, BVerfG NJW 2002, 3767.

96 OGH, Beschluss vom 24.10.2016, Az.: 6 Ob 52/16i.

tungs- und Prüfungsmaßstab für die Beurteilung der Einkleidung als für die Bewertung des Aussagekerns an, weil diesem bei der Satire die Stilmittel der Übertreibung und Verfremdung wesenseigen anheften.[97] Die Abgrenzung von Satire zu Fake News macht damit in formaler Hinsicht aus, ob eine künstlerische Betätigung des Äußernden vorliegt; in subjektiver Hinsicht geht es darum, ob die Äußerung in Täuschungsabsicht erfolgt ist.

Romy Jaster und *David Lanius* gehen davon aus, dass Fake News an zweierlei Mängeln leiden. Zum einen ist dies ein Mangel an Wahrheit. Dieser wird dadurch begründet, dass eine Äußerung entweder falsch oder irreführend ist. Der zweite Mangel besteht bei der Wahrhaftigkeit des Äußernden, der entweder in Täuschungsabsicht handelt oder mit Gleichgültigkeit in Bezug auf Wahrheit agiert.[98] Unter diese Definition lassen sich freilich viele Fake News subsumieren, insbesondere wenn dabei etwa an den Ex-Spiegel-Journalisten *Claas Relotius* gedacht wird. Im Dezember 2018 wurde bekannt und von *Relotius* auch eingeräumt, dass er viele Reportagen teilweise frei erfunden hatte. Die erwähnte Definition von *Jaster* und *Lanius* enthält ein prägendes subjektives Element: die Täuschungsabsicht oder Gleichgültigkeit in Bezug auf die Wahrheit. Im Fall *Relotius* kann das Vorliegen dieser Wesensmerkmale von Fake News – jedenfalls aus der Ex-post-Perspektive – nur aufgrund des Geständnisses[99] angenommen

---

97 *Faßbender* NJW 2019, 705, 708.

98 *Jaster/ Lanius*, Die Wahrheit schafft sich ab, S. 31 ff.

99 *Fehrle/ Höges/ Weigel* in Der Spiegel vom 25.05.2019, Der Fall Relotius, S. 137.

werden. *Relotius* hatte gegenüber der stellvertretenden Ressortleiterin *Özlem Gezer* angegeben: „Es ging nicht um das nächste große Ding. Es war die Angst vor dem Scheitern“ und „Mein Druck, nicht scheitern zu dürfen, wurde immer größer, je erfolgreicher ich wurde.“[100] Damit läge ein Fall von Gleichgültigkeit in Bezug auf die Wahrheit vor, da *Relotius* seine Täuschungsabsicht bestritten hatte.

Dieses subjektive Tatbestandsmerkmal ist jedoch ohne eine Anhörung des Urhebers oder Verbreiters von Fake News im juristischen Sinne nicht zu klären, denn über die eigene innere Geisteshaltung kann nur die Person selbst Auskunft geben. Der immensen Bedeutung der Äußerungsfreiheit in einem demokratischen Rechtsstaat läuft es zuwider, eine Äußerung auf die Geisteshaltung oder die Gesinnung des Äußernden hin zu überprüfen.

An der Begriffsfassung von *Jaster* und *Lanius* ist weiter problematisch, dass Fake News ohne dieses subjektive Element bzw. „schuldlos“ weiterverbreitet werden können; und zwar immer dann, wenn der Äußernde sich konkret auf eine vorausgehende Veröffentlichung bezieht. Allein mit dem Einschub „Wie im Spiegel zu lesen war“ würde die Aussage auf die wahre Tatsache der Veröffentlichung beschränkt, aber gleichzeitig der unwahre Inhalt wiederholt.

---

100 *Fehrle/ Höges/ Weigel* in Der Spiegel vom 25.05.2019, Der Fall Relotius, S. 131, 137.

Mit Blick auf den Fall *Relotius* wird sichtbar, dass eine „Zeitungsente“ bzw. eine leichtfertige oder irrtümlich falsche Nachricht bzw. Missinformation nicht mit dem Begriff Fake News gemeint ist.[101] In diesem Fall besteht die Bereitschaft und das Interesse an Richtigstellung durch den Verbreiter der Nachricht.

4. Zwischenergebnis und rechtliche Begriffsfassung

„Fake News“ bezeichnet unter Berücksichtigung der vorgenannten Ausführungen Desinformationen bzw. bewusst unwahre Tatsachenbehauptungen mit dem Ziel der Desorientierung der Öffentlichkeit unter Ausnutzung der schnellen und viralen Ausbreitung von Meldungen in sozialen Netzwerken.[102] Eine Meinungsäußerung wird als Fake News zu bewerten sein, wenn diese insgesamt auf falsche Tatsachen gestützt wird.[103] Diese Schwerpunkttheorie ist dem Äußerungsrecht nicht fremd. Zusammenfassend betrachtet ist es vorzugswürdig, Fake News mit „gefälschte Nachricht“ zu übersetzen.

Fake News sind somit in rechtlicher Hinsicht eine Unterkategorie der unwahren Tatsachenbehauptung. Der persönlich Betroffene hat bereits bei Vorliegen einer unwahren Tatsachenbehauptung einen verschuldensunabhängigen Unterlassungsan-

---

101 *Holznagel*, MMR 2018, 18.

102 So auch *Peifer*, Fake News und Providerhaftung, CR 2017, 803; Wissenschaftlicher Dienst des Bundestags, Fake-News: Definition und Rechtslage, Az.: WD 10 – 3000 – 003/17, S. 6.

103 *Holznagel*, MMR 2018, 19; vgl. auch die Ausführungen zum Äußerungsrecht im Zusammenhang mit der Wissenschaftsfreiheit.

spruch. Verschuldensunabhängig sind auch mögliche Ansprüche auf Richtigstellung, Nichtaufrechterhaltung, Distanzierung oder Ergänzung. Nur im Fall des Nachweises eines Verschuldens besteht die Möglichkeit als Betroffener, den unwahre Tatsachenbehauptungen Äußernden auf Widerruf seiner Äußerung in Anspruch zu nehmen. Würde bei den bestehenden Ansprüchen des Betroffenen eine subjektive Tatbestandsvoraussetzung beim Urheber bzw. Verbreiter unwahrer Tatsachenbehauptungen zusätzlich verlangt werden, führt dies unweigerlich zur Schwächung der Rechtsposition des in seinen Rechten Verletzten.

Einen anderen Ansatz zeigen die Gemeinschaftsstandards von Facebook. Diese eröffnen den einzelnen Nutzern keinen subjektiven Rechtsanspruch. Facebook nutzt „Signale, einschließlich Feedback unserer Nutzerinnen und Nutzer, mit denen wir ein Machine- Learning-System trainieren, das voraussagt, welche Meldungen falsch sein könnten.“[104] Damit entscheidet das Ausmaß an Nutzerbeschwerden und eine Wahrscheinlichkeitsberechnung einer künstlichen Intelligenz unabhängig von einer persönlichen Betroffenheit darüber, ob der Verbreitungsgrad einer Nachricht eingeschränkt wird oder nicht. Eine gerichtliche Überprüfung dieser facebookinternen Maßnahmen ist jedoch kaum möglich.

---

104 URL https://www.facebook.com/communitystandards/false_news (Abrufdatum: 07.04.2021).

III. Zusammenfassung

Fake News stellen sich als echte Herausforderung für einen auch unter Verwendung von Massenmedien und digitalen Verbreitungskanälen geführten pluralistischen Meinungsbildungsprozess dar. Diese verfälschen bewusst die Diskussionsgrundlage und wollen die Rezipienten in die Irre führen.

Mit dieser Irreführung werden in aller Regel wirtschaftliche oder politische Absichten nicht in konstruktiver, sondern in zumeist destruktiver Weise verfolgt. Das Ziel von Fake News ist regelmäßig schon erreicht, wenn Verunsicherung bei den Rezipienten hervorgerufen wird. Die sozialen Netzwerke wirken bei viralen Verbreitungsmöglichkeiten wie ein Brandbeschleuniger, da viele Nutzer – oft ganz unbewusst – zu „Superspreadern" werden.

Fake News bedeuten für den klassischen Journalismus, dass die Anforderungen an Recherche und Aktualität der Veröffentlichungen steigen. Während sich Fake News rasant verbreiten, muss der Journalismus noch Recherchearbeit leisten und Faktenchecks anbieten. Dabei stellt sich das veränderte Nutzerverhalten für die klassischen Verlagshäuser und journalistischen Medienangebote nicht besonders vorteilhaft dar: Das Vertrauen in deren Angebot schwindet, während sich alternative Informationsquellen wie insbesondere soziale Netzwerke steigender Beliebtheit bei den Nutzern erfreuen.

Fake News sind nicht nur ein inhaltsleerer und floskelhafter politischer Kampfbegriff. Es sind bewusst unwahre Tatsachenbehauptungen, bei deren Verbreitung bewusst auf die viralen Möglichkeiten des Internets gesetzt wird.

Jedes staatliche Vorgehen gegen Fake News läuft Gefahr, die Äußerungsfreiheit unverhältnismäßig zu beschränken. Wesenskern einer freiheitlichen Demokratie ist das Menschenrecht, dass jeder grundsätzlich alles sagen darf, ohne staatliche Repressionen fürchten zu müssen. Insbesondere vor dem historischen Hintergrund zweier Diktaturen im 20. Jahrhundert auf deutschem Boden ist besondere Achtsamkeit bei der Beschränkung der Äußerungsfreiheit geboten. In diesem Rechtsrahmen stellen Äußerungsverbote wie etwa die Leugnung des Holocaust die absolute Ausnahme dar und müssen in jedem Einzelfall besonders gerechtfertigt werden. Jede Äußerung, die unter dem Verdacht von Fake News steht, muss im Rahmen einer Einzelfallbetrachtung gewürdigt werden. Es ist zu prüfen, ob eine Tatsachenbehauptung vorliegt oder die Äußerung nicht doch durch das Dafürhalten geprägt ist und damit eine privilegierte Meinungsäußerung darstellt.

Zivilrechtliche Unterlassungsansprüche stehen nur dem von einer Äußerung persönlich Betroffenen zu. Äußerungen ohne Personenbezug sind nach geltendem Recht nicht unterlassungsfähig, da es kein absolutes Recht auf Wahrheit gibt. Das bedeutet, dass bestimmte unwahre Tatsachenbehauptungen nach geltendem Recht nicht verboten werden können. So z. B. auch die Behauptungen, es hätten Massenproteste gegen die Regierung stattgefunden, die Börsenkurse seien eingebrochen oder es habe eine Naturkatastrophe gegeben. Gleichwohl sind Äußerungen wie die Vorgenannten dazu geeignet, das Handeln der Menschen zu beeinflussen und erhebliche Verunsicherungen hervorzurufen. Vor allem dann, wenn diese sich viral verbreiten und somit Rezipienten von verschiedenen Seiten erreichen.

Abseits von rechtsstaatlichen Verfahren geht beispielsweise Facebook einen anderen Weg. Eine künstliche Intelligenz ermittelt anhand verschiedener und zum Betriebsgeheimnis zählender Faktoren, ob eine Äußerung mit gewisser Wahrscheinlichkeit unwahr sein könnte. Die entsprechende Äußerung wird sodann in ihrer viralen Reichweite eingeschränkt.

E. Fake-News in der juristischen Praxis und Lösungsansätze

Der in den Facebook-Richtlinien gewählte Ansatz stellt de facto einen Ausschluss des Rechtswegs dar. Danach trifft eine künstliche Intelligenz anhand von Wahrscheinlichkeiten eine verbindliche Entscheidung über die mögliche Reichweite einer Äußerung. Die Entscheidung von Unternehmen wie Facebook wird weder begründet noch überhaupt kommuniziert. Damit wird sowohl der unmittelbar Betroffene als auch der mittelbar als bewusster oder zufälliger Adressat einer Tatsachenbehauptung Betroffene in seiner Informationsfreiheit eingeengt. Es ist dieser Personengruppe nicht oder nur eingeschränkt möglich, sich ein umfassendes Bild über alle veröffentlichten Informationen zu machen; die künstliche Intelligenz nimmt eine automatische Abschirmung vor. Jedoch hat auch der Äußernde, dessen Information zu Unrecht vom Algorithmus als Fake News beurteilt wird, keine Handhabe zum Vorgehen gegen diese Einsortierung.

I. Ausgewählte praktische Probleme der Justiz

Es ist für das Recht schwer, lenkend einzugreifen. Gerade bei der Äußerungsfreiheit muss es jedoch einen rechtsstaatlichen Rahmen geben. Dieser wird im Folgenden skizziert, wobei sich die Darstellungen im Schwerpunkt auf das Privatrecht beziehen.

1. Anwendbares Recht

Die Verbreitung einer unwahren Tatsachenbehauptung stellt eine unerlaubte Handlung dar, sodass sich die Frage des anwendbaren Rechts mit dem Internationalen Deliktsrecht beantworten lässt. Grundsätzlich können verschiedene Orte maßgeblich und das an diesem Ort geltende Recht anwendbar sein: erstens der Ort, an dem eine Tatsachenbehauptung aufgestellt und abgefasst wird; zweitens der Ort, an dem die Nachricht zum Abruf gespeichert ist, regelmäßig also der Serverstandort des sozialen Netzwerks; oder drittens der Ort, an dem die unwahre Tatsachenbehauptung tatsächlich abgerufen wird.

Das OLG Düsseldorf[1] hatte folgenden Fall zu entscheiden:

> Der Kläger, ein nach eigenen Angaben in Deutschland wohnender deutscher Geschäftsmann, nahm die *New York Times* auf Beklagtenseite auf Unterlassung in Anspruch. Der Kläger sah sein Persönlichkeitsrecht beeinträchtigt durch einen in englischer Sprache verfassten Artikel, der sowohl in der Printausgabe als auch im Internetauftritt und Online-Archiv der Zeitung veröffentlicht wurde. Der Artikel ist online weltweit abrufbar. Thema des Artikels ist der Verdacht, dass ein Unternehmen, an dem der Kläger beteiligt ist, mehr als 1 Million US-Dollar an ukrainische Amtsträger gezahlt habe, um in den Besitz einer ukrainischen Fernsehlizenz zu gelangen. In dem Artikel wird über hieraus resultierende staatsanwaltliche Ermittlungen des Jahres 2000 berichtet

1 OLG Düsseldorf, Urteil vom 22.06.2011, Az.: I-15 U 17/08; die Sachverhaltsdarstellung wird im Folgenden der Entscheidung entnommen und verkürzt.

> und darüber, dass sich der Verdacht, bei der Zahlung könne es sich um eine verbotene Schmiergeldzahlung gehandelt haben, derart erhärtet habe, dass die zuständige Bundesstaatsanwältin eine Grand Jury einberufen und Zwangsmaßnahmen verhängt habe. Der Artikel erwähnt dabei auch namentlich den Kläger und stellt u. a. die Behauptung auf, die Einreise in die USA würde dem Kläger behördlich untersagt sein.

Das OLG Düsseldorf ging dabei von der Anwendbarkeit des deutschen Rechts aus. Dem Verletzten steht nach dem Internationalen Deliktsrecht ein Wahlrecht zwischen dem Recht des Handlungsortes und des Erfüllungsortes zu. Dies sieht das nationale Internationale Privatrecht (IPR) für Deutschland in Art. 40, 41 EGBGB vor. Die behauptete Rechtsverletzung sei zumindest auch in Deutschland eingetreten. Der Artikel sei in Deutschland bestimmungsgemäß abrufbar, weil dieser einen Bezug zum deutschen Inland aufweist und dadurch ein erhebliches Interesse deutscher Internetnutzer naheliegend sei. Der Kläger werde als deutscher Staatsbürger namentlich genannt und die angebliche Schmiergeldzahlung hätte über Deutschland abgewickelt werden sollen. Darüber hinaus fehlt es nach Auffassung des OLG Düsseldorf an einer wesentlich engeren Verbindung mit dem Recht der USA. US-Bürger finden in dem Bericht Erwähnung; das verlagere den Schwerpunkt nicht in die USA, da es auf die individuelle Betroffenheit des Klägers ankommt. Im Artikel stellen die Ausführungen über den Kläger gemessen an der Gesamtlänge des Artikels keine völlig untergeordnete Nebensächlichkeit dar.

Die Argumentation des OLG Düsseldorf ist schlüssig und hielt auch einer Überprüfung durch das deutsche BVerfG und den EGMR Stand.

Ein österreichisches Gericht wäre unter Anwendung des IPR-Gesetzes und der Rom-II-VO (Verordnung EG 864/2007 vom 11.07.2007) zu keinem anderen Ergebnis gekommen. Weil die Rechtsprechung auf den bestimmungsgemäßen Erfolgsort abstellt, werden zufällige Erfolgsorte der Verletzungshandlung vermieden. Würde beispielsweise über einen Außenminister die unwahre Tatsachenbehauptung einer außerehelichen Affäre aufgestellt und dieser erlangt auf einer Dienstreise in Südamerika Kenntnis hiervon, könnte dieser Politiker dennoch nach inländischem Recht seinen Unterlassungsanspruch verfolgen.

Nicht unerwähnt bleiben kann in diesem Zusammenhang der Ordre-Public-Vorbehalt. Dieser ergibt sich aus Art. 26 Rom-II-VO, auf den das österreichische IPR-Gesetz und Art. 6 EGBGB verweisen. Wenn es zu einer Anwendung ausländischen Rechts durch ein inländisches Gericht kommt, dürfen die ausländischen Rechtsnormen nur im Rahmen der Wert- und Wertungsmaßstäbe des inländischen Rechts zur Anwendung kommen.[2] Dies betrifft vor allem Fälle, bei denen vom Anspruchsgegner ein dem österreichischen und deutschen Recht fremder Strafschadenersatz – wie im angloamerikanischen Raum üblich („punitive damages“) – verlangt wird oder bei der Feststellung des Anspruchs dem Grunde nach eine Abwägung zwischen allgemei-

2 *Spindler/Schuster/Bach*, 4. Aufl. 2019, EGBGB Art. 40 Rn. 11.

nem Persönlichkeitsrecht des Betroffenen und Meinungs- bzw. Pressefreiheit des Äußernden nicht oder nur sehr eingeschränkt stattfindet.[3]

2. Zuständiges Gericht

Die Frage des sachlich und örtlich zuständigen Gerichts wurde in Österreich durch das Maßnahmenpaket zur Bekämpfung von Hass im Netz und der Einführung des § 549 ZPO in einer Weise geklärt, die nahezu keine Fragen offenlässt. Durch das fakultative Verfahren nach § 549 ZPO ist es einer Klagepartei möglich, nur über eine Schlüssigkeitsprüfung ähnlich wie im gerichtlichen Mahnverfahren zu einem Unterlassungstitel zu gelangen.[4] Macht die Klagepartei neben dem Anspruch auf Unterlassung weitere Ansprüche wie z. B. Schadenersatz geltend, steht der Rechtsweg wie bisher offen.

Originär sachlich zuständig für dieses Verfahren ist gemäß § 49 Abs. 2. Nr. 6 JN das Bezirksgericht. Zur Begründung wird vorgetragen, dass die Bezirksgerichte mit Blick auf die Zuständigkeit auch für Gewaltschutzverfahren eine größere Sachnähe hätten und einen einfacheren und bürgernahen Zugang insbesondere über den Amtstag bieten.[5] Für das Verfahren nach § 549 ZPO ist in § 59a JN ein fester Streitwert von 5.000 Euro festgelegt, was für das österreichische Zivilprozessrecht bemerkenswert ist.

---

3 *Spindler/Schuster/Bach*, 4. Aufl. 2019, EGBGB Art. 40 Rn. 35 ff.

4 *Mokrejs-Weinhappel* in ÖJZ 2021, 53.

5 *Mokrejs-Weinhappel*, a.a.O. m.w.N.

Somit ist für jeden Kläger das Prozesskostenrisiko begrenzt und kalkulierbar.

Örtlich zuständig ist bei Fällen ausschließlich mit Inlandsbezug das Bezirksgericht am Sitz des Beklagten nach den allgemeinen Regeln gemäß §§ 65 ff. JN. Bei grenzüberschreitenden Fällen bestimmt sich die örtliche Zuständigkeit nach Art. 7 Nr. 2 EuG-VVO. Diese Vorschrift ist europarechtskonform und nicht nach nationalem Recht auszulegen. Örtlich zuständig ist das Gericht des Ortes, an dem der Schädigungserfolg eintritt. Die Rechtsverletzung tritt bei Fake News in aller Regel am Sitz des von der Äußerung Betroffenen ein.[6]

Der Hostprovider im Sinne von § 16 E-Commerce-Gesetz (ECG) bzw. der Veranstalter einer Plattform im Internet übernimmt selbst keine redaktionelle Verantwortung für die Inhalte (z. B. Facebook) und kann zulässigerweise ebenso beklagte Partei in einem Verfahren nach § 549 ZPO sein. Dies setzt jedoch voraus, dass der Hostprovider gemäß § 16 Abs. 1 ECG nach einer erfolgten Abmahnung (vgl. § 20 Abs. 3 ABGB) positive Kenntnis von der Rechtsverletzung hat und die beanstandeten Inhalte trotzdem weiter speichert und öffentlich zugänglich hält. Mit diesen materiell-rechtlichen Bestimmungen wird die europäische E-Commerce-Richtlinie (ECRL; Richtlinie 2000/31/EG) umgesetzt, sodass sich die Rechtslage zwischen Österreich und Deutschland in Fragen der Haftung des Hostproviders nicht unterscheidet.

---

6 *Zöller-Geimer*, Kommentar zur ZPO, EuGVVO Art. 7 Rn. 63.

Das Mandatsverfahren wurde im ersten Halbjahr 2021, wie das Justizministerium auf Anfrage mitteilte, in ganz Österreich lediglich zwölfmal durchgeführt. Die übersandte Statistik für die ersten sechs Monate nach Einführung des Verfahrens zeigt, dass in acht von zwölf Fällen das zur Verfügung gestellte Formblatt verwendet wurde und in vier Fällen das Verfahren durch einen anwaltlichen Schriftsatz eingeleitet wurde. In fünf Fällen war der Antragsteller nicht anwaltlich vertreten und in vier dieser Fälle wurde gegen den betroffenen Antragsteller entschieden. Von den sieben Verfahren, in denen sich Betroffenen anwaltlich vertreten ließen, waren die Betroffenen in sechs Fällen erfolgreich. Die geringe Fallzahl ist nicht repräsentativ aber zeigt doch die Tendenz, dass dieses neue Verfahren nur selten genutzt wurde und sich ein Betroffener ohne anwaltliche Hilfe nicht einfach und unkompliziert mit seinem Unterlassungsanspruch durchsetzen kann.

Die Rechtslage in Deutschland zum Gerichtsstand ist im Vergleich mit Österreich komplexer. Im deutschen Zivilprozessrecht gibt es eine sachliche Sonderzuweisung weder für die Amtsgerichte gemäß §§ 23 Nr. 2, 23a Gerichtsverfassungsgesetz (GVG) noch für die Landgerichte gemäß § 71 Abs. 2 GVG. Das mit dem Unterlassungsanspruch verfolgte wirtschaftliche Interesse des Klägers muss zunächst wertmäßig beziffert werden. Dies erfolgt vom angerufenen Gericht nach freiem Ermessen gemäß § 3 ZPO. Bis zu einem Zuständigkeitsstreitwert von 5.000 Euro sind die Amtsgerichte und darüber hinaus die Landgerichte sachlich zuständig, §§ 23 Nr. 1, 71 Abs. 1 GVG. Die Rechtsprechung zur Wertbemessung ist mannigfaltig:

Das Amtsgericht Bad Segeberg hat den Regelwert gemäß § 23 Abs. 3 S. 2 Rechtsanwaltsvergütungsgesetz (RVG) in Höhe von 5.000 Euro für einen Unterlassungsantrag bezüglich *einer* streitig ehrverletzenden Tatsachenbehauptung auf Facebook angenommen.[7] Auch das Oberlandesgericht Frankfurt am Main hat den Streitwert von 5.000 Euro für die Unterlassung einer Falschbehauptung auf Facebook angenommen, nach dieser der dortige Antragsteller Facebook-Fans gekauft hätte.[8] Die Rechtsprechung weicht von diesem Wert sowohl nach oben als auch nach unten ab, etwa wenn die beanstandete Äußerung eine besondere Öffentlichkeit erfahren hat, das wirtschaftliche Fortkommen des Klägers schwerwiegend beeinträchtigt oder eben das Gegenteil der Fall ist.[9]

Sofern mehrere Streitgegenstände in einem Verfahren behandelt werden, ist vom Gericht keine Addition, sondern lediglich eine

---

7 AG Bad Segeberg, Beschluss vom 10.04.2014, Az.: 17a C 49/14 = NJOZ 2014, 899.

8 OLG Frankfurt, Beschluss vom 25.04.2013, Az.: 16 W 21/13.

9 LG Augsburg, Urteil vom 30.07.2015, Az.: 3 HK O 4563/14: 10.000 Euro für eine Äußerung, die angeblich das berufliche Fortkommen des Klägers beeinträchtigt; Landgericht Ingolstadt, Beschluss vom 28.11.2016, Az.: 53 O 1732/16): 4.000 Euro für eine unwahre Tatsachenbehauptung über einen katholischen Pfarrer in einer E-Mail an einen Bürgermeister und mehrere Gemeinderäte – mehrere gerügte Äußerungen führen zu einer Erhöhung des Streitwertes auf insgesamt 8.000 Euro.

angemessene Erhöhung des Zuständigkeitsstreitwertes vorzunehmen.[10] Das bedeutet im Ergebnis, dass sowohl die Amtsgerichte als auch die Landgerichte als sachlich zuständige Gerichte für das erstinstanzliche Verfahren infrage kommen. Der anwaltlich vertretene Anspruchsteller wird in Deutschland stets bemüht sein, seinen Fall vor ein Landgericht zu bringen; dort herrscht Anwaltszwang und ein Anspruchsgegner hat einen höheren Aufwand hinsichtlich der Anspruchserwiderung. Es besteht auch die Gefahr, dass der nicht anwaltlich vertretene Anspruchsteller durch prozessrechtliche Gegenargumente des Anspruchsgegners vom Amtsgericht an das Landgericht verwiesen wird und somit ein unvorhergesehenes Prozesskostenrisiko hat. Ein Zwischenstreit über die sachliche Zuständigkeit des angerufenen Gerichts kostet wertvolle Zeit, in der sich eine angegriffene Äußerung weiter viral verbreiten kann.

Die örtliche Zuständigkeit bei reinen Inlandsfällen in Deutschland eröffnet dem Anspruchsteller verschiedene Wahlmöglichkeiten gemäß § 35 ZPO. Der Anspruchsgegner kann an seinem allgemeinen Gerichtsstand, dem Wohn- oder Firmensitz gemäß §§ 12, 13, 17 Abs. 1 ZPO in Anspruch genommen werden. Es kann aber auch das Gericht angerufen werden, in dessen Bezirk die unerlaubte Handlung begangen wurde. Als Begehungsort für unerlaubte Äußerungen kommen drei Orte infrage: der Handlungsort, an dem die angegriffene Äußerung getätigt wurde; der Erfolgsort bzw. der Sitz des Betroffenen; oder der Ort, an dem

---

10 BGH MDR 2016, 1344; OLG Köln MMR 2017, 191.

die Beeinträchtigung bestimmungsgemäß Erfolg entfalten sollte.[11]

In Österreich wurde bei der Frage des sachlich und örtlich zuständigen Gerichts vom Gesetzgeber eine abschließende Regelung getroffen. Das Bezirksgericht am Sitz des Schädigers ist anzurufen, wenn ein schneller Unterlassungstitel über das neue Verfahren des § 549 ZPO angestrebt wird. Die klagende Partei hat durch die Festlegung eines Streitwertes ein klar kalkulierbares Kostenrisiko im niedrigen vierstelligen Bereich. Die Regelung in Deutschland hingegen bietet größere Flexibilität und ermöglicht ein gerichtliches Verfahren an einem für den Kläger günstigen Gerichtsstandort. Nachteilig ist hingegen, dass unter Umständen ein zeitintensiver Zwischenstreit über die sachliche und örtliche Zuständigkeit des angerufenen Gerichts geführt werden muss. Da die Parteien beim Landgericht gemäß § 78 Abs. 1 S. 1 ZPO zwingend von einem Rechtsanwalt vertreten sein müssen, ist das Kostenrisiko für die klagende Partei teils immens hoch – bei einem Streitwert von 10.000 Euro ist im Fall des vollständigen Unterliegens mit eigenen und fremden Anwalts- sowie den Gerichtskosten mit einem Betrag im mittleren vierstelligen Bereich zu rechnen. Dieses Risiko wird manchen Betroffenen davon abhalten, den Rechtsweg zu beschreiten; zumal die Klagepartei stets kostenvorschusspflichtig ist.

11 *Zöller-Schultzky*, Kommentar zur ZPO, § 32 Rn. 20.5 und 20.10.

3. Richtiger Anspruchsgegner, insbesondere Problem der Klarnamenpflicht im Internet

In den meisten Fällen eines Vorgehens von persönlich Betroffenen gegen Fake News ist es das größte Problem, den Anspruchsgegner und dessen Zustellanschrift herauszufinden. Der Austausch im Internet verläuft viral und über Orts- und Ländergrenzen hinweg. Verbreiter von Fake News können sich Phantasienamen bedienen oder unter falschem Namen auftreten. Auch wenn jemand mit seinem richtigen Namen auftritt, besteht erhebliche Verwechslungsgefahr. Beispielsweise kann an Äußerungen durch einen fiktiven *Thomas Müller* gedacht werden. Eine Begriffsklärungsseite von Wikipedia nennt fast vierzig zeitgeschichtliche oder historische Persönlichkeiten, die diesen Namen tragen.[12] Selbst in Verbindung mit einem Ortsnamen wird es nicht einfacher, den richtigen *Thomas Müller* als Anspruchsgegner zu identifizieren. Nahezu chancenlos ist ein Anspruchsteller, wenn sich diese fiktive Person im Internet nur unter einem Nicknamen wie „Thommy_24“ bewegt oder sich für zwielichtige Aktionen der Identität seines ebenfalls fiktiven Cousins *Andreas Müller* bedient.

Dieses einfache Beispiel zeigt, dass insbesondere der Hostprovider bzw. der Anbieter einer „virtuellen Pinnwand“ eine zentrale Rolle spielt, dessen Name bzw. Firmenbezeichnung und Zustellanschrift bekannt sind. Nach der geltenden Gesetzeslage in Ös-

---

12 URL https://de.wikipedia.org/wiki/Thomas_M%C3%BCller_(Begriffskl%C3%A4rung) (Abrufdatum: 17.07.2021).

terreich und Deutschland kann der Hostprovider selbst erst nach einer Abmahnung in Anspruch genommen werden. Für die Abmahnung mit angemessener Fristsetzung geht jedoch wertvolle Zeit verloren, in der sich die vom Kläger beanstandete unwahre Tatsachenbehauptung weiter viral verbreitet. Wurde das soziale Netzwerk als „virtuelle Pinnwand" abgemahnt und die beanstandete Äußerung gerichtlich tatsächlich verboten, stellt sich im Anschluss immer noch das Problem der Vollstreckung im Ausland, wie etwa im Fall von Facebook in Irland.

Wie kann der tatsächliche Urheber der unwahren Tatsachenbehauptung zur Verantwortung gezogen werden? In diesem Zusammenhang wird immer wieder ein „digitales Vermummungsverbot" bzw. eine „Klarnamenpflicht" im Internet gefordert. Diese Diskussion ist zuletzt durch den Entwurf des „Bundesgesetz[es] über Sorgfalt und Verantwortung im Netz" (SVN-G) der Regierung *Kurz-I* befeuert worden. Dieser Gesetzesentwurf ist nach dem Zerbrechen der ÖVP-FPÖ-Regierung im parlamentarischen Prozess stecken geblieben und dürfte wohl nach aktuellem Stand mit den Grünen als Koalitionspartner der ÖVP derzeit nicht mehr umsetzbar sein.[13]

In der gesamten Debatte um die Klarnamenpflicht ist zunächst eine Unterscheidung zwischen einem Pseudonymisierungsverbot einerseits und einem Anonymisierungsverbot andererseits vorzunehmen. Pseudonymisierungsverbot meint eine staatliche

---

13 *Ukrow* in ZD-Nachrichtenarchiv, URL: https://www.beck.de/cms/?toc=ZD.ARC.201905&docid=417714 (Abrufdatum: 18.07.2021).

Anordnung oder privatrechtliche Regelung, „die die Benutzung von Pseudonymen (‚nicknames‘) ausschließen und die Verwendung des tatsächlichen Namens einer Person bei der Benutzung von Telediensten fordern.“[14] Bei Anonymisierungsverboten ist hingegen die Benutzung eines Pseudonyms erlaubt; staatliche oder private Vorgaben verlangen jedoch, dass eine Speicherung und Verifikation des echten Namens sowie weiterer zur Strafverfolgung o. Ä. nötiger Daten des Nutzers durch den Telediensteanbieter erfolgt.[15] Auf Basis dieser Begriffsbestimmungen durch die Wissenschaftliche Dienste des Deutschen Bundestages ergeben sich insgesamt sechs juristische Konstellationen, die im Folgenden aufgelistet werden.

a) Klarnamenpflicht im Sinne eines Pseudonymisierungsverbotes aufgrund von Vorgaben des Dienstanbieters in seinen Nutzungsbedingungen

Es ist umstritten, ob mit Blick auf datenschutzrechtliche Vorgaben und insbesondere dem Prinzip der Datensparsamkeit ein privater Dienstanbieter eine entsprechende Vorgabe in seinen Nutzungsbedingungen machen darf.

Die Wissenschaftlichen Dienste des Deutschen Bundestages halten eine entsprechende Regelung für unzulässig[16] und bezie-

---

14 Wissenschaftlicher Dienst des Bundestags, Überblick über den aktuellen Diskussionsstand und rechtliche Grundlagen zum Thema „Klarnamenpflicht im Internet“, Az.: WD 10 – 3000 – 003/20, S. 6.

15 Ebd.

16 Ebd., S. 20.

hen sich dabei auf die Rechtsauffassung des Hamburgischen Datenschutzbeauftragten, der sich gegen ein Pseudonymisierungsverbot vor dem Oberverwaltungsgericht Hamburg[17] in einem Eilrechtsschutzverfahren wandte. In diesem Verfahren ging es primär um die Zuständigkeit einer deutschen Datenschutzbehörde und die Anwendbarkeit deutschen Rechts. Als weiteres Argument für die Unzulässigkeit einer entsprechenden vertraglichen Vereinbarung zum Pseudonymisierungsverbot wurde eine Entscheidung des LG Berlin[18] herangezogen, in der die Verwendung des Klarnamens als Verstoß gegen die Vorschrift im deutschen § 13 Abs. 6 Telemediengesetz (TMG) gewertet wurde. Diese Vorschrift lautet wie folgt:

> „Der Diensteanbieter hat die Nutzung von Telemedien und ihre Bezahlung anonym oder unter Pseudonym zu ermöglichen, soweit dies technisch möglich und zumutbar ist. Der Nutzer ist über diese Möglichkeit zu informieren."

Diese Vorschrift aus dem deutschen Telemediengesetz findet in § 18 Abs. 4 ECG keine Entsprechung. Die österreichische Vorschrift lautet wie folgt:

> „Die in § 16 genannten Diensteanbieter haben den Namen und die Adresse eines Nutzers ihres Dienstes, mit dem sie Vereinbarungen über die Speicherung von Informationen abgeschlossen haben, auf Verlangen dritten Personen zu übermitteln, sofern diese ein überwiegendes rechtliches In-

17 OVG 18 LG Berlin MMR 2018, 328 – bestätigt in der Berufungsinstanz durch KG, Urteil vom 20.12.2019, Az.: 5 U 9/18.

18 LG Berlin MMR 2018, 328 – bestätigt in der Berufungsinstanz durch KG, Urteil vom 20.12.2019, Az.: 5 U 9/18.

> teresse an der Feststellung der Identität eines Nutzers und eines bestimmten rechtswidrigen Sachverhalts sowie überdies glaubhaft machen, dass die Kenntnis dieser Informationen eine wesentliche Voraussetzung für die Rechtsverfolgung bildet."

In § 18 Abs. 4a ECG findet sich zusätzlich ein Richtervorbehalt.

Die Gesetzeslage in Österreich ermöglicht offensichtlich ein Pseudonymisierungsverbot über die Nutzungsbedingungen des Diensteanbieters. Ebenso sieht die neuere Rechtsprechung in Deutschland keine unzulässige Regelung in der Statuierung einer Klarnamenpflicht in den Nutzungsbedingungen. Das OLG München[19] führt dazu aus, dass die Ermöglichung einer pseudonymen Nutzung eines Dienstes für den Anbieter nicht zumutbar sei. Die Klarnamenspflicht stelle zulässigerweise eine Präventionsmaßnahme dar, um bei Verstößen als Dienstanbieter nicht selbst in Anspruch genommen zu werden. Die Auffassung der Wissenschaftliche Dienste des Deutschen Bundestages dürfte tatsächlich nicht mehr haltbar sein; vor allem wenn der Hostprovider bei Fake News und Hass im Internet stärker zur Verantwortung gezogen werden soll, muss zumindest eine Klarnamenpflicht in den Nutzungsbedingungen wirksam vereinbart werden können.

---

19 OLG München MMR 2021, 245; zustimmend: LG Frankfurt MMR 2021, 269.

b) Klarnamenpflicht im Sinne eines Pseudonymisierungsverbotes und eines Anonymisierungsverbotes aufgrund von Vorgaben des Dienstanbieters in seinen Nutzungsbedingungen

Die Kombination verpflichtet den Nutzer, im Forum des Hostproviders unter seinem wahren und vollständigen Namen gegenüber Dritten aufzutreten und darüber hinaus weitere Informationen zur Identifizierung wie Geburtsdatum und Anschrift gegenüber dem Hostprovider preiszugeben.

Die Wissenschaftlichen Dienste des Deutschen Bundestages gehen davon aus, dass eine dahingehende Vereinbarung als ein Mehr zum bloßen Pseudonymisierungsverbot dem Grundsatz der Datensparsamkeit widersprechen würde, die weiteren persönlichen Daten des Nutzers zur Abwicklung des Nutzungsvertrages nicht erforderlich wären und damit eine solche Parteivereinbarung rechtswidrig wäre.[20]

Dieser Argumentation kann nicht gefolgt werden. Der Hostprovider kann sich nur effektiv schadlos im Fall einer Inanspruchnahme auf Unterlassung beim jeweiligen Nutzer als Verursacher halten, wenn dieser dessen Geburtsdatum und ladungsfähige Anschrift kennt. Andernfalls stünde der Hostprovider vor dem gleichen Problem wie eingangs beschrieben, den richtigen *Thomas Müller* unter einer Vielzahl namensgleicher Personen zu

---

20 Wissenschaftlicher Dienst des Bundestags, Überblick über den aktuellen Diskussionsstand und rechtliche Grundlagen zum Thema „Klarnamenpflicht im Internet“, Az.: WD 10 – 3000 – 003/20, S. 21.

ermitteln. Eine entsprechende Verpflichtung zur Preisgabe von solchen Informationen ist damit auch in AGB rechtlich zulässig, weil ein Verbot für den Diensteanbieter unzumutbar wäre und dessen grundrechtlich geschützte Berufsfreiheit unverhältnismäßig einschränken würde.[21] Weder besteht nach dem deutschen TMG ein gesetzliches Verbot einer entsprechenden Verpflichtung noch führt die mittelbare Drittwirkung der Grundrechte zu einem Verbot. Bei einer Abwägung der betroffenen Schutzgüter im Rahmen einer AGB-Kontrolle bzw. der Äußerungsfreiheit des anonym Äußernden einerseits und der Berufsfreiheit des Hostproviders andererseits muss in dieser Konstellation die Äußerungsfreiheit nach überzeugender Argumentation von *Braam* zurücktreten: Einer anonymen Äußerung kommt im Vergleich zu einer inhaltsgleichen offenen Äußerung ein geringeres Gewicht zu; durch die fehlende subjektive Bereitschaft des Äußernden, zu seiner Äußerung offen zu stehen, sind der Wert des Beitrags in einem Kommunikations- und Meinungsbildungsbildungsprozess, aber auch die Möglichkeit zum argumentativen Gegenschlag eingeschränkt.[22]

---

21 *Braam*, Die anonyme Meinungsäußerung, S. 172.

22 *Braam*, a.a.O., S. 224.

c) Klarnamenpflicht im Sinne eines Anonymisierungsverbotes aufgrund von Vorgaben des Dienstanbieters in seinen Nutzungsbedingungen

Die Wissenschaftlichen Dienste des Deutschen Bundestages gehen davon aus, dass ein in den Nutzungsbedingungen zwischen Internetnutzer und Hostprovider vereinbartes reines Anonymisierungsverbot grundsätzlich möglich ist, wenn es der Abwicklung des Vertrages dient.[23] Dementsprechend sei die rechtliche Wirksamkeit einer solchen Vertragsklausel von der Erforderlichkeit dieser Daten für die Begründung, inhaltliche Ausgestaltung und Änderung des Vertrages mit dem Dienstanbieter abhängig, vgl. § 14 Abs. 1 TMG.[24] Diese enge Rechtfertigung für eine Identifizierbarkeit des einzelnen Nutzers greift jedoch zu kurz, wenn die überwiegende Rechtsprechung und Literatur die Zulässigkeit bereits aufgrund der anderweitigen Unzumutbarkeit für den Dienstanbieter gegeben sieht.

d) Klarnamenpflicht im Sinne eines Pseudonymisierungsverbotes aufgrund von gesetzlichen Vorgaben

Laut Ergebnis der Wissenschaftlichen Dienste des Deutschen Bundestages führt ein Pseudonymisierungsverbot dazu, dass

---

23 Wissenschaftlicher Dienst des Bundestags, Überblick über den aktuellen Diskussionsstand und rechtliche Grundlagen zum Thema „Klarnamenpflicht im Internet", Az.: WD 10 – 3000 – 003/20, S. 22.

24 Wissenschaftlicher Dienst des Bundestags, Überblick über den aktuellen Diskussionsstand und rechtliche Grundlagen zum Thema „Klarnamenpflicht im Internet", Az.: WD 10 – 3000 – 003/20, S. 22.

Diensteanbieter den Klarnamen jedes Nutzers analog zu einem Verfahren bei Registrierung von SIM-Karten gemäß §§ 111–113 Telekommunikationsgesetz (TKG) verifizieren müssten.[25] Die in § 111 TKG genannten Daten müssen staatlichen Stellen in einem nach § 112 TKG geregelten automatisierten Auskunftsverfahren und einem in § 113 TKG vorgesehenen manuellen Abrufverfahren zugänglich sein.

Eine dementsprechende Regelung stellt einen Eingriff in verschiedene Grundrechte dar, insbesondere das Recht auf informationelle Selbstbestimmung und das Recht auf Meinungsfreiheit.[26] Dieser Eingriff in die Grundrechte lässt sich nicht allein mit dem Kampf gegen Fake News und Hetze im Internet rechtfertigen. Ein derartiger gesetzlicher Eingriff ist nicht verhältnismäßig und verstößt gegen das Übermaßverbot. Die Einschränkung von Fake News und Hatespeech im Internet stellt ein verfassungslegitimes Ziel für eine gesetzgeberische Maßnahme dar.

Allerdings ist bereits die Geeignetheit des diese Grundrechte einschränkenden Gesetzes zu hinterfragen. Grundsätzlich kann der deutsche Gesetzgeber nur innerhalb der Grenzen der Bundesrepublik Deutschland gesetzgeberisch tätig werden. Soziale Netzwerke agieren jedoch international, sodass sich bereits bei einem Spaziergang um den Bodensee ein mögliches gesetzliches Pseudonymisierungsverbot bei der Anmeldung zu einem bestimmten

---

25 Wissenschaftlicher Dienst des Bundestags, Überblick über den aktuellen Diskussionsstand und rechtliche Grundlagen zum Thema „Klarnamenpflicht im Internet", Az.: WD 10 – 3000 – 003/20, S. 22.

26 *Braam*, a.a.O., S. 161 f.

Internetdienst umgehen ließe. Des Weiteren müsste die Umsetzung dieses Gesetzes auch kontrolliert werden; das erscheint schier unmöglich, ohne vorher eine Art Onlinedurchsuchung analog zu § 100b deutsche StPO bei den Nutzern für Ermittlungsbehörden zu erlauben. Die deutsche Vorschrift ermöglicht die Onlinedurchsuchung zurecht nur bei abschließend genannten, besonders schweren Straftaten, zu denen Äußerungsdelikte nicht zählen.

Weiters ist fraglich, ob ein solches Gesetz erforderlich wäre. Es müssten alle milderen, aber gleich wirksamen Mittel ausgeschöpft sein. Präventive Maßnahmen wie die Stärkung der Medienkompetenz in der Gesellschaft und speziell in Schulen, Faktenchecks und mögliche Subventionierung von Faktencheckern werden jedoch bis heute nicht flächendeckend angeboten.

Zuletzt erscheint ein derartiges Gesetz bei Betrachtung der Zweck-Mittel-Relation nicht angemessen. Es würde jeder Internetnutzer unter Generalverdacht gestellt. Das Grundrecht der Äußerungsfreiheit ist für unser freiheitlich-demokratisches Miteinander essenziell und so weitreichend, dass sich dies mit einer staatlichen Äußerungskontrolle grundlegend nicht verträgt. Niemand soll sich vor einer Äußerung die Frage stellen müssen, ob diese überhaupt getätigt werden darf. Möglicherweise nicht angebrachte oder nicht richtige Äußerungen werden den Selbstreinigungskräften im pluralistischen Meinungsstreit überlassen.

Demnach ist eine gesetzliche Regelung zum Pseudonymisierungsverbot offensichtlich verfassungswidrig.[27]

e) Klarnamenpflicht im Sinne eines Pseudonymisierungsverbotes und eines Anonymisierungsverbotes aufgrund von gesetzlichen Vorgaben

Unter Bezugnahme auf die genannten Argumente ist auch die Kombination aus Pseudonymisierungsverbot und Anonymisierungsverbot verfassungswidrig, weil es über die soeben diskutierte gesetzgeberische Möglichkeit hinausgeht.

f) Klarnamenpflicht im Sinne eines Anonymisierungsverbotes aufgrund von gesetzlichen Vorgaben

Diese Variante erscheint nur vordergründig als Kompromiss: Hiermit wird zwar ein pseudonymes Auftreten unter einem Nicknamen ermöglicht, gleichzeitig findet jedoch eine systematische Identitätskontrolle unter Hinzuziehung amtlicher Dokumente bei der Registrierung statt. Nur so wäre eine relativ hohe Sicherheit im Internet gegeben.

Caspar weist zurecht darauf hin, dass dadurch Dienstanbieter wie Facebook ein „Schattenmelderegister" aufbauen und dies den Einstieg in eine Vollüberwachung der Nutzer darstellen könnte.[28]

---

27 *Braam*, a.a.O., S. 224 f.

28 *Caspar* in ZRP 2015, 223, 226.

Der Preis erscheint sehr hoch. Die wenigsten Dienstanbieter haben ihren Sitz in Österreich oder Deutschland, sondern im – zumeist außereuropäischen – Ausland mit niedrigeren Datenschutzstandards und außerhalb einer Kontrollmöglichkeit des inländischen Gesetzgebers über die Einhaltung inländischer Datenschutzstandards.

Insofern ist ein gesetzlich vorgeschriebenes Anonymisierungsverbot analog zu Regelungen im deutschen TKG als Mittel zur Einschränkung von Fake News und Hatespeech verfassungswidrig.

g) Zwischenergebnis

Sowohl ein Pseudonymisierungsverbot als auch ein Anonymisierungsverbot sowie die Kombination können vertraglich wirksam zwischen Dienstanbieter und Nutzer im Rahmen von AGB vereinbart werden. Die rechtliche Möglichkeit und Zulässigkeit sind vor dem Hintergrund eines ethischen Rahmens aus Freiheit und Verantwortung von besonderer Bedeutung. Staatliches Einschreiten durch gesetzliche Vorgaben setzt einen Regelungsbedarf voraus. Einzige vertragliche Konsequenz im Fall von unrichtigen Angaben eines Nutzers gegenüber dem Dienstanbieter ist, dass der gegen das Pseudonymisierungs- und/oder Anonymisierungsverbot verstoßende Nutzer vom Internetdienst ausgeschlossen wird. Handhabt aber ein Dienstanbieter seine eigenen vertraglichen Voraussetzungen für die Nutzung seines Dienstes nur lasch und duldet Fakeprofile, kann dieser stärker für durch die Nutzer hervorgerufene Missstände und Fehlentwicklungen zur Verantwortung gezogen werden. Andererseits haben Internetdienstleister ein hohes ökonomisches Interesse am Erhalt möglichst vieler Daten ihrer Nutzer, um gezielte und maßgeschneiderte Produktplatzierungen und Werbung schalten zu können.[29]

Ein staatlich verordnetes Pseudonymisiserungs- und/oder Anonymisierungsverbot stellt einen verfassungswidrigen Eingriff in die zentralen Äußerungsfreiheitsrechte dar und kann nicht gerechtfertigt werden. Einerseits würde ein staatliches Anonymisierungsverbot dazu führen, dass Internetkonzerne mit Sitz im Ausland sensible persönliche Daten ihrer Nutzer verifizieren können und damit eine enorme ökonomische Macht erlangen. Der Umgang der Internetkonzerne mit diesen Daten könnte im Rahmen staatlicher Kontrollen durch inländische Datenschutzbehörden höchstens eingeschränkt überprüft werden. Andererseits könnte dieses mögliche deutsche Gesetz nur für Inländer gelten, sodass andere Staatsangehörige aus dem deutschen Sprachraum hiervon nicht betroffen wären. Der Anwendungsbereich wäre stark eingeschränkt.

Die rechtlich zulässige Möglichkeit der Diensteanbieter zur vertraglichen Vereinbarung einer Klarnamenpflicht mit den Nutzern ist für die Diskussion der damit verbundenen tatsächlichen und rechtlichen Folgen interessant. Zum einen wird der tatsächliche Umgang eines Dienstanbieters mit dieser Möglichkeit das Vertrauen der Nutzer und der Öffentlichkeit beeinflussen. Je

---

29 *Caspar* in ZRP 2015, 223, 226.

nachdem kann eine Veröffentlichung als seriöse und qualitätvolle Quelle betrachtet werden oder eben nicht. Andererseits kann dem Dienstanbieter ein strengeres Haftungsregime gegenüber dem von Fake News Betroffenen gelten, wenn offensichtliche Fakeprofile für die Verbreitung von Fake News und Hatespeech angelegt wurden.

Der erwähnte Entwurf des SVN-G in Österreich nimmt den Dienstanbieter bzw. Forenbetreiber dahingehend in die Pflicht, dass dieser im Anlassfall eine Identifizierung jedes einzelnen Nutzers ermöglichen muss. Es soll sowohl die strafrechtliche Verfolgung von Offizial- als auch von Privatanklagedelikten und darüber hinaus die zivilrechtliche Verfolgung von Ansprüchen nach § 1330 ABGB ermöglicht werden.[30] Damit entspricht dieses Gesetz der Kategorie Anonymisierungsverbot aufgrund von staatlichen Vorgaben, die unter Ziffer g) behandelt wurden. Insofern bestehen grundsätzlich die gleichen Bedenken, wie diese für den deutschen Rechtsraum dargestellt wurden. In Österreich gibt es jedoch keine dem § 13 Abs. 6 TMG entsprechende Regelung, die eine anonyme Internetnutzung im Rahmen der Zumutbarkeit regelt.

Ein Registrierungsprofil der Nutzer wird im Entwurf des SVN-G unter § 3 Abs. 2 von einer Reichweite von über 100.000 Nutzern, dem in Österreich erzielten Umsatz von mehr als 500.000 Euro oder dem Erhalt von Fördermitteln nach dem Presseförderungsgesetz in Höhe von mehr als 50.000 Euro abhängig gemacht.

30 Erläuterungen zum Ministerialentwurf, Az.: 134/ME XXVI. GP, S. 1.

Insofern werden nur die großen Diensteanbieter wie Facebook betroffen sein, kleinere und vor allem lokale Netzwerke jedoch nicht.

Die ÖVP-FPÖ-Regierung hat dieses Gesetzesvorhaben angestoßen und ist vor Inkrafttreten aufgrund der sog. *Ibiza-Affäre* zerbrochen. Diese Affäre führt sinnbildlich vor Augen, welche eingeschränkten Auswirkungen das Gesetz in der Praxis gehabt hätte: Das heimlich aufgenommene Video mit den Äußerungen vom damaligen Vizekanzler *H.-C. Strache* wurde auf Ibiza gefertigt, an ein Recherchenetzwerk unter Federführung der *Süddeutschen Zeitung* in München weitergegeben und anschließend veröffentlicht. Selbst wenn das Ibiza-Video eine Fälschung gewesen wäre und ausschließlich den politischen Rufmord von *H.-C. Strache* beabsichtigt hätte, hätte der damalige Vizekanzler vor dem Hintergrund eines hypothetisch geltenden SVN-G tatsächlich keinen einzigen zusätzlichen, rechtlich durchsetzbaren Anspruch in Bezug auf die Veröffentlichung von hypothetischen Fake News gehabt. Dieses Fallbeispiel zeigt die eingeschränkte Anwendungsmöglichkeit des Gesetzes und den geringen Nutzen in der Praxis.

4. Verfügungsgrund: Besondere Eilbedürftigkeit?

Nach österreichischem Recht kann eine einstweilige Verfügung auf Antrag (vgl. § 378 Exekutionsordnung [EO]) einer gefährdeten Partei erlassen werden,

- wenn zu befürchten ist, dass die gerichtliche Verfolgung des Anspruchs in der Hauptsache, insbesondere durch eine Veränderung des bestehenden Zustandes, vereitelt oder erheblich erschwert werden würde (§ 381 Nr. 1 EO)

oder

- wenn derartige Verfügungen zur Verhütung drohender Gewalt oder zur Abwendung eines drohenden unwiederbringlichen Schadens nötig erscheinen (§ 381 Nr. 2 EO).

Ein drohender Schaden ist unwiederbringlich, wenn ein Nachteil an Vermögen, Rechten oder Personen eingetreten, die Naturalrestitution nicht möglich ist und ein Geldersatz entweder nicht geleistet werden kann oder die Leistung des Geldersatzes dem angerichteten Schaden nicht völlig adäquat ist.[31] Bei Eingriffen in das allgemeine Persönlichkeitsrecht und insbesondere bei Ehrverletzungen nimmt die Rechtsprechung in Österreich stets einen drohenden, unwiederbringlichen Schaden im Sinne von § 381 Nr. 2 Alt. 2 EO an, weil ein möglicher Geldersatz nicht adäquat ist.[32]

Ein möglicher Unterlassungsanspruch kann sich aus Sondervorschriften ergeben, etwa wenn der Äußernde und der Betroffene in einem Wettbewerbsverhältnis zueinander stehen aus dem Gesetz gegen unlauteren Wettbewerb (UWG) oder wenn die Äuße-

---

31 *Kodek* in Angst/Oberhammer, EO3 § 381 EO Rn. 11 m. w. N. (Stand 1.7.2015, rdb.at).

32 Ebd.

rung bildlich über eine Karikatur, eine Grafik oder ein anderes Bildnis erfolgt nach dem Urhebergesetz (UrhG). In solchen Fällen kann eine einstweilige Verfügung nach österreichischem Recht auch dann erlassen werden, wenn die Voraussetzungen des § 381 EO nicht erfüllt sind. Das bedeutet nach h. M., dass geringere Voraussetzungen für den Erlass einer einstweiligen Verfügung wie etwa nach § 24 UWG erfüllt sein müssen. Eine besondere Dringlichkeit oder Eilbedürftigkeit wird vom österreichischen Recht nicht gefordert.[33] In Österreich wird stark auf den Sinn und Zweck einer einstweiligen Verfügung abgestellt, die auch als Provisoriumsverfahren bezeichnet wird: Dem Kläger soll das Risiko einer überlangen Prozessdauer genommen oder zumindest abgefedert werden und so eine temporäre Sicherung von Ansprüchen und des Rechtsfriedens bis zur rechtskräftigen Entscheidung im Hauptsacheverfahren erreicht werden.[34]

In dieser Frage unterscheidet sich die Rechtslage in Deutschland erheblich. Die Unterlassungsverfügung ist zunächst dahingehend auszulegen, ob es sich um eine Sicherungsverfügung (§ 935 ZPO) oder eine Regelungsverfügung (§ 940 ZPO) handelt; dies hängt wesentlich vom Rechtsschutzziel des Antragstellers ab. Eine Sicherungsverfügung ist bei der Befürchtung zulässig, dass durch eine Veränderung des bestehenden Zustandes die Verwirklichung des Rechts einer Partei entweder vereitelt oder we-

---

33 *Kodek* in Angst/Oberhammer, EO3 § 381 EO Rn. 18 m. w. N. (Stand 1.7.2015, rdb.at).

34 *Zackl*, Einstweilige Verfügungen und (Un-)Zulässigkeit unwiederbringlicher Eilmaßnahmen, ÖJZ 2005, S. 12 ff.

sentlich erschwert werden könnte (§ 935 ZPO). Eine Regelungsverfügung ist zulässig, sofern diese Regelung zur Abwendung wesentlicher Nachteile oder zur Verhinderung drohender Gewalt oder aus anderen Gründen nötig erscheint (§ 940 ZPO). Der Antragsteller muss nach deutschem Prozessrecht glaubhaft machen, dass eine gerichtliche Eilentscheidung dringend erforderlich ist und ihm ein Zuwarten bis zu einer Entscheidung in der Hauptsache nicht zugemutet werden kann.

Insbesondere sind Fälle der Selbstwiderlegung in Bezug auf die Dringlichkeit von Relevanz. Dieser Rechtsgedanke wurde angesichts einer spezialgesetzlichen Dringlichkeitsvermutung in § 12 Abs. 2 UWG sowie in § 140 Abs. 3 MarkenG entwickelt und ist als allgemeiner Rechtsgrundsatz anerkannt.[35] Infolge der Selbstwiderlegung fehlt ein Verfügungsgrund, wenn der Antragsteller nach Eintritt der Gefährdung seiner Rechte lange Zeit mit einem Antrag zugewartet oder das Verfügungsverfahren nicht zügig betrieben hat.[36] Vor allem wenn dem Anspruchsteller die Beeinträchtigung seiner Rechte längere Zeit schon bekannt oder grob fahrlässig unbekannt war, muss dieser mit einer Zurückweisung seines Antrags rechnen.[37] Wann ein Zuwarten tatsächlich dring-

---

35 OLG Brandenburg, Beschluss vom 16.07.2020, Az.: 6 W 66/20, GRUR-RS 2020, 17750.

36 BeckOK ZPO/Mayer, 41. Ed. 1.7.2021, ZPO § 935 Rn. 16.

37 OLG München NJOZ 2002, 1450: grundsätzlich ist die positive Kenntnis von Verletzungshandlung und der Person des Verletzers erforderlich; dem gleichgestellt ist die Kenntnis von Umständen erlangt hat, die die Möglichkeit einer Verletzung nahelegen und es ihm ohne erhebli-

lichkeitsschädlich ist, hängt oft von der Rechtsprechung am Ort des zuständigen Gerichts ab. Das LG und OLG Hamburg gehen in ständiger Rechtsprechung von einer fünfwöchigen Frist aus, die restriktiv sowohl zugunsten als auch zulasten des Antragstellers Anwendung findet.[38] Das LG und OLG Stuttgart gehen hingegen davon aus, dass erst ein Zuwarten von acht Wochen bzw. zwei Monaten dringlichkeitsschädlich ist.[39] Trotz der gebotenen Eile bei der Antragstellung kann ein Antragsteller innerhalb der Zeitspanne von Kenntniserlangung bis zur Einreichung des Antrags bei Gericht alle nicht von vornherein sinnlos erscheinenden Maßnahmen zur Aufklärung des Sachverhalts und zur Beschaffung von Mitteln der Glaubhaftmachung vornehmen.[40] Solange diese Tätigkeiten vom Antragsteller zielstrebig verrichtet und im Bedarfsfall nachgewiesen werden können, ist auch ein längeres Zuwarten nicht dringlichkeitsschädlich.

Eine weitere relevante Fallgruppe der Selbstwiderlegung liegt vor, wenn der Antragsteller gleichartige Verstöße in der Vergangenheit klaglos hingenommen hat.[41] Die für den Erlass einer einstweiligen Verfügung erforderliche Dringlichkeit ist so lange nicht mehr gegeben, bis sich Art oder Umfang der Verstöße we-

---

chen Aufwand möglich ist, noch vorhandene Unsicherheiten zu beseitigen.

38 *Burkhardt*, in: Wenzel, Das Recht der Wort- und Bildberichterstattung, 5. Aufl., Kap. 12 Rn. 144 m. w. N.

39 Ebenda.

40 OLG Karlsruhe GRUR-RR 2015, 509.

41 OLG Celle AfP 2016, 81.

sentlich ändern und die neuen Verletzungshandlungen für den Antragsteller schwerer wiegen als die bisherigen.[42]

Alles in allem ist zu konstatieren, dass ein einstweiliges Verfügungsverfahren nur vorläufig die Äußerung und Verbreitung von unwahren Tatsachenbehauptungen stoppen kann. Die Mittel der Glaubhaftmachung – anders als in Hauptsacheverfahren mit dem Maßstab des Vollbeweises – sind nicht geeignet, in jedem Fall eine verbindliche Entscheidung über Wahrheit oder Unwahrheit einer Tatsachenbehauptung zu treffen.

5. Vollstreckung

Sofern ein Unterlassungstitel eines persönlich Betroffenen vom angerufenen Gericht erlassen wurde, stellt sich die Durchsetzung des Titels mitunter problematisch dar.

Gemäß §§ 354, 355 EO kann gegen den Unterlassungsschuldner der titulierte Anspruch durch gerichtlich verhängte Geldstrafen oder durch Haft bis zur Gesamtdauer von bis zu einem Jahr erzwungen werden. In Deutschland ist das Verfahren ähnlich: Gegen den Unterlassungsschuldner kann ein Ordnungsgeld oder eine Ordnungshaft bis zur Höchstgesamtdauer von zwei Jahren verhängt werden, §§ 888, 890 ZPO.

Komplizierter ist die Zwangsvollstreckung gegen einen Hostprovider im Ausland. Hat der Hostprovider seinen Sitz im euro-

---

42 OLG Stuttgart GRUR-RR 2005, 307; BeckOK ZPO/Mayer, 41. Ed. 1.7.2021, ZPO § 935 Rn. 18.

päischen Ausland, ist die Brüssel-Ia-Verordnung (VO 1215/2012) anzuwenden. Das den Titel erlassende inländische Prozessgericht muss diesen als europäischen Titel auf einem Formblatt bestätigen und an den Unterlassungsschuldner zustellen. Die Vollstreckung des Urteils selbst richtet sich nach dem Recht des Landes, in dem der Hostprovider seinen Sitz hat. Im Fall von Facebook wäre das Vollstreckungsrecht von Irland anzuwenden.

Hat der Hostprovider seinen Sitz im außereuropäischen Ausland, sind internationale Abkommen oder bilaterale Verträge maßgeblich.

Die Zwangsvollstreckung im Ausland ist mit großem Aufwand in finanzieller und zeitlicher Hinsicht verbunden. Ob die Kosten für die Zwangsvollstreckung vom Unterlassungsschuldner ersetzt werden müssen, richtet sich nach ausländischem Recht. Eine Kostenerstattung ist keinesfalls sicher.

II. Ansprüche zur Bekämpfung von Fake-News

Im Folgenden wird überblicksartig der rechtliche Instrumentenkasten zur Bekämpfung von Fake News dargestellt. Sowohl die Anspruchsgrundlagen als auch die tatbestandsmäßigen Voraussetzungen werden aufgezeigt, um eine Rechtsfolge ableiten zu können.

1. Akzessorischer Anspruch auf Auskunft

Aufgrund der Flüchtigkeit von personenbezogenen Mitteilungen insbesondere in den neuen elektronischen Medien ist von der deutschen Rechtsprechung ein akzessorischer Auskunftsanspruch zur Vorbereitung und Durchsetzung von weitergehenden Ansprüchen wie Gegendarstellung, Unterlassung etc. anerkannt.[43] Dieser Anspruch ergibt sich aus dem Grundsatz von Treu und Glauben gemäß § 242 BGB, sofern keine speziellere Regelung einschlägig ist. Der Anspruch wird im Wesentlichen von Datenschutzvorschriften begrenzt.

Der Anspruch kann sich auf Auskunft über den exakten Inhalt einer Äußerung sowie die Übermittlung einer Kopie eines Artikels, eines Sendemanuskripts oder einer Aufzeichnung beziehen oder auch dem genauen Umfang der Verbreitung nachgehen.[44] Eine Ausforschung darf mit diesem Auskunftsanspruch jedoch nicht betrieben werden, vielmehr muss bereits ein auf eine deliktische Handlung gestütztes gesetzliches Schuldverhältnis als Sonderbeziehung bestehen. Das LG Frankfurt[45] hat hierzu wie folgt tenoriert:

> „Die Beklagten zu 1) und 2) werden verurteilt, Auskunft darüber zu erteilen,

---

43 *Wanckel* in Paschke/ Berlit/ Meyer/ Kröner, Hamburger Kommentar Gesamtes Medienrecht, 46. Abschnitt Rn. 1f.

44 *Wanckel* in Paschke/ Berlit/ Meyer/ Kröner, Hamburger Kommentar Gesamtes Medienrecht, 46. Abschnitt Rn. 5.

45 LG Frankfurt a. M., Teilurteil vom 27.09.2018, Az.: 2/03 O 320/17.

aa) die Beklagte zu 1): In welchen Printausgaben die im Ausspruch zu 1) – 3) wiedergegebenen Äußerungen, Texte und Bilder jeweils enthalten waren, unter Angabe der jeweiligen Platzierungen (Titelseite oder Seitenzahl) und Verkaufszahlen;

bb) die Beklagte zu 2): In welchem Zeitraum die im Ausspruch zu 4) – 6) wiedergegebenen Texte, Bilder und Videoaufnahmen (aufgeschlüsselt nach Artikeln) jeweils über den Internetauftritt der Beklagten zu 2) abrufbar waren und wie oft die jeweiligen Artikel aufgerufen wurden.“

Der Auskunftsanspruch besteht nur, wenn der Anspruchsteller selbst nicht aus öffentlich zugänglichen Quellen an den Inhalt der Äußerung gelangt, beispielsweise wenn ein Artikel nicht mehr verfügbar oder anderweitig gesperrt ist.[46] Ein derartiger Auskunftsanspruch als Ausfluss von Treu und Glauben und den daraus resultierenden vertraglichen Nebenpflichten dürfte grundsätzlich mit dem österreichischen Recht und § 914 ABGB in Einklang zu bringen sein.[47]

Eine Besonderheit gibt es für Telemedien. Weil das deutsche TMG im Rahmen der Zumutbarkeit eine anonyme oder pseudonyme Nutzung des Telemediendienstes ausdrücklich vorsieht, gibt es zur Berücksichtigung der Datenschutzbestimmung ein eigenes gerichtliches Gestattungsverfahren. Dieses Verfahren ist

46 *Wanckel* in Paschke/ Berlit/ Meyer/ Kröner, Hamburger Kommentar Gesamtes Medienrecht, 46. Abschnitt Rn. 1f.

47 *Heiss* in Kletečka/Schauer, ABGB-ON1.02 § 914 Rn. 89 (Stand 1.8.2017, rdb.at).

in § 14 Abs. 3 TMG geregelt. Das Landgericht hat nach den Vorschriften des Gesetzes über das Verfahren in Familiensachen und in den Angelegenheiten der freiwilligen Gerichtsbarkeit (FamFG) auf Kosten des Antragstellers per gerichtlicher Anordnung über das Auskunftsverlangen zu entscheiden. Dieser Anspruch gilt jedoch nur gegenüber sozialen Netzwerken im Sinne von § 1 Abs. 3 Netzwerkdurchsetzungsgesetz (NetzDG).[48]

In Österreich besteht ein Auskunftsanspruch gegen Hostprovider gemäß § 18 Abs. 4 u. 4a ECG, der ebenfalls wie das deutsche Gestattungsverfahren unter Richtervorbehalt steht.

Der Anspruch auf Auskunft trägt für sich genommen noch nichts zur Wahrheitsfindung bei. Dieser ermöglicht jedoch einen Überblick darüber, welche Kreise eine mögliche unwahre Tatsachenbehauptung gezogen hat. Auf diese Weise lässt sich auch eine Strategie für das effektive Entgegentreten gegenüber Fake News entwickeln, die nicht ausschließlich juristischer, sondern möglicherweise auch publizistischer Natur ist.

2. Anspruch auf Gegendarstellung

Der Anspruch auf Gegendarstellung ergibt sich aus § 9 österreichisches Mediengesetz (MedienG). In Deutschland wird nach der Art des Mediums differenziert. Bei periodischen Druckerzeugnissen ergibt sich der Anspruch aus den 16 Landespressegesetzen wie z. B. dem Art. 10 BayPrG, bei Gegendarstellungen

48 OLG Frankfurt, Beschluss vom 06.09.2018, Az.: 16 W 27/18.

im öffentlich-rechtlichen Rundfunk aus den jeweiligen Rundfunkstaatsverträgen der Länder wie etwa dem ARD-Staatsvertrag sowie bei den privaten Rundfunkanbietern aus den 16 Landesmediengesetzen wie beispielsweise Art. 18 BayMG. Bei Anbietern von Telemedien und insbesondere bei Internetanbietern richtet sich der Gegendarstellungsanspruch nach dem Rundfunkstaatsvertrag.

Die Anspruchsvoraussetzungen sind in Österreich und Deutschland sehr ähnlich geregelt, auch die Rechtsprechung ist vergleichbar.

Gemäß § 9 Abs. 1 MedienG besteht der Anspruch auf Gegendarstellung nur gegenüber einem periodischen Medium. Ein Medium ist nach der Rechtsprechung periodisch, wenn dessen Erscheinen mindestens viermal pro Jahr geplant ist.[49] In Bayern werden an ein periodisches Druckwerk etwa die Voraussetzungen einer Mindestauflage von 500 Stück und das Erscheinen in (unregelmäßiger) Folge, jedoch im Abstand von nicht mehr als sechs Monaten gestellt, vgl. Art. 6 BayPrG.

Gegendarstellungsfähig sind nach dem Wortlaut des Gesetzes nur Tatsachenbehauptungen, nicht jedoch Werturteile bzw. Meinungsäußerungen.[50] Zu den Tatsachenbehauptungen zählt auch das Erwecken eines bestimmten Eindrucks oder das Tatsachensubstrat, das einer bestimmten geäußerten Wertung zugrunde

49 OLG Wien MR 2003, 376.

50 Zur Unterscheidung siehe Kapitel D I.

liegt.[51] Insbesondere mehrdeutige Tatsachenmitteilungen sind der Gegendarstellung zugänglich und das auch dann, wenn die der Äußerung entnommene Sichtweise nicht die naheliegendste ist.[52] Tatsachenbehauptungen sind dem Beweis zugänglich, Wertungen nicht. Demnach sind Äußerungen in Form von Adjektiven oder Adverbien nicht gegendarstellungsfähige Meinungsäußerungen, wie z. B. etwas sei „gut", „schlecht", „brauchbar", „tragbar", „hochwertig" oder „ausreichend finanziert".[53] Gegendarstellungsfähige Tatsachenbehaupten sind Aussagen darüber, ob etwas stattgefunden hat oder nicht bzw. ob jemand etwas getan hat oder nicht. Auch innere Tatsachenbehauptungen sind gegendarstellungsfähig; z. B. die Behauptung, jemand handele aus reiner Schädigungsabsicht oder aus Rache, jemand verfolge ein bestimmtes Ziel („damit er viel Geld verdient") oder habe einen bestimmten Plan („will für das Amt als Abgeordneter kandidieren").[54] Gegendarstellungsfähig sind auch im Medium wiedergegebene Aussagen Dritter, hier besteht explizit kein Zitatenschutz. Eine Tatsachenbehauptung kann ebenso durch Verschweigen aufgestellt werden, wenn sich die verdeckte Behauptung für den Rezipienten aufdrängt; beispielsweise wenn über

---

51 *Rami* in Höpfel/Ratz, WK² MedienG § 9 Rn. 8 (Stand 1.9.2019, rdb.at).

52 *Burkhardt*, in: Wenzel, Das Recht der Wort- und Bildberichterstattung, 5. Aufl., Kap. 12 Rn. 19.

53 *Rami* in Höpfel/Ratz, WK2 MedienG § 9 Rn. 10 (Stand 1.9.2019, rdb.at) m. w. N.

54 *Rami* in Höpfel/Ratz, WK2 MedienG § 9 Rn. 10 (Stand 1.9.2019, rdb.at) m. w. N.; Burkhardt, in: Wenzel, Das Recht der Wort- und Bildberichterstattung, 5. Aufl., Kap. 12 Rn. 18 m. w. N.

ein Treffen zweier geschiedener Personen an einem bestimmten Ort berichtet wird, ohne die Anwesenheit des neuen Lebenspartners eines Beteiligten zu erwähnen.[55]

Anspruchsgegner ist in Österreich gemäß § 14 MedienG der Medieninhaber, in Deutschland neben dem Verleger auch der verantwortliche Redakteur, vgl. etwa Art. 10 Abs. 1 BayPrG.

Anspruchsberechtigt ist jeder persönlich Betroffene und das unabhängig davon, ob es sich um eine natürliche oder um eine juristische Person oder Behörde handelt. Damit ist der Kreis der möglichen Anspruchsberechtigten bewusst weit gezogen. Sinn und Zweck ist ein *audiatur et altera pars*, also dass die Gegenansicht zu einem Sachverhalt gehört und wahrgenommen wird.

Ausgeschlossen vom Gegendarstellungsanspruch sind offensichtlich unwahre, offensichtlich irreführende, strafbare und werbende Inhalte. Des Weiteren ist der Gegendarstellungsanspruch ausgeschlossen, wenn dieser lediglich eine Belanglosigkeit betrifft. Ein Beispiel wäre ein mögliches Gegendarstellungsbegehren, bestimmte Politiker hätten sich für eine bedeutsame Absprache im Vorfeld parteiinterner Wahlen nicht beim „Edelitaliener“, sondern tatsächlich in einem Restaurant mit „gutbürgerlicher Tiroler Küche“ getroffen.

Die Gegendarstellung ist vom Umfang her stets sehr punktuell. Der Anspruchsteller muss die angegriffene Tatsachenbehaup-

---

55 *Burkhardt*, in: Wenzel, Das Recht der Wort- und Bildberichterstattung, 5. Aufl., Kap. 12 Rn. 22.

tung oder den Tatsachenkern benennen und hierzu seine Entgegnung in prägnanter Weise darlegen. § 9 Abs. 3 MedienG verpflichtet sogar ausdrücklich zu einer Gegendarstellung in knapper Weise.

Gegendarstellungen können in Österreich im Rahmen eines eigenen Eilverfahrens nach § 14 MedienG notfalls gerichtlich geltend gemacht werden, wenn der Anspruchsgegner ein vorgerichtliches Gegendarstellungsverlangen zurückweist. Dieses Verfahren garantiert eine kurzfristige Entscheidung über den Antrag, weil gesetzlich bereits sehr kurze Einlassungsfristen des Anspruchsgegners vorgesehen sind. In Deutschland wird der Anspruch auf Gegendarstellung in der Regel über eine einstweilige Verfügung geltend gemacht.[56]

Mit dem Gegendarstellungsrecht wird über den Wahrheitsgehalt der streitigen Äußerung noch nichts ausgesagt. Dem Kreis der Rezipienten soll lediglich die andere Sichtweise in der gleichen Weise und im gleichen Umfang wie bei der Erstmitteilung dargestellt werden. Die Eigenverantwortlichkeit des Rezipienten wird dadurch gestärkt, da diese die ihm vorgetragenen Tatsachenbehauptungen selbst bewerten und beurteilen muss. Letztlich wird der pluralistische Meinungsbildungsprozess gefestigt. Innerhalb dieses pluralistischen Diskussionsprozesses soll die Öffentlichkeit darüber diskutieren, was wahr ist und auf Grundlage welcher Tatsachen zu welcher Überzeugung gelangt werden

---

56 *Burkhardt*, in: Wenzel, Das Recht der Wort- und Bildberichterstattung, 5. Aufl., Kap. 11 Rn. 208 ff.

kann. Ebenso werden die Anforderungen an die Qualität der journalistischen Recherche erhöht, weil eine möglichst umfassende Berichterstattung unter Anhörung aller Betroffener und Beteiligter zur Vermeidung von Gegendarstellungsbegehren anzustreben ist. Nur wenn der Öffentlichkeit alle wesentlichen Tatsachen richtig und umfassend dargestellt werden, kann sich eine tragfähige Diskussion darüber entwickeln, was für wahr gehalten werden kann. Die eigentliche juristische Ermittlung der Wahrheit muss in einem anderen Verfahren stattfinden. Das Recht der Gegendarstellung ermöglicht lediglich eine gewisse Waffengleichheit dadurch, dass der Gegenmeinung an derselben Stelle wie der Erstmitteilung Raum gegeben wird. Die Gegendarstellung ist damit ein offensives Element, das Schutz durch Veröffentlichung und Öffentlichkeit gewähren soll.

3. Anspruch auf Unterlassung

Die Anspruchsvoraussetzungen für den verschuldensunabhängigen Unterlassungsanspruch wurden bereits in Kapitel D. I. dargestellt. Die Voraussetzungen für das analoge Verlangen der Unterlassung einer Äußerung gemäß § 1330 ABGB bzw. §§ 823 Abs. 1, 1004 Abs. 1 S. 2 BGB sind demnach (1) die Rechtsgutbeeinträchtigung und insbesondere das allgemeine Persönlichkeitsrecht, (2) eine Kausalität von Äußerung und Rechtsverletzung, (3) die objektive Rechtswidrigkeit der Äußerung bzw. das Fehlen eines berechtigten Interesses an der Äußerung sowie (4) die Wiederholungs- oder Erstbegehungsgefahr.

Zum Zweck des Ausräumens der Wiederholungsgefahr ist es rechtliche Praxis, dass der Anspruchsteller dem Unterlassungsschuldner zunächst vorgerichtlich über eine Abmahnung die Möglichkeit zur Abgabe einer strafbewehrten Unterlassungserklärung gibt. Hier ist insbesondere darauf zu achten, dass jede Verletzungshandlung erfasst wird, für die eine Wiederholungsgefahr besteht. Infrage kommen vielfach die Begehungsformen „aufstellen“, „aufstellen lassen“, „verbreiten“ und „verbreiten lassen“ von Äußerungen. Ausgehend vom konkreten Sachverhalt ist hinsichtlich jeder Verletzungshandlung die Wiederholungs- oder Erstbegehungsgefahr zu prüfen und erforderlichenfalls zu begründen.

Unterlassungsfähig sind sowohl Tatsachenbehauptungen als auch Meinungsäußerungen, wobei letztere einen größeren

Schutz genießen und nur selten bzw. im Fall einer dargestellten Schmähung verboten werden können.

Anspruchsberechtigt ist jedermann, egal ob natürliche oder juristische Person. Dasselbe gilt für die Passivlegitimation: Jeder Behauptende und jeder Verbreiter kommt als Anspruchsverpflichteter in Betracht.

Die Unterlassung ist sowohl über die einstweilige Verfügung als auch über ein Hauptsacheverfahren durchsetzbar, in Österreich zusätzlich über das neue Verfahren nach § 549 ZPO im Rahmen eines Schnellverfahrens mit Plausibilitätskontrolle (siehe oben).

Der Unterlassungsanspruch ist ein Schutz vor Veröffentlichung. Der Anspruchsteller ist voll darlegungs- und beweispflichtig dafür, dass die Äußerung tatsächlich aufgestellt und verbreitet wurde.[57] Grundsätzlich trifft den Anspruchsteller die Darlegungs- und Beweislast dafür, dass die beanstandete Äußerung unwahr ist. Hierzu muss dieser im Verfügungsverfahren ausreichende Mittel der Glaubhaftmachung und im Hauptsacheverfahren den Vollbeweis erbringen. Eine Beweislastumkehr kommt dem Anspruchsteller zugute, wenn es sich um ehrenrührige Behauptungen handelt (vgl. Kapitel C. II. 3.).

Prozesstaktisch von besonderer Bedeutung ist die Rechtslage bei einer *Non-liquet*-Situation, wenn die Wahrheit einer Behauptung ebenso möglich ist wie die Unwahrheit. In derartigen Fällen wird lediglich bei den ehrenrührigen Tatsachenbehauptungen im

---

57 BGH NJW 2008, 2262; BGH NJW 1987, 2225.

Zweifel zugunsten des Betroffenen entschieden – dies aber nur aufgrund der Beweislastverteilung.

Erwähnenswert ist ebenso das Phänomen des journalistischen Quellenschutzes: Ist der Anspruchsgegner ein Journalist oder Medienunternehmen, besteht keine Verpflichtung zur Nennung der Quelle bzw. des Informanten.[58] Der Quellenschutz des Journalisten ist grundrechtlich durch die Pressefreiheit garantiert[59] und in Österreich ausdrücklich in § 31 MedienG geregelt. Journalisten und Medienunternehmer sind zum Schutz des besonderen Vertrauensverhältnisses zwischen Presse und Informant berechtigt, ihre Quellen geheim zu halten. Dieser besondere Schutz ist erforderlich; bei der journalistischen Recherche können Informationen im nötigen Umfang und in der gebotenen Tiefe für eine umfassende Sachverhaltserfassung nur gewonnen werden, wenn sich der Informant auf Vertraulichkeit im Rahmen des Redaktionsgeheimnisses verlassen kann.[60] Der Richter kann die Aussageverweigerung in jenen Fällen frei würdigen, in denen sich der auf Unterlassung in Anspruch genommene Journalist oder Medieninhaber auf sein Redaktionsgeheimnis beruft. Es wird nach den Umständen des Einzelfalls darauf ankommen, ob möglicherweise ein Vorgang so detailreich – im Sinne einer sekundären Darlegungslast oder eines substantiierten Bestreitens, jedoch auf nicht verpflichtender, sondern auf freiwilliger Basis –

58 *Burkhardt*, in: Wenzel, Das Recht der Wort- und Bildberichterstattung, 5. Aufl., Kap. 12 Rn.134.

59 BVerfG NJW 2007, 1117.

60 BGH NJW 2008, 2262.

geschildert werden kann, dass der Richter dennoch von der Wahrheit der Äußerung überzeugt ist.[61] Gewinnt der Richter diese Überzeugung nicht, muss das beklagte Medienunternehmen die prozessuale Folge aus der Aussageverweigerung in Kauf nehmen.[62]

Im Zusammenhang mit dem Unterlassungsbegehren ist zusätzlich das vom deutschen BVerfG in einer inzwischen älteren Entscheidung entwickelte „Laienprivileg" von Bedeutung.[63] Der Entscheidung lag ein Flugblatt einer Umweltaktivistin mit einem Aufruf gegen den *Bayer*-Konzern zugrunde, in dem diese folgende Äußerung tätigte:

> „Gefahren für die Demokratie. In seiner grenzenlosen Sucht nach Gewinnen und Profiten verletzt Bayer demokratische Prinzipien, Menschenrechte und politische Fairness. Mißliebige Kritiker werden bespitzelt und unter Druck gesetzt, rechte und willfährige Politiker werden unterstützt und finanziert."[64]

Das BVerfG begründete die Privilegierung von Laien wie folgt:

> „Der Presse obliegt zwar nach der Rechtsprechung der Zivilgerichte eine besondere Sorgfaltspflicht bei der Verbreitung nachteiliger Tatsachen. Vom einzelnen darf eine vergleichbare Sorgfalt aber nur verlangt werden, soweit er Tatsachenbehauptungen aus seinem eigenen Erfahrungs- und

61 *Burkhardt*, in: Wenzel, Das Recht der Wort- und Bildberichterstattung, 5. Aufl., Kap. 12 Rn.135.

62 BGH ZUM 2009, 61.

63 BVerfG NJW 1992, 1439 ff.

64 Ebenda.

> Kontrollbereich aufstellt. Dagegen ist es ihm bei Vorgängen von öffentlichem Interesse, namentlich solchen aus nicht transparenten Politik- und Wirtschaftsbereichen, regelmäßig nicht möglich, Beweise oder auch nur Belegtatsachen aufgrund eigener Nachforschungen beizubringen. Er ist insoweit vielmehr auf die Berichterstattung durch die Medien angewiesen.
>
> Würde man dem einzelnen gleichwohl auch insoweit nachprüfbare Anlagen abverlangen, so hätte das zur Folge, daß er herabsetzende Tatsachen, die er der Presse entnommen hat, überhaupt nicht mehr aufgreifen und zur Stützung seiner Meinung anführen dürfte. Damit träte aber nicht nur eine Lähmung der individuellen Meinungsfreiheit ein. Vielmehr würde auch der gesellschaftliche Kommunikationsprozeß verengt, wenn Presseberichte, die ihre meinungsbildende Funktion erfüllen, vom einzelnen, der sich aufgrund solcher Berichte eine Meinung gebildet hat, nicht mehr verwertet werden dürften, weil er den Beweis für ihre Wahrheit nicht antreten kann."[65]

Mit anderen Worten: Der einzelne Laie ist privilegiert, wenn dieser seine herabsetzende Tatsachenäußerung seinerseits auf Veröffentlichungen in der „Profipresse" stützt. Diese Rechtsauffassung aus dem Jahr 1991 wird heute in dieser Form nicht mehr aufrechtzuerhalten sein. Viele Blogs oder Foren von „Einzelnen" erreichen mittlerweile teils sehr große Reichweite und sind oft zumindest semiprofessionell. Zu denken ist etwa an Influencer, Blogger u. Ä., die teilweise ihren Lebensunterhalt auf diese Weise und über solche – werbefinanzierten – Veröffentli-

---

65 Ebenda.

chungen bestreiten. Oftmals ist das Problem der Rufschädigung im Internet das Berufen eines Laien darauf, dass irgendetwas irgendwo veröffentlicht ist oder war. An dieser Rechtsprechung ist zu kritisieren, dass es erstens den sinnbildlichen Laien nicht gibt und zweitens jeder Akteur im Internet gewisse Grundsorgfaltspflichten bei der Bewertung seiner Quellen zu beachten hat. Es darf keinen Freibrief für Veröffentlichungen geben, die sich ungeprüft auf jede bloße frühere Veröffentlichung berufen.[66] In der heutigen digitalisierten Gesellschaft wird das Laienprivileg restriktiver zur Anwendung kommen müssen als noch im Jahr 1991.

Der Anspruch auf Unterlassung ist defensiver Natur und zielt darauf ab, Veröffentlichung zu vermeiden. Der Betroffene selbst darf sich zu dem Gegenstand der beanstandeten Äußerung seinerseits nicht öffentlich zu Wort melden.

Über die Wahrheit oder Unwahrheit einer Äußerung kann auch mittels eines Unterlassungsverfahrens keine verbindliche Aussage getroffen werden. Mit den Mitteln des Rechts und nach den Regeln des Prozessrechts kann eine Wahrheitsermittlung stattfinden. Aber selbst eine wahre Tatsachenbehauptung ist unterlassungsfähig, wenn diese die Öffentlichkeit nichts angeht; beispielsweise weil die Tatsache zum Intimbereich eines Menschen zählt. Ein Sachverhalt wird der Öffentlichkeit entzogen und

---

66 zustimmend: *Burkhardt*, in: Wenzel, Das Recht der Wort- und Bildberichterstattung, 5. Aufl., Kap. 12 Rn.137; so auch zuletzt BGH GRUR 2014, 693.

gleichzeitig einer juristischen Abwägung zugeführt, bei der nicht Wahrheit oder Unwahrheit, sondern die Beeinträchtigung von geschützten Rechtsgütern die ausschlaggebenden Faktoren sind.

4. Anspruch auf Berichtigung

In Österreich besteht nach § 1330 Abs. 2 S. 2 ABGB und nach dem MedienG gegen ein Medium im Sinne von § 1 MedienG ein Anspruch auf Widerruf bei einer Tatsachenbehauptung, die den Kredit, den Erwerb oder das Fortkommen eines anderen gefährdet und deren Unwahrheit der Äußernde kannte oder kennen musste. In Deutschland ergibt sich der Anspruch auf Berichtigung in analoger Anwendung der §§ 823 f., 1004 BGB und demnach aus derselben Anspruchsgrundlage wie der Unterlassungsanspruch.

Der Berichtigungsanspruch wurde in der früheren Literatur und Rechtsprechung in Deutschland überwiegend als eine Sonderform des Schadenersatzanspruchs gesehen. Durch die Zurücknahme der Behauptung sollte der frühere Zustand wiederhergestellt werden, also eine Art Naturalrestitution stattfinden. Zur Vermeidung von „Prozesssucht, Rechthaberei und der übertriebenen Empfindlichkeit im öffentlichen Leben“ sollte es jedoch keinen allgemeinen Widerrufsanspruch geben, sondern lediglich bei Verschulden des Äußernden.[67] Nach heutiger und vom BVerfG bestätigter ständiger Rechtsprechung ist der Berichti-

---

[67] *Gamer/ Pfeifer*, in: Wenzel, Das Recht der Wort- und Bildberichterstattung, 5. Aufl., Kap. 13 Rn.5 mit Verweis auf RGZ 60, 12.

gungsanspruch ein Folgenbeseitigungsanspruch.[68] Die deutsche Rechtsprechung sieht demgemäß den Berichtigungsanspruch in verschiedenen Erscheinungsformen vor, die im Folgenden aufgelistet werden.

- Widerrufsanspruch
  Bei nachgewiesener Unwahrheit und einer rechtwidrigen und schuldhaften Behauptung steht dem Betroffenen ein Anspruch auf einen förmlichen oder qualifizierten Widerruf zu, wenn eine erhebliche fortwährende Beeinträchtigung nachgewiesen wird. Bekanntes Beispiel sind die Entscheidungen des BGH zu *Caroline von Monaco*.[69]

- Anspruch auf Richtigstellung
  Die Richtigstellung ist weniger einschneidend und anzuwenden, wenn ein Widerruf zu einer Demütigung des Widerrufsschuldners führen würde.[70] Dies ist vor allem bei Berichtigungen im Zusammenhang mit einem falschen oder missverständlichen Anschein der Fall. Begründet wird dies damit, dass der Anspruch keinen Strafcharakter haben soll.

- Anspruch auf Nichtaufrechterhalten
  Dieser Anspruch ist in der Praxis von hoher Relevanz und wird von Gerichten oft dann zugesprochen, wenn

68 BVerfG NJW 1999, 1322 ff.; BGH AfP 2000, 167 ff.

69 BGH AfP 1995, 411.

70 BGH NJW 1972, 431.

der Nachweis der Unwahrheit nicht vollständig gelingt und dennoch der Nachweis einer sehr hohen Wahrscheinlichkeit für die Unwahrheit erbracht wird.[71]

- Anspruch auf Ergänzung
  Ein Anspruch auf Ergänzung wird besonders diskutiert, wenn eine Veröffentlichung über strafrechtliche Entscheidungen unrichtig erfolgt. Eine berichtigende Ergänzung kommt bei einem Bericht über eine Freiheitsstrafe in Betracht, bei der nicht das Aussetzen auf Bewährung erwähnt wurde.[72] Eine nachträgliche Ergänzung ist im Fall eines späten Freispruchs möglich.[73]

- Anspruch auf Distanzierung und Klarstellung
  Dieser Anspruch kommt bei Wiedergabe von Aussagen Dritter in Betracht, ohne dass sich der Äußernde diese Aussagen zu eigen gemacht hat. In diesen Fällen kann eine Distanzierung oder eine berichtigende Kommentierung nach den Umständen des Einzelfalls verlangt werden.[74]

Diese Differenzierung findet sich dergestalt in Österreich nicht ausdrücklich in der Rechtsprechung. Eine entsprechende Fort-

71 *Gamer/ Pfeifer*, in: Wenzel, Das Recht der Wort- und Bildberichterstattung, 5. Aufl., Kap. 13 Rn.108.

72 *Gamer/ Pfeifer*, in: Wenzel, Das Recht der Wort- und Bildberichterstattung, 5. Aufl., Kap. 13 Rn.111.

73 Ebenda.

74 BGH GRUR 1976, 651; *Gamer/ Pfeifer*, in: Wenzel, Das Recht der Wort- und Bildberichterstattung, 5. Aufl., Kap. 13 Rn.119 ff.

bildung der Rechtsprechung wird sich angesichts des sich rasch wandelnden Medienangebots und Mediennutzungsverhaltens auch in Österreich in naher Zukunft einspielen. Deshalb wird im Folgenden nicht vom Anspruch auf Widerruf, sondern von einem weitergehenden Anspruch auf Berichtigung ausgegangen.

Der Anspruch auf Berichtigung besteht grundsätzlich nur bei einer erwiesen unwahren Tatsachenbehauptung. Auf die bisherigen Ausführungen zu Tatsachenbehauptungen und der juristischen Ermittlung der Wahrheit unter Berücksichtigung der Beweislastregeln sei ausdrücklich Bezug genommen. Da der Anspruch auf Berichtigung im Verhältnis zum Anspruch auf Unterlassung sowohl ein *aliud* als auch ein Mehr darstellt, sind höhere Hürden mit Blick auf Rechtswidrigkeit und Verschulden gestellt.[75] Dies wird zum Teil so begründet, dass der Nachweis der Unwahrheit erst zum Entstehen einer Beseitigungspflicht führe.[76] Die Berichtigung muss weiter erforderlich und notwendig sein, um die Rechtsverletzung zu beseitigen. Dies wird regelmäßig gegeben sein, wenn die Äußerung den Betroffenen fortwirkend beeinträchtigt. Ein Beispiel für diese Erforderlichkeit wäre die *Käßmann*-Behauptung. Die Behauptung geht dahingehend, dass bei einer Alkoholfahrt der früheren evangelischen Bischöfin *Margot Käßmann* Altkanzler *Gerhard Schröder* Beifahrer gewesen sein soll. Hierzu hat beispielsweise das LG Hamburg auf

---

75 *Gamer/ Pfeifer*, in: Wenzel, Das Recht der Wort- und Bildberichterstattung, 5. Aufl., Kap. 13 Rn.12, 31.

76 BGH MDR 59, 1001.

eine Klage des früheren deutschen Bundeskanzlers *Schröder* wie folgt ausgeführt:

> „Da die Medien durch die Verpflichtung zur Veröffentlichung einer Erklärung, mit der sie sich im Ergebnis selbst ins Unrecht setzen, stark belastet werden und dies einen schwerwiegenden Eingriff in das Grundrecht der Pressefreiheit darstellt, muss die Veröffentlichung der Berichtigung hierbei nach den Umständen des Einzelfalls und dem Grundsatz der Verhältnismäßigkeit zur Beseitigung einer fortdauernden Rufbeeinträchtigung erforderlich sein (…). Diese Voraussetzungen sind im vorliegenden Fall nicht erfüllt.
>
> (…) [E]s fehlt vorliegend an der für einen Berichtigungsanspruch erforderliche[n] fortgesetzte[n] Rufbeeinträchtigung des Klägers, so dass dem Richtigstellungsanspruch aus diesem Grund kein Erfolg beschieden sein kann. Der Berichtigungsanspruch setzt voraus, dass die Veröffentlichung der Berichtigung nach den Umständen des Einzelfalls und dem Grundsatz der Verhältnismäßigkeit zur Beseitigung einer fortdauernden Rufbeeinträchtigung erforderlich ist. Hierfür muss eine Ansehensminderung von erheblichem Gewicht (fort-)bestehen. Das ist jedoch nicht der Fall. Ansehensmindernde Elemente von erheblichem Gewicht können den Äußerungen nicht entnommen werden. So ist es für sich genommen nicht ansehensmindernd, neben der damaligen Bischöfin Frau K. im Auto gesessen zu haben. Insbesondere insinuiert dies nicht, dass der Kläger und die ehemalige Bischöfin einen über eine schlichte Gefälligkeit hinausgehenden Umgang miteinander pflegten. Auch der Umstand, dass es sich um eine Fahrt gehandelt hat, bei der die Bischöfin unter Alkoholeinfluss stand, ändert nichts daran, dass

> eine Ansehensminderung vorliegend nicht erblickt werden kann. Denn bei dem durch die Beklagte geäußerten Verdacht, dass der Kläger möglicherweise bei der Trunkenheitsfahrt von Frau K. auf dem Beifahrersitz des Wagens gesessen hat, schwingt nicht mit, dass er in irgendeiner Weise im Zusammenhang mit der Alkoholisierung stand, dafür ursächlich war oder auch nur positiv gewusst hat, dass die Bischöfin alkoholisiert gewesen ist. Hierzu verhält sich die Berichterstattung weder offen noch verdeckt, so dass eine Ansehensminderung von erheblichem Gewicht nicht festgestellt werden kann.“[77]

Dieses Fallbeispiel zeigt, dass die Erforderlichkeit für viele Berichtigungsbegehren das K.-o.-Kriterium sein dürfte. Das Berichtigungsinteresse darf auch nicht nachträglich weggefallen sein. Je nach den Umständen des Einzelfalls sind freiwillige Berichtigungen oder eine veröffentlichte Gegendarstellung mit einer zustimmenden Erklärung des Anspruchsschuldners denkbar. Von besonderer Bedeutung ist jedoch der Zeitablauf: Nach einiger Zeit verliert eine aufgestellte Behauptung an Aktualität, bevor diese möglicherweise ganz in Vergessenheit gerät. Das OLG Hamburg sieht beispielsweise eine Aktualitätsgrenze bei neun Monaten nach der jeweiligen angegriffenen Veröffentlichung.[78]

Der Berichtigungsanspruch ist kein ausschließlich presserechtlicher Anspruch und besteht zwischen dem von der Äußerung

---

77 LG Hamburg AfP2010, 609.

78 *Gamer/ Pfeifer*, in: Wenzel, Das Recht der Wort- und Bildberichterstattung, 5. Aufl., Kap. 13 Rn.58.

Betroffenen und dem Äußernden, auch wenn einer oder beide Beteiligte juristische Personen sind. Der Anspruch auf Berichtigung ist grundsätzlich nicht im Wege einer einstweiligen Verfügung, sondern ausschließlich im Hauptverfahren zulässig. Damit ist die Erbringung des Vollbeweises für den Anspruchsteller im Erkenntnisverfahren erforderlich.

Mit Blick auf die Frage nach der Wahrheit ist zu konstatieren, dass der Berichtigungsanspruch das stärkste rechtliche Mittel gleich einer „roten Karte" im Äußerungsrecht ist. Die Ermittlung von Wahrheit und Fake News erfolgt mit den Mitteln des Rechts, die gerichtliche Entscheidung hierüber setzt den Schlusspunkt in einer öffentlichen, pluralistischen Diskussion. Ein derartiger Eingriff ist zurecht erst ab einer höheren Erheblichkeitsschwelle gerechtfertigt. Es muss jedoch jedem Betroffenen von unwahren Tatsachenbehauptungen zugebilligt werden, dass dieser seine individuelle Situation stets als belastend und über dieser Erheblichkeitsschwelle empfinden wird.

Ein vom Gericht abgewiesenes Widerrufsverlangen kann sich für den Antragsteller als Boomerang erweisen, wenn über die ablehnende Entscheidung seinerseits berichtet wird. Das Verfahren bis zur streitigen Entscheidung über einen Widerruf dauert jedoch sehr lange und es ist großer Aufwand bei der Beweiserhebung und -würdigung zu betreiben. Die Erheblichkeitsschwelle und die Verfahrensdauer bergen erhebliche Risiken für Anspruchsteller. Diese können dadurch abgefedert werden, dass der Berichtigungsanspruch neben einem Unterlassungsanspruch geltend gemacht werden kann. Mehrere Verfahren bedeuten ein höheres Kostenrisiko sowie eine höhere Kostenvorschusspflicht für den Anspruchsteller. Insofern wird der Berichtigungsanspruch in der Praxis nur in wenigen Alltagsfällen ein praktikables Mittel zur Eindämmung von Fake News sein.

5. Anspruch auf Geldentschädigung

Schließlich ist auf den Anspruch auf Geldentschädigung einzugehen. Dieser ergibt sich in Österreich grundsätzlich aus § 1330 Abs. 1 ABGB, je nach Ausprägung des Einzelfalls aber auch aus Sondergesetzen wie § 6 ff. MedienG, §§ 78, 87 UrhG oder §§ 7, 16 Abs. 2 UWG. In Deutschland ergibt sich der Anspruch aus dem Deliktrecht, das in §§ 823 ff. BGB geregelt ist.

Die Anspruchsvoraussetzungen sind vergleichbar. Voraussetzung ist eine schwere Persönlichkeitsrechtsverletzung. Diese muss nicht unbedingt durch eine unwahre Tatsachenbehauptung hervorgerufen sein, denkbar sind auch Verletzungen der Intim- oder Privatsphäre sowie menschenverachtende Schmähungen. Die Verletzungshandlung muss kausal für den Eintritt eines Schadens sein; der Anspruchsteller ist hier voll beweisbelastet.[79] Dem Schädiger muss ferner zudem Verschulden in Form von Vorsatz oder Fahrlässigkeit nachgewiesen werden.

Des Weiteren muss ein materieller oder immaterieller Schaden entstanden sein. Bei den materiellen Schäden – wie insbesondere die Kosten der Rechtsverfolgung, Kosten für Gegenmaßnah-

---

79 OLG Frankfurt ZUM 1992, 361 ff.

men oder entgangene Gewinne – sieht das Gesetz jeweils weniger hohe Anforderungen vor. Für den Ersatz immaterieller Schäden gelten höhere Anforderungen. Für immaterielle Schäden kommt in Österreich die Anspruchsgrundlage des § 1330 Abs. 1 ABGB regelmäßig nicht infrage.[80] Stattdessen kommen Ansprüche unter den Voraussetzungen der §§ 6 ff. MedienG in Betracht, bei denen die Verwirklichung eines Straftatbestandes oder die Verletzung des privaten Kernbereichs zur Bloßstellung verlangt wird. Denkbar sind ebenfalls Ansprüche unter dem Gesichtspunkt eines Schockschadens, wenn die Beeinträchtigung des Persönlichkeitsrechts des Betroffenen zu einer Körperverletzung im sehr weit verstandenen Sinne geführt hat. Psychische Beeinträchtigung wird als Körperverletzung im Sinne des § 1325 ABGB verstanden, wenn diese medizinisch behandlungsbedürftig oder zumindest medizinisch diagnostizierbar sind.[81] In Deutschland billigt die Rechtsprechung nur bei besonders schweren Persönlichkeitsrechtsverletzungen eine Geldentschädigung zu. Bei der Beurteilung des Einzelfalls wird auf die Bedeutung und Tragweite des Eingriffs, Anlass und Beweggrund des Verletzers und das Maß an Verschulden abgestellt.[82] Ist eine aufgestellte Behauptung unwahr oder entmenschlicht die Darstellungsform den Betroffenen und macht diesen zum bloßen

80 *Kissich* in Kletečka/Schauer, ABGB-ON[1.05] § 1330 Rn. 78 (Stand 1.8.2019, rdb.at).

81 *Hinteregger* in Kletečka/Schauer, ABGB-ON[1.05] § 1325 Rn. 2 (Stand 1.8.2019, rdb.at); OGH, Urteil vom 21.05.2003, Az.: 2 Ob 120/02i.

82 BVerfG NJW 2004, 591; Burkhardt, in: Wenzel, Das Recht der Wort- und Bildberichterstattung, 5. Aufl., Kap. 14 Rn. 102.

Objekt der Berichterstattung, kann dies ebenso für den Zuspruch einer Geldentschädigung ausschlaggebend sein.[83]

Was die Höhe einer möglichen Geldentschädigung angeht, ist insbesondere in § 8 Abs. 1 MedienG die Bandbreite für einen möglichen Schadenersatz der Höhe nach von mindestens 100 Euro bis höchstens 40.000 Euro begrenzt. Lediglich bei besonderem Verschulden oder besonders schwerwiegenden Auswirkungen ist die Begrenzung des Entschädigungsbetrages auf 100.000 Euro angehoben. In Deutschland gibt es eine derartige Deckelung nicht. Vor allem Gerichtsentscheidungen um den ehemaligen Rennfahrer *Michael Schumacher* haben in der jüngeren Vergangenheit einige Maßstäbe gesetzt. *Michael Schumacher* und seine Ehefrau erhielten jeweils 30.000 Euro für die Verbreitung des unwahren Gerüchts über Trennungsabsichten vor dem Skiunfall zugesprochen.[84] Ein Betrag in Höhe von 50.000 Euro wurde *Michael Schumacher* für die erfundene Behauptung *„Exclusiv Michael Schumacher – Er kann wieder gehen"* in einer Zeitschrift mit Leserreichweite von 3,92 Millionen Lesern und 480.000 verkauften Exemplaren zugesprochen.[85] Weitere 100.000 Euro erhielt *Michael Schumacher* für die Behauptung einer unwahren Todesnachricht auf der Titelseite einer Zeitschrift mit 400.000 verkauften Exemplaren und 1,8 Millionen Lesern mit dem Satz *„Ein In-*

---

83 *Burkhardt*, in: Wenzel, Das Recht der Wort- und Bildberichterstattung, 5. Aufl., Kap. 14 Rn. 102 mit Verweis auf die Kachelmann-Entscheidungen.

84 OLG Hamburg AfP 2017, 260.

85 LG Hamburg AfP 2017, 263.

sider sagt ... Michael Schumacher ‚Er ist nicht mehr unter uns!' Wann bricht die Familie ihr Schweigen?".[86] Eine falsche Todesnachricht mit derartiger Reichweite dürfte wohl auch nach österreichischem Recht den in § 8 Abs. 1 MedienG vorgesehenen Höchstbetrag von 100.000 Euro auslösen.

Diese Beispiele aus der Rechtsprechung zeigen deutlich, dass die Zahlung einer Geldentschädigung für die Erkenntnis der Wahrheit oder Unwahrheit kein Beleg ist. Im Fall von *Michael Schumacher* wurde die Entschädigung jeweils aufgrund der Verletzung des Intim- und Privatbereichs zugesprochen, da sich dessen Familie bekanntlich zum Gesundheitszustand grundlegend nicht äußert. Wahrheit oder Unwahrheit sind nicht der Maßstab, sondern nur ein Indiz dafür, dem Betroffenen eine Geldentschädigung zuzuerkennen. Trotz der hohen Summen im Beispiel eines prominenten Ex-Sportlers dürfen aber nicht die Vielzahl an ablehnenden Entscheidungen sowie zahlreiche Entscheidungen mit geringer Geldentschädigung vergessen werden. Dem Präsidenten einer Hochschule wurde beispielsweise eine Entschädigung von – nur – 2.000 Euro zugesprochen, nachdem sich eine Staatsanwaltschaft dreimal innerhalb eines Ermittlungsverfahrens wegen des Verdachts der Untreue geäußert hat. Dabei wurde von einem Staatsanwalt u. a. folgendes geäußert:

> „Staatsanwalt ... sagte dem Handelsblatt, man könne schon jetzt Anklage gegen ... erheben. Die StA wolle aber noch weitere Unterlagen auswerten, die am Montag bei den Durchsuchungen mitgenommen wurden. Das könnte sich

[86] LG Hamburg AfP 2017, 546.

> noch Wochen hinziehen. Und die Anklageschrift am Ende wesentlich umfangreicher sein als sie es heute wäre.“[87]

Die Ermittlungsbehörde hat nach § 160 Abs. 2 deutsche StPO ausdrücklich nicht nur die zur Belastung, sondern auch die zur Entlastung dienenden Umstände zu ermitteln. Der in diesem Fallbeispiel erreichte Grad an Vorverurteilung durch die Ermittlungsbehörde lässt die zugesprochene Geldentschädigung geradezu lächerlich gering erscheinen. Der Betroffene ist aufgrund seiner beruflichen Tätigkeit als Präsident einer Hochschule für jedermann schnell zu ermitteln und überdies einem größeren Personenkreis bzw. vor allem den Studenten zumindest namentlich bekannt. Gleichzeitig werden Ehrverletzungen beispielsweise in Form einer Ohrfeige ohne weitere körperliche Beeinträchtigungen wie Blutergüsse o. Ä. mit 750 Euro bis 800 Euro entschädigt.[88] Es dürfte insgesamt zu überlegen sein, auch bei weniger prominenten und alltäglicheren Persönlichkeitsrechtsverletzungen durch Fake News eine Geldentschädigung im unteren von § 8 Abs. 1 MedienG genannten Bereich zuzusprechen. Damit könnte das Bewusstsein geschärft werden, dass durch Fake News Persönlichkeitsrechte verletzt werden und es sich bei deren Aufstellen und Verbreiten nicht um Kavaliersdelikte handelt.

---

87 LG Wiesbaden NJW 2015, 2975.

88 LAG Köln BeckRS 2009, 52079; LG Konstanz, Urteil vom 21.05.2012, Az.: 23 Js 18049/11.

III. „Notice and take down"-Verfahren

Das „Notice-and-take-down"-Verfahren ist in Europa nicht ausdrücklich geregelt, sondern eine Schlussfolgerung aus der E-CRL[89]. An dieser Stelle werden die wesentlichen Vorschriften genannt, die den rechtlichen Rahmen für das „Notice-and-take-down"-Verfahren bilden. Anschließend wird anhand zweier Entscheidungen des EuGH dargestellt, welche Anforderungen ein solches Verfahren zur Gewährleistung eines effektiven Schutzes gegen Fake News nach der Rechtsprechung erfüllen muss

1. Rechtlicher Rahmen

Zuerst ist der Entschließungsgrund 40 zur ECRL zu nennen, wo es auszugsweise wie folgt heißt:

> „Die Diensteanbieter sind unter bestimmten Voraussetzungen verpflichtet, tätig zu werden, um rechtswidrige Tätigkeiten zu verhindern oder abzustellen. Die Bestimmungen dieser Richtlinie sollten eine geeignete Grundlage für die Entwicklung rasch und zuverlässig wirkender Verfahren zur Entfernung unerlaubter Informationen und zur Sperrung des Zugangs zu ihnen bilden. Entsprechende Mechanismen könnten auf der Grundlage freiwilliger Vereinbarungen zwischen allen Beteiligten entwickelt und sollten von den Mitgliedstaaten gefördert werden."

89 Richtlinie 2000/31/EG des Europäischen Parlaments und des Rates vom 08.06.2000.

Im Entschließungsgrund 46 zu dieser Richtlinie heißt es wie folgt:

> „Um eine Beschränkung der Verantwortlichkeit in Anspruch nehmen zu können, muß der Anbieter eines Dienstes der Informationsgesellschaft, der in der Speicherung von Information besteht, unverzüglich tätig werden, sobald ihm rechtswidrige Tätigkeiten bekannt oder bewußt werden, um die betreffende Information zu entfernen oder den Zugang zu ihr zu sperren. Im Zusammenhang mit der Entfernung oder der Sperrung des Zugangs hat er den Grundsatz der freien Meinungsäußerung und die hierzu auf einzelstaatlicher Ebene festgelegten Verfahren zu beachten. Diese Richtlinie läßt die Möglichkeit der Mitgliedstaaten unberührt, spezifische Anforderungen vorzuschreiben, die vor der Entfernung von Informationen oder der Sperrung des Zugangs unverzüglich zu erfüllen sind.“

Art. 14 ECRL regelt das Hosting und führt hierzu wie folgt aus:

> „(1) Die Mitgliedstaaten stellen sicher, daß im Fall eines Dienstes der Informationsgesellschaft, der in der Speicherung von durch einen Nutzer eingegebenen Informationen besteht, der Diensteanbieter nicht für die im Auftrag eines Nutzers gespeicherten Informationen verantwortlich ist, sofern folgende Voraussetzungen erfüllt sind:
>
> a) Der Anbieter hat keine tatsächliche Kenntnis von der rechtswidrigen Tätigkeit oder Information, und, in bezug auf Schadenersatzansprüche, ist er sich auch keiner Tatsachen oder Umstände bewußt, aus denen die rechtswidrige Tätigkeit oder Information offensichtlich wird, oder

b) Der Anbieter wird, sobald er diese Kenntnis oder dieses Bewußtsein erlangt, unverzüglich tätig, um die Information zu entfernen oder den Zugang zu ihr zu sperren.

(2) Absatz 1 findet keine Anwendung, wenn der Nutzer dem Diensteanbieter untersteht oder von ihm beaufsichtigt wird.

(3) Dieser Artikel läßt die Möglichkeit unberührt, daß ein Gericht oder eine Verwaltungsbehörde nach den Rechtssystemen der Mitgliedstaaten vom Diensteanbieter verlangt, die Rechtsverletzung abzustellen oder zu verhindern, oder daß die Mitgliedstaaten Verfahren für die Entfernung einer Information oder die Sperrung des Zugangs zu ihr festlegen."

Art. 15 der ECRL regelt ergänzend, dass keine allgemeine Überwachungspflicht in Bezug auf die vom Hostprovider gespeicherten Informationen besteht. Dafür wird folgende Regelung festgeschrieben:

„(1) Die Mitgliedstaaten erlegen Anbietern von Diensten im Sinne der Artikel 12, 13 und 14 keine allgemeine Verpflichtung auf, die von ihnen übermittelten oder gespeicherten Informationen zu überwachen oder aktiv nach Umständen zu forschen, die auf eine rechtswidrige Tätigkeit hinweisen.

(2) Die Mitgliedstaaten können Anbieter von Diensten der Informationsgesellschaft dazu verpflichten, die zuständigen Behörden unverzüglich über mutmaßliche rechtswidrige Tätigkeiten oder Informationen der Nutzer ihres Dienstes zu unterrichten, oder dazu verpflichten, den zuständigen Behörden auf Verlangen Informationen zu übermitteln, an-

> hand deren die Nutzer ihres Dienstes, mit denen sie Vereinbarungen über die Speicherung geschlossen haben, ermittelt werden können."

Aufgrund dieser europarechtlichen Vorgaben hat sich vorwiegend in den Nutzungsbedingungen der einzelnen Diensteanbieter ein „Notice-and-take-down"-Verfahren in jeweils unterschiedlichen Ausprägungen entwickelt. Ein derartiges Verfahren ist im US-amerikanischen Urheberrecht mit detaillierten formalen Anforderungen und Handlungsanweisungen für den Host- bzw. Serviceprovider kodifiziert.[90]

Von einem Diensteanbieter ist letztlich ein Meldekanal („notice") vorzuhalten, über den Rechtsverstöße standardisiert mitgeteilt werden können.[91] Diese Meldung muss ein Handeln beim Hostprovider auslösen, das entweder in einer Information an den Äußernden, einer vorübergehenden Sperrung oder einer sofortigen Löschung bestehen kann. Weitgehend unbestritten ist die Rechtsmeinung, dass ein „Notice-and-take-down"-Verfahren im Bereich des gewerblichen Rechtsschutzes wie beispielsweise bei Urheberrechts- oder Markenverstößen ein praktikables Mittel zur Schaffung von Rechtsfrieden sein kann.

---

90 *Holznagel* in GRUR-Int 2007, 971 ff.

91 *Berger* in Bräutigam/Rücker, E-Commerce, S. 455 Rn. 77.

2. Die „Delfi-Entscheidung“ des EGMR

Mit Blick auf das Äußerungsrecht sind vor allem zwei europarechtliche Entscheidungen, für die Beurteilung des „Notice-and-take-down“-Verfahrens als Mittel zur Bekämpfung von Fake News von Relevanz, eine des EGMR und eine des EuGH. Zuerst ist die „Delfi-Entscheidung“[92] zu nennen, der folgender Sachverhalt zugrunde liegt:

> „Die Beschwerdeführerin ist eine AG mit Sitz in Estland. Sie betreibt das Internet-Nachrichtenportal Delfi, in dem täglich etwa 330 Artikel verbreitet werden. Es ist eines der größten Internetportale in Estland und ist auch in Lettland und Litauen tätig. Zur maßgebenden Zeit waren den Nachrichten am Ende die Worte hinzugesetzt „Schreibe deinen Kommentar dazu“ mit einer freien Fläche dafür und darunter waren Schaltflächen mit der Bezeichnung „den Kommentar veröffentlichen“ und „lese den Kommentar“. Die Kommentare wurden automatisch geladen und von der Beschwerdeführerin weder bearbeitet noch gesteuert. Täglich gingen etwa 10.000 Leserkommentare ein, die meisten anonym. Es gab aber ein System der „Löschung auf Mitteilung“: Jeder Leser konnte einen Kommentar als beleidigend, verletzend oder zum Hass aufhetzend kennzeichnen mit der Folge, dass er sofort gelöscht wurde. Außerdem gab es ein System automatischer Löschung von Kommentaren, die bestimmte obszöne Worte enthielten. Schließlich konnte sich das Opfer eines beleidigenden Kommentars direkt an die Beschwerdeführerin wenden, was die sofortige Löschung des Kommentars zur Folge hatte. In den Hinwei-

---

92 EGMR, Urteil vom 10.10.2013, Az.: 64569/09.

sen der Beschwerdeführerin für die Nutzer wird darauf hingewiesen, dass die Autoren von Kommentaren selbst für den Inhalt verantwortlich seien und dass es auch zu Bestrafungen durch estnische Gerichte gekommen sei.

Im Januar 2006 veröffentlichte die Beschwerdeführerin einen Artikel im Delfi-Portal mit der Überschrift „SLK macht geplante Eisstraße kaputt". Eisstraßen sind öffentliche Straßen über die gefrorene Ostsee, die im Winter zwischen dem Festland und einigen Inseln passierbar sind. Die SLK betreibt einen Fährdienst zu einigen Inseln. Damals war L. ihr alleiniger oder Mehrheitsaktionär. Zu dem Artikel gab es 185 Kommentare, davon 20 mit Drohungen gegen und Beleidigungen von L.

Dessen Anwälte beantragten im März 2006 bei der Beschwerdeführerin, die beleidigenden Kommentare zu entfernen und 500.000 estnische Kronen (etwa 32.000 Euro) als Ersatz für Nichtvermögensschaden zu zahlen. Am selben Tag, also etwa sechs Wochen nach der Veröffentlichung, entfernte die Beschwerdeführerin die beleidigenden Kommentare, weigerte sich aber, Schadensersatz zu zahlen."

Gerichtsverfahren gegen die Beschwerdeführerin: Das Amtsgericht wies eine Klage des L. gegen die Beschwerdeführerin im Juni 2007 ab. Das Berufungsgericht hob das Urteil im Oktober 2007 auf und verwies die Sache zurück an das AG, das der Klage des L im Juni 2008 stattgab und die Beschwerdeführerin verurteilte, an L. 5.000 estnische Kronen (etwa 320 Euro) als Ersatz für Nichtvermögensschaden zu zahlen. Das Berufungsgericht bestätigte das Urteil im Dezember 2008, der Estnische OGH wies die Revision der Beschwerdeführerin im Juni 2009 zurück.

> Verfahren vor dem Gerichtshof: im Dezember 2009 hat die Beschwerdeführerin beim EuGH Beschwerde eingelegt und Verletzung ihres Rechts auf freie Meinungsäußerung nach Art. 10 EMRK gerügt. Eine Kammer der I. Sektion hat im Oktober 2013 einstimmig festgestellt, dass Art. 10 EMRK nicht verletzt ist. Im Februar 2014 hat der Richterausschuss der Großen Kammer nach Art. 43 EMRK dem Antrag der Beschwerdeführerin auf Verweisung an die Große Kammer stattgegeben. (…) Auf Grund mündlicher Verhandlung hat die Große Kammer im Juni 2015 mit 15:2 Stimmen festgestellt, dass Art. 10 EMRK nicht verletzt ist."[93]

Das von Delfi eingerichtete „Notice-and-take-down"-Verfahren war nach Auffassung des EGMR nicht ausreichend, um einer Haftung für beleidigende, unwahre oder zum Hass aufrufende Kommentare zu entgehen. Der EGMR ist keine Superrevisionsinstanz. Dieser klärt lediglich, ob die Maßnahme eines Mitgliedstaates wie in diesem Fall ein gerichtliches Urteil mit dem Europarecht und der EMRK vereinbar ist. Im Rahmen der Verhältnismäßigkeitsprüfung kam der EGMR zu dem Ergebnis, dass das nationale estnische Recht nicht das Recht auf Meinungsfreiheit gemäß Art. 10 EMRK verletzt. Der EGMR stellte als wesentliche Gesichtspunkte in die Prüfung der Verhältnismäßigkeit vor allem den Kontext der Kommentare, die von Delfi getroffenen Maßnahmen zur Verhinderung oder Löschung der Veröffentlichung beleidigender Postings, die Möglichkeit einer alter-

[93] Zitiert nach EGMR NJW 2015, 2863.

nativen Haftung des jeweiligen Verfassers anstelle von Delfi und die Folgen der gerichtlichen Entscheidung für Delfi ein.[94]

Beim Kontext der Kommentare hat der EGMR berücksichtigt, dass das Portal von Delfi professionell und auf kommerzieller Grundlage betrieben wird. Es bestehe ein wirtschaftliches Interesse an möglichst vielen Kommentaren auf der Website, weil dadurch die Besucherzahl hoch bleibe. Weiter habe Delfi nach dem Absetzen eines Kommentars mehr Kontrolle als der Verfasser, da der Verfasser selbst seinen einmal geposteten Kommentar nicht mehr nachträglich ändern oder löschen könne. Dieser Umstand gehe über eine rein technische und passive Dienstleistung hinaus.[95]

Beim Aspekt der von Delfi ergriffenen Maßnahmen wurde zugunsten der Beschwerdeführerin festgestellt, dass die Pflicht zur Schadensabwendung bei Dritten aufgrund erfolgter Löschung unmittelbar nach Beanstandung nicht vollständig verletzt worden ist. Dies wurde vom EGMR letztlich aber nicht für ausreichend erachtet, weil die Betreiber von Delfi in Einzelfällen auch von sich aus unangemessene Kommentare gelöscht hätten. Der Wortfilter für unflätige Äußerungen sei zu schwach gewesen, sodass die automatische Löschung im streitgegenständlichen Fall nicht gegriffen habe.[96]

---

94 EGMR NJW 2015, 2863, 2866.

95 EGMR NJW 2015, 2863, 2867.

96 EGMR NJW 2015, 2863, 2868.

Dem von den Postings Betroffenen ist es nach Auffassung des EGMR nicht zumutbar, sich mit seinem Unterlassungsbegehren direkt an die Verfasser zu wenden. Delfi habe seinen Nutzern ein sehr hohes Maß an Anonymität zugebilligt und nicht einmal eine E-Mail-Adresse abverlangt. Auf dieser Basis gäbe es keinen wirksamen Rechtsschutz für den Betroffenen, wenn dieser direkt gegen die Verfasser klagen müsste.[97]

Schlussendlich hat der EGMR noch entschieden, dass die Verurteilung zur Erstattung eines Nichtvermögensschadens im Umfang von 320 Euro nicht so schwerwiegend sei, dass dies zur Unverhältnismäßigkeit der gerichtlichen Entscheidung führe.[98]

Die Entscheidung des EGMR wurde vielfach kritisiert. Insbesondere *Schapiro* vertritt die Auffassung, dass die Vorhersehbarkeit von Nutzerreaktionen ein völlig ungeeignetes Kriterium bei der Abwägung von widerstreitenden Interessen darstellt.[99] Die Kritik ist berechtigt, da letztlich jede kritische, gleichwohl sachlich gehaltene Berichterstattung für das Hervorrufen von Konsumentenreaktionen geeignet ist. Diesen Teil des pluralistischen Meinungsbildungsbildungsprozesses als abstrakte Gefährdung des allgemeinen Persönlichkeitsrechts zu qualifizieren, führt zu weit. Weiters sei es nach *Schapiro* unbeachtlich, dass Delfi gewerblich tätig sei und ein wirtschaftliches Interesse an besonders vielen Klicks auf der eigenen Website habe. Etwas anderes

---

97 EGMR NJW 2015, 2863, 2867.

98 EGMR NJW 2015, 2863, 2869.

99 *Schapiro* ZUM 2014, 201, 204.

würde möglicherwiese gelten, wenn das Nutzerinteresse durch rechtswidrige Inhalte geweckt werden würde. *Schapiro* hält auch die Verpflichtung zu präventiven Kontrollmaßnahmen für unverhältnismäßig, da die Pflicht zum Einschreiten erst ab positiver Kenntnis von der Rechtsverletzung geboten sei.[100] Der EGMR habe weiter die doch bereits von Delfi ergriffenen erheblichen Maßnahmen wie das Verbot rechtswidriger Inhalte in den Nutzungsregeln, der Einsatz eines Wortfilters sowie ein „Notice-and-take-down"-Verfahren zur Meldung rechtswidriger Posts als unzureichend verworfen, ohne einen echten Verbesserungsvorschlag gebracht zu haben.[101]

Die Kritik von *Schapiro* ist nachvollziehbar und berechtigt. Aus dem Sachverhalt der Entscheidung ergibt sich, dass Delfi nach dem Grundsatz „Bei Beanstandung erfolgt automatisch Löschung" verfährt. Eine Gegenvorstellung des Verfassers eines Postings gibt es bei diesem „Notice-and-take-down"-Verfahren von Delfi nicht. Das verfahrensgegenständliche „Notice-and-take-down"-Verfahren erscheint gut geeignet für beleidigende Inhalte, Drohungen und Schmähungen. Mehr als fraglich bleibt jedoch, ob ein „Notice-and-take-down"-Verfahren nach dem Vorbild von Delfi auch für das Zurückdrängen von Fake News geeignet ist.

---

100 *Schapiro* ZUM 2014, 201, 205.

101 *Schapiro* ZUM 2014, 201, 205 – die Rede ist hier von einem „Paukenschlag" in der Entscheidung.

3. Die Entscheidung des EuGH im Fall Eva Glawischnig-Piesczek

Im Rahmen der Entscheidung des EuGH im Fall Eva Glawischnig-Piesczek gegen Facebook Ireland Ltd.[102] hatte dieser über folgenden Sachverhalt zu entscheiden:

> „Auf einer Facebook-Profilseite platzierte der Profilinhaber einen Nachrichtenbeitrag mit einem Begleittext, in dem er eine österreichische Parlamentsabgeordnete der Grünen als „miese Volksverräterin", „korrupter Trampel" und Mitglied einer „Faschistenpartei" bezeichnete. Die Betroffene setzte eine gerichtliche Anordnung gegen Facebook Ireland durch, wonach der Beitrag sowie wortgleiche Äußerungen zu entfernen seien. Einem Antrag von Facebook, die Entfernung auf Österreich zu begrenzen, kam das Gericht ebenso wenig nach wie dem Antrag der Klägerin, die Entfernungsanordnung auch auf sinngleiche Äußerungen zu erstrecken. Der OGH, der sowohl die weltweite Sperrung als auch die Erstreckung auf sinngleiche Äußerungen für mit dem österreichischen Recht vereinbar hält, legte die Frage der Vereinbarkeit dieser Deutung mit dem Unionsrecht dem EuGH vor."[103]

Der EuGH stellt im Rahmen dieser Entscheidung fest, dass eine Verpflichtung des Hostproviders zur Löschung wortgleicher Informationen besteht. Im Rahmen dieses Vorlageverfahrens betont der EuGH, dass entsprechend Art. 15 Abs. 1 ECRL für

102 EuGH, Urteil vom 03.10.2019, Az.: C-18/18 (OGH Wien), BeckRS 2019, 23113.

103 *Peifer* in GRUR-Prax 2019, 534.

Hostinganbieter keine allgemeine Verpflichtung zur Überwachung der von ihren Nutzern übermittelten und von ihnen gespeicherten Informationen oder zur aktiven Suche nach Rechtsverletzungen besteht. Im gleichen Atemzug merkt der EuGH jedoch an, dass Überwachungspflichten durchaus in „spezifischen Fällen" bestehen würden.[104] Ein solcher spezifischer Fall sei gegeben, wenn dem Hostprovider infolge einer gerichtlichen Entscheidung eines Mitgliedstaates bekannt sei, dass ein bestimmter Inhalt nach Abschluss eines gerichtlichen Verfahrens für rechtswidrig erklärt wurde. Ein Hostprovider ermöglicht seinen Nutzern eine Vernetzung und den damit verbundenen rasanten Austausch von Informationen. Aufgrund dieser realen Gefahrenlage für einen persönlich Betroffenen könne dem Hostprovider durchaus aufgegeben werden, entsprechende wortgleiche Informationen zu sperren und zwar ohne eine damit verbundene allgemeine Überwachungspflicht im Sinne von Art. 15 Abs. 1 E-CRL.[105]

Des Weiteren macht der EuGH deutlich, dass die Verpflichtung zur Sperrung sinngleicher Informationen mit Art. 15 Abs. 1 E-CRL in Einklang zu bringen ist. „Sinngleiche Äußerungen" sind solche, deren Inhalt im Wesentlichen unverändert bleibt und sehr wenig von jenem Inhalt abweicht, der zur Feststellung der Rechtswidrigkeit geführt hat.[106] Die sinngleiche Äußerung ist zwar leicht unterschiedlich formuliert, vermittelt aber im We-

104 EuGH MMR 2019, 798, 799.

105 EuGH MMR 2019, 798, 800.

106 Ebenda.

sentlichen die gleiche Aussage. Die Unterschiede in der Formulierung des sinngleichen Inhalts dürften nicht so geartet sein, dass diese den Hostprovider zu einer autonomen Beurteilung des Inhalts zwingen. Es muss dem Hostprovider vielmehr möglich sein, auf automatisierte Techniken und Mittel zur Nachforschung zurückzugreifen.[107]

Damit hat der EuGH die im Wettbewerbsrecht bereits etablierte Kerntheorie auf das Äußerungsrecht übertragen. In der Literatur wird zurecht darauf hingewiesen, dass die vom EuGH formulierten Anforderungen nur schwer umsetzbar seien. Jede Äußerung ist kontextbezogen, eine automatisierte Löschung führt unter Umständen zu einer unverhältnismäßigen Beschneidung der Äußerungsfreiheit. Als Beispiele werden satirische Äußerungen oder Äußerungen im Rahmen des politischen Meinungsstreits angeführt.[108]

4. Zusammenfassung

Mit Blick auf die Frage nach der Wahrheit und das Problem von Fake News ist zu konstatieren, dass das „Notice-and-takedown"-Verfahren eine Privatisierung des Problems darstellt. Die Frage nach Wahrheit oder Unwahrheit einer Äußerung wird auf den Nutzungsvertrag innerhalb eines sozialen Netzwerks verlagert. Löschungen und damit Beschneidungen der Äußerungs-

---

107 Ebenda.

108 *Lysander Fremutz/ Friedrich* in EuZW 2019, 942; Peifer in GRUR-Prax 2019, 534.

freiheit erfolgen automatisch und ohne Einzelfallprüfung. Gleichwohl werden auf diese Weise die rasante Verbreitung und die Reichweite einer Rechtsverletzung schnell und effektiv eingeschränkt.

Die Meinungsfreiheit wird dadurch allerdings unter Umständen stark beschnitten, wenn Darstellungsformen wie Satire möglicherweise einem Filter zum Opfer fallen oder ein kontrovers und heftig geführter Meinungsstreit wie etwa vor dem Hintergrund eines Wahlkampfes einfach präventiv gesperrt wird.

IV. Zusammenfassung

Die Bekämpfung von Fake News mit Mitteln des Rechts stellt sich alles andere als einfach dar. Der von einer unwahren Tatsachenbehauptung persönlich Betroffene muss zunächst eine Vielzahl praktisch relevanter Vorfragen klären. Oft ist von entscheidender Bedeutung, welches Recht bei einem über Länder- und Sprachgrenzen hinweg geführten kommunikativen Austausch Anwendung findet. Des Weiteren ist die Anonymität im Internet Segen und Fluch zugleich. Segen deshalb, weil ein unkomplizierter Austausch und eine Kommunikation von Menschen so einfach ist wie nie zuvor. Fluch aber insbesondere deshalb, weil rechtswidrige Äußerungen, Gewaltaufrufe, Hass und Fake News in atemberaubender Geschwindigkeit über den ganzen Globus verbreitet werden können und oft auch lange verfügbar bleiben.[109] Deshalb ist es sinnvoll und richtig, neben dem Äußernden

---

109 Vgl. EGMR NJW 2015, 2863, 2864.

auch den Hostprovider in Anspruch nehmen zu können: Einerseits ist die unwahre Tatsachenbehauptung inhaltlich für den Betroffenen belastend und andererseits sind der Verbreitungskanal und die damit verbundene Öffentlichkeit sehr problematisch.

Die rechtlichen Ansprüche im Zusammenhang mit Fake News bieten mit Blick auf die Rechtsfolgen differenzierte Möglichkeiten für den persönlich Betroffenen. Zum einen ist es möglich, über den Unterlassungsanspruch die Frage nach der Wahrheit und Unwahrheit offen zu lassen und lediglich die Wiederholung der Äußerung zu untersagen. Es kann eine wahre oder unwahre Behauptung sein, dass ein Politiker eine außereheliche Affäre unterhalte. Die Verbreitung dieser Behauptung verletzt jedoch das Persönlichkeitsrecht des Betroffenen, wenn dieser zuvor sein Ehe- und Familienleben nicht öffentlich thematisiert hat. Der Anspruch auf Gegendarstellung überlässt die Wahrheitsfindung der öffentlichen Diskussion und dem pluralistischen Prozess. Dieser Anspruch verschafft dem persönlich Betroffenen Gehör und Aufmerksamkeit in der Öffentlichkeit. Der Berichtigungsanspruch wie in solch einem Fall vor allem der Anspruch auf Widerruf beendet eine öffentliche Diskussion. Mit diesem Anspruch wird die rechtliche Wahrheit mit den Mitteln des Erkenntnisverfahrens verbindlich festgestellt.

Eine weitere Möglichkeit bietet das „Notice-and-Take-down"-Verfahren. Dieses Verfahren hat sich erst anhand europarechtlicher Vorgaben entwickelt. Es fehlt ein klares Leitbild zu einem solchen Verfahren und ein von der Rechtsprechung als ausreichend anerkanntes Musterverfahren, das für die Hostprovider die Haftungsprivilegierung aufrechterhält. Insbesondere im Rahmen der Delfi-Entscheidung des EGMR wurden erhebliche Hürden dadurch aufgebaut, dass die Rechtsprechung – möglicherweise vom Ergebnis des konkreten Einzelfalls aus gedacht – überwiegend destruktiv festgehalten hat, was alles nicht ausreicht. Im Fall von Delfi war dies einerseits ein „Notice-and-take-down"-Verfahren, das sofort bei einer Beanstandung zur Löschung eines Posts geführt hat und andererseits ein Wortfilter beim Vorgang des Speicherns und Veröffentlichens, der als nicht ausreichend angesehen wurde.

Die Mittel des Rechts sind zur Bekämpfung von Fake News geeignet. Die überwiegend für Printmedien entwickelten Ansprüche müssen aber in die moderne Informationsgesellschaft transformiert und deren Durchsetzungsmöglichkeiten immer wieder hinterfragt werden. Ein neuer Ansatz ist beispielsweise die Einführung des § 549 ZPO in Österreich, ein dem gerichtlichen Mahnverfahren angeglichenes Verfahren eigener Art zur Erreichung ausschließlich eines Unterlassungstitels. Dessen Praxistauglichkeit wird sich in den kommenden Jahren zeigen.

F. Ergebnis der Arbeit

Zum Abschluss der Arbeit werden die Ergebnisse der Betrachtung zusammengefasst und der Ansatz des Verfassers dieser Arbeit zum Umgang mit Fake News auf Basis der erarbeiteten Erkenntnisse dargestellt.

I. Zusammenfassung

Die Erörterung des philosophischen Wahrheitsbegriffs hat gezeigt, dass ein enger Konnex zwischen dem Menschenbild und dem Wahrheitsbegriff besteht. Die Individualität jedes einzelnen Menschen macht es erforderlich, dass die subjektive Wahrnehmung eine gewisse Objektivierung erfährt. So ist die subjektive Auffassung *„Der Ball ist rund"* bezogen auf den Fußball eine Aussage, die die meisten Menschen als wahr auffassen. Nach *Aristoteles* ist diese Aussage nicht wahr hinsichtlich seiner Theorie „Sein im Sinne der Wahrheit". Denn der Fußball ist nur kugelförmig, weicht jedoch von der idealtypischen Kugel meist minimal ab. *Thomas von Aquin* ergänzt diesen strengen Wahrheitsbegriff um ein finales Element: der Fußball soll wie die idealtypische Kugel rollen und sich zum Spielen eignen. In formaler und finaler Hinsicht würde *Thomas von Aquin* die Aussage wieder als wahr bezeichnen. Für *Immanuel Kant* ist klar, dass der Fußball niemals das Ziel einer idealtypischen Kugel erreichen kann. Solange sich die Hersteller von Fußbällen jedoch redlich um den Angleich des Fußballs an die idealtypische Kugel und die offene Kommunikation der Abweichung im Rahmen ihrer Vernunftbegabung bemühen, dürfte die Aussage für *Kant* vertretbar sein. *Hans-Georg Gadamer* betrachtet diese Aussage aus hermeneutischer Perspektive. Demnach wäre die Aussage *„Der Ball ist rund"* ein starkes, geflügeltes Bild, das es sogar zur allgemeinen Fußballweisheit geschafft hat. In Anbetracht aller Alternativen zur aussagekräftigen Beschreibung des Fußballs als geometrische Form wird die Aussage als wahr gelten. Gleichzeitig vertraut *Gadamer* auf die Erkenntnis des eigenverantwortlichen, in Freiheit lebenden Menschen, dass eine gewisse Abweichung von der idealtypischen Kugel gegeben sein wird.

Das „kommunikative Element" des Wahrheitsbegriffs ist mit Blick auf die Diskussion um Fake News ein Problem. Gerade in der heutigen Medienlandschaft sind Entscheidungsträger aus Politik, Wirtschaft und Gesellschaft oft dazu angehalten, der Öffentlichkeit einen Sachverhalt „zu verkaufen". Dieser „Verkaufsvorgang" schließt meistens ein, den gewählten Weg als „alternativlos" darzustellen und denkbare Gegenansichten präventiv zu diffamieren.

Zu denken ist hier etwa an den „Euro-Rettungsschirm" aus der Währungskrise infolge massiver Staatsverschuldungen in Griechenland im Jahr 2010. Dieser sollte eigentlich als Hilfe zur Selbsthilfe die Funktion eines „Fallschirms" entfalten und Zahlungserleichterungen für hochverschuldete Euroländer ermöglichen, um ein Zerbrechen der Währungsunion zu verhindern. Dieses Bild wurde schnell umgewandelt und als „Regenschirm" verstanden, unter den Mitgliedsländer zur Bewahrung vor drohendem Ungemach „schlüpfen" konnten.

Ein weiteres Beispiel ist der Begriff des „Asyltourismus". Asyl ist ein Menschenrecht, das aktuell von Krieg und Verfolgung bedrohten Menschen zusteht; ein Zusammenhang mit Tourismus bzw. Erholungs- und Erlebnisreisen in fremde Länder schließt sich grundsätzlich aus. Die Bedeutung des Asylrechts als Menschenrecht gebietet es, dass staatliche Stellen eine Einzelfallprüfung vornehmen. Weil diese staatlichen Stellen in der Flüchtlingskrise 2015 heillos überfordert waren, versuchten einige politische Verantwortungsträger eine Beschleunigung dieser Prüfverfahren und erhoben in diesem Zusammenhang den Vorwurf des „Asyltourismus" durch Asylbewerber.

Ein drittes Beispiel sind die grassierenden Bezeichnungen als „Coronaleugner" und „Covidiot". Es sind zweifellos Maßnahmen zur Bekämpfung der SARS-CoV-2-Pandemie erforderlich. Die Bezeichnung der Befürworter der ergriffenen Maßnahmen als „Covidioten" dient dem Ziel, diese als Teil einer gedankenlosen und staatlichen Anordnungen blind folgenden Masse zu disqualifizieren. Umgekehrt wird jeder als „Coronaleugner" verunglimpft, der die Geeignetheit, Erforderlichkeit und Verhältnismäßigkeit der ergriffenen Maßnahmen bezweifelt, auch wenn die Negierung des Virus sicher in den wenigsten Fällen geäußert und gemeint ist.

Durch diese „Verkaufsstrategien" wird der kommunikative Prozess innerhalb einer offenen Gesellschaft erschwert oder gar blockiert und es droht eine Spaltung der Gesellschaft.

Der rechtliche Wahrheitsbegriff bietet einen neuen Denkansatz. Eine relative Wahrheit entsteht dadurch, dass ein Sachverhalt mit den Mitteln des Prozessrechts und den dort zugelassenen Beweismitteln erforscht und festgestellt werden muss. Das Recht unterscheidet zwischen Tatsachenbehauptungen und Meinungsäußerungen, wobei nur die Tatsachenbehauptungen dem Beweis zugänglich sind. Ziel des Rechts ist, die Wahrheit festzustellen und Gerechtigkeit zu schaffen. Gleichzeitig soll dies nicht um jeden Preis erfolgen, da der Rechtsfrieden ebenso hohe Bedeutung genießt. Im Strafrecht hat dies zur Folge, dass im Zweifel für den Angeklagten entschieden wird – *in dubio pro reo*. Im Zivilverfahren wird in Zweifelsfällen (*non liquet*) nach den Grundsätzen der Beweislastverteilung ein Urteil gefällt. Der Staat erhebt nicht den Anspruch, verbindlich über Wahrheit oder Unwahrheit zu befinden. Deshalb gibt es im Fall von nachträglich bekannt gewordenen Beweismitteln stets Möglichkeiten, die Rechtskraft einer gerichtlichen Entscheidung zu durchbrechen. Aus Gründen der Rechtssicherheit und des Rechtsfriedens werden jedoch die gefällten Entscheidungen notfalls auch mit dem staatlichen Gewaltmonopol durchgesetzt.

Der rechtliche Wahrheitsbegriff und das prozessrechtliche Erkenntnisverfahren setzen starke Richterpersönlichkeiten voraus. Nicht jeder Zeuge ist Jurist und nicht jeder Verfasser von Urkunden verwendet die korrekten Bezeichnungen aus dem Gesetzestext. Deshalb ist gute Menschenkenntnis und Empathie von besonderer Relevanz, um die drei großen Ziele des Rechts –

Wahrheit und Gerechtigkeit, Rechtssicherheit sowie Rechtsfrieden – zu erreichen oder diesen möglichst nahe zu kommen.

Fake News sind bewusst unwahre Tatsachenbehauptungen. Dabei wird vielfach gezielt eine schnelle Verbreitung mit hoher Reichweite über die sozialen Netzwerke und andere Massenmedien gesucht. Bedeutsam ist in diesem Zusammenhang der Vertrauensverlust in die klassischen Medien und den Journalismus. Soziale Netzwerke ermöglichen Filterblasen und Echokammern, die einen pluralistischen Prozess innerhalb der Gesellschaft erschweren. Einen eigenen Tatbestand für Fake News zu schaffen, erscheint jedoch in zivilrechtlicher Hinsicht wenig sinnvoll. Dadurch werden die Voraussetzungen für mögliche Rechtsfolgen erschwert. Unterlassungsansprüche sind bereits heute verschuldensunabhängig und unabhängig von der Verbreitungsform. Gleichwohl sind im Zusammenhang mit Fake News die Grenzen der grundrechtlich geschützten Äußerungsfreiheit auszuloten. Äußerungen sind trotz möglicher Unwahrheit geschützt, wenn diese etwa *de lege artis* im Rahmen eines wissenschaftlichen Gutachtens getätigt wurden und der einer Bewertung zugrunde gelegte (falsche) Sachverhalt im Gutachten dargestellt wurde. Aber auch im Rahmen von politischem Meinungsstreit oder im Kampf ums Recht geäußerte Tatsachenbehauptungen wie etwa bei Verwendung bildlicher Sprache können privilegiert sein, wenn der Kontext der gegenseitig hart geführten Auseinandersetzung hinreichend deutlich ist. Ein weiterer Problembereich ist die Satire, die als Ausdrucksform *sui generis* teils bewusst und überspitzt die Unwahrheit propagiert oder

Tabus verletzt und so einen Denkanstoß geben will. Zu denken ist hier etwa an die *Mohammed-Karikaturen* oder das *Böhmermann-Gedicht*.

Die überragende Bedeutung der Äußerungsfreiheit für eine freiheitliche Demokratie gebietet es, im Fall von Einschränkungen der Äußerungsfreiheit stets eine Einzelfallbetrachtung vorzunehmen. Der Einsatz von künstlicher Intelligenz zur Abschätzung der Wahrheit und Relevanz einer Aussage verbietet sich, obwohl Massenmedien wie Facebook diesen Weg beschreiten. Mit dem Einsatz dieser technischen Möglichkeiten lassen sich zwar die Allgemeinheit verunsichernde Äußerungen eindämmen, die kein persönliches Betroffensein als Anspruchsvoraussetzung auslösen, wie z. B. „Massenproteste gegen die Regierung". Gleichwohl handelt es sich dabei um einen Tabubruch, der die Äußerungsfreiheit in erheblicher Weise beeinträchtigen kann.

Die bisherigen Ansätze haben gezeigt, dass sowohl die Anonymität im Internet als auch die weltweite Vernetzung durchaus große Probleme für Anspruchsteller bedeuten. Seriöse Anbieter von Hostingdiensten werden im Rahmen ihrer Nutzungsbedingungen auf eine valide Kontaktmöglichkeit zum Verfasser von Postings achten, um die eigene Qualität als Medium möglichst hochzuhalten. Das Zulassen der Veröffentlichung von Unwahrheiten und Schmähungen wird zweifellos zu einem Vertrauensverlust in die jeweilige Plattform führen, was wiederum in Einbußen bei der Reichweite und den Werbeeinnahmen resultiert.

Der persönlich Betroffene hat grundsätzlich drei Möglichkeiten, sich gegen Fake News zu wehren:

I. Er unterbindet die weitere Verbreitung über den Unterlassungsanspruch und vermeidet Öffentlichkeit. Damit wird vor allem auf die erhebliche Reichweite von Äußerungen in sozialen Netzwerken reagiert. Die Durchsetzung eines Unterlassungsanspruch ändert indes nichts mehr an der Erstveröffentlichung, sondern räumt lediglich die Gefahr der Wiederholung gleicher oder ähnlich gelagerter Rechtsverstöße aus.

II. Der persönlich Betroffene kann aber auch die Öffentlichkeit gezielt suchen, indem er eine Gegendarstellung verlangt. Dieser Anspruch besteht allerdings nur gegenüber Medien im Sinne des MedienG, die Beiträge unter redaktioneller Verantwortung verbreiten.

III. Drittens kann der persönlich Betroffene den Sachverhalt mit den Maßstäben des Rechts einer Überprüfung unterziehen und Berichtigung bzw. Widerruf verlangen. Dabei ist die Unwahrheit einer Äußerung mit den Mitteln des Rechts festzustellen, das Prozessrecht entscheidet mitunter in *Non-liquet*-Situationen über den Erfolg oder Misserfolg der Klage.

Einen weiteren Ansatz bilden die „Notice-and-take-down"-Verfahren, die sich aus den Vorgaben der ECRL entwickelt haben. Diese unterbinden die Reichweite und versuchen gleichzeitig, durch den Austausch von Für und Wider einen Diskurs zu umstrittenen Fragen herzustellen.

II. Eigener Ansatz

Die Diskussion um Fake News zeigt, dass es keine Patentlösung für dieses Problem gibt. Im Umgang mit gezielten Falschbehauptungen kann es deshalb nur einen ganzheitlichen Ansatz geben, der auf drei Säulen fußen muss.

Zum einen müssen die Teilnehmer am pluralistischen Prozess im Umgang mit den modernen Massenmedien gestärkt werden. Bereits im Schulalter müssen Kinder und Jugendliche auf die Gefahren hingewiesen werden und ein Gespür für vertrauenswürdige Inhalte im Internet entwickeln lernen. Dass irgendetwas irgendwo veröffentlicht und dort nachzulesen ist, sagt nichts über den Wahrheitsgehalt dieser Veröffentlichung aus. Eine zentrale gesellschaftliche Herausforderung für die kommenden Generationen wird die Kompetenz werden, eine jederzeit verfügbare, sich auch unter Umständen schnell verändernde Informationsflut im Internet zu filtern und zu bewerten. In diesem Zusammenhang darf sich ein Bildungssystem nicht ausschließlich auf Fachkompetenzen beschränken, sondern muss auch die gesellschaftlichen und mit den Grundrechten untrennbar verbundenen Werte und Wertungen vermitteln. Die Grundrechte geben ein Wertekoordinatensystem vor, das Leitlinie und Orientierung im Bereich der Medien bietet.

Ein zweiter Ansatzpunkt ist, das Recht der Gegendarstellung auszubauen. Bislang steht der Gegendarstellungsanspruch nur gegenüber Medien im Sinne des MedienG zu. Es ist zu überlegen, ab einer bestimmten Reichweite auch die Betreiber von Facebook-Seiten, Twitteraccounts etc. zu verpflichten, eine Gegendarstellung auf ihrem Profil bzw. ihrer Seite zu veröffentlichen. Eines der größten Übel der vergangenen Jahre waren Desinformationen, die beispielsweise *Donald Trump* über seinen Twitteraccount verbreitet hat. Die Qualität der dort veröffentlichten Äußerungen würde sich deutlich verbessern, wenn der Betreiber eines solchen Accounts mit einer derartigen Reichweite damit rechnen muss, auf Gegendarstellung bei seiner eigenen Seite in Anspruch genommen zu werden. Falls der Betreiber einer solchen Seite diese Verpflichtung nicht übernimmt, müsste in den Nutzungsvereinbarungen erforderlichenfalls auf Grundlage eines Rahmengesetzes die Zahl der Follower verpflichtend begrenzt werden.

Ein dritter Ansatz ist die Konkretisierung eines „Notice-and-take-down"-Verfahrens. In Deutschland wird beispielsweise für den verbraucherschützenden Widerruf in Anlage 1 zu Art. 246a § 1 Abs. 2 Satz 2 Einführungsgesetz zum BGB (EGBGB) eine Musterwiderrufsbelehrung bereitgehalten. Wer diese Musterwiderrufsbelehrung verwendet, kommt in den besonderen Schutz vor einer „endlosen" Widerrufsmöglichkeit im Fall nachträglicher Veränderungen der Rechtslage durch die obergerichtliche Rechtsprechung.

Ein solches Muster-„notice-and-take-down"-Verfahren schlägt auch *Schapiro* vor.[1] Dieser Vorschlag ist jedoch zu modifizieren, um speziell den äußerungsrechtlichen Belangen Rechnung zu tragen:

a. Es müssten zunächst klare Anforderungen an Form und Inhalt einer Beanstandung im Rahmen eines automatisierten Verfahrens definiert werden. Dabei müsste ein Mindestmaß an Beanstandungsgründen und Belegen für die Beanstandung bezeichnet werden.

b. Dem Verfasser eines beanstandeten Posts soll die Möglichkeit zur Gegenvorstellung eröffnet werden, indem ihm die Beanstandung eines Nutzers vom Hostprovider weitergeleitet wird.

c. In der Zwischenzeit soll die Veröffentlichung gesperrt werden, um einen drohenden Flächenbrand durch weitreichende Zweitveröffentlichungen zu unterbinden.

d. Mit der vorübergehenden Suspendierung der Veröffentlichung sollen auch die Kontaktdaten zwischen dem Verfasser des Posts und dem Kritiker ausgetauscht werden, damit ein Dialog zwischen den betroffenen Interessen stattfinden kann, erforderlichenfalls unter Hinzuziehung anwaltlicher Hilfe. In besonders gelagerten Fällen kann die Korrespondenz auf Antrag des Verfassers auch über den Hostprovider laufen, um „Whistleblower" zu schüt-

1 *Schapiro* in ZUM 2014, 201, 209.

zen. Falls der Verfasser des Posts falsche Kontaktdaten hinterlegt hat, muss dies unweigerlich zur endgültigen Löschung führen. Gleiches muss gelten, wenn der Verfasser des Posts der Beanstandung überhaupt nicht entgegentritt.

e. Die Erwiderung des Verfassers soll Quellen für die Behauptungen angeben und dem Kritiker seinerseits zugeleitet werden. Falls dieser nicht innerhalb einer angemessenen Frist den Nachweis der Einleitung rechtlicher Schritte gegen den Verfasser oder den Hostprovider erbringt, wird die Suspendierung der Veröffentlichung wieder aufgehoben.

Ein derartiges Musterverfahren würde die maximale Freiheit für den Einzelnen hinsichtlich dessen Äußerungsfreiheit garantieren und gleichzeitig einen effektiven Rechtsschutz gewährleisten, weil dem persönlich Betroffenen die Suspendierung des Beitrags im Rahmen der Vertragsautonomie zugutekommt.

Fake News sind ein großes Übel unserer digital vernetzten Gesellschaft, die bei persönlich Betroffenen großes seelisches Leid verursachen. Die Äußerungsfreiheit ist jedoch ein herausragendes Grundrecht und konkretisiert die Menschenwürde in einer freiheitlich-demokratischen Gesellschaft. Eine pauschale Beschneidung der Äußerungsfreiheit durch Äußerungsverbote oder eine durch künstliche Intelligenz gefilterte und beschränkte Äußerungsfreiheit ist grundsätzlich abzulehnen. *Benjamin Franklin* hat dies folgendermaßen formuliert: *„Wer die Freiheit aufgibt,* *um Sicherheit zu gewinnen, wird am Ende beides verlieren"*. Deshalb muss der große Wert der Äußerungsfreiheit für alle in der Gesellschaft mit einer individuellen Selbstverantwortung im Umgang mit sozialen Netzwerken und Massenmedien einhergehen.

Literaturverzeichnis

I. Kommentare

Angst/Oberhammer, EO - Kommentar zur Exekutionsordnung. 3. Auflage. Wien 2015.

Kletečka/Schauer, ABGB-ON - Kommentar zum Allgemeinen bürgerlichen Gesetzbuch. Wien 2021.

Höpfel/Ratz, StGb - Wiener Kommentar. 2. Auflage. Wien 2016.

Cirener/Radtke/Rissing-van Saan/Rönnau/Schluckebier, Leipziger Kommentar StGB. 13. Auflage. Berlin 2019.

Maunz/Dürig (Hrsg.), Kommentar zum Grundgesetz. 94. Auflage. München 2021.

Säcker/Rixecker/Oetker/Limperg/Rebmann/Gaier, Münchener Kommentar zum Bürgerlichen Gesetzbuch - BGB. 8. Auflage. München 2021.

Paschke/Berlit/Meyer/Kröner, Hamburger Kommentar Gesamtes Medienrecht. 4. Auflage. Baden-Baden 2021.

Rechberger, ZPO - Zivilprozessordnung - Kommentar. 3. Auflage. Wien 2006.

Schönke/Schröder, Strafgesetzbuch - Kommentar. 30. Auflage. München 2019.

Spindler/Schuster, Recht der elektronischen Medien - Kommentar. 4. Auflage. München 2019.

Stein/Jonas, Kommentar zur Zivilprozessordnung. 23. Auflage. Baden-Baden 2018.

Zöller, Zivilprozessordnung. 34. Auflage, Köln 2021.

II. Selbständige Werke

Aristoteles, De anima, Übersetzung ins Deutsche von Klaus Corcilius. Hamburg 2017.

Aristoteles, Metaphysik, Übersetzung ins Deutsche von Klaus Corcilius. Hamburg 2017.

Auer, Das Menschenbild als rechtsethische Dimension der Jurisprudenz. Wien 2005.

Braam, Die anonyme Meinungsäußerung - rechtliche Bewertung einer internettypischen Kommunikationsform, zum Spannungsverhältnis zwischen anonymen Äußerungen und Persönlichkeiten. Münster 2015.

Brunner/Stahl, Recht auf Wahrheit - Zur Genese eines neuen Menschenrechts. Göttingen 2016.

Burkhardt/Gamer/Strobl-Alberg/Wenzel, Das Recht der Wort- und Bildberichterstattung. 6. Auflage. Köln 2018.

Coreth, Was ist der Mensch? - Grundzüge einer philosophischen Anthropologie. Innsbruck 1973.

Eisele, Die Wahrheitspflicht nach § 138 Absatz 1 ZPO. Freiburg im Breisgau 1936.

Enders/Szaif, Die Geschichte des philosophischen Begriffs der Wahrheit. Berlin 2006.

Fasching, Lehrbuch des österreichischen Zivilprozeßrechts - Lehr- und Handbuch für Studium und Praxis. 2. Auflage. Wien 1990.

Felder, Juristische Textarbeit im Spiegel der Öffentlichkeit. Berlin 2003.

Fleischer, Wahrheit und Wahrheitsgrund. Berlin 1984.

Gadamer/Vogler, Neue Anthropologie. Heidelberg 1972.

Gadamer, Gesammelte Werke - Griechische Philosophie. Tübingen 1999.

Figal/Gadamer, Wahrheit und Methode. 2. Auflage. Berlin 2011.

Heinzmann, Thomas von Aquin - Eine Einführung in sein Denken. Stuttgart 1994.

Von Ihering, Der Kampf ums Recht. 4. Auflage. Darmstadt 1967.

Jaster/Lanius, Die Wahrheit schafft sich ab. Ditzingen 2019.

Kant, Grundlegung zur Metaphysik der Sitten. Von Bernd Kraft, Dieter Schönecker. Hamburg 2016.

Kant, Kritik der reinen Vernunft. Von Jens Timmermans. Hamburg, 1998.

Mayer/Kucsko-Stadlmayer/Stöger, Grundriss des Bundesverfassungsrechts. 11. Auflage. Wien 2015.

Harro, Grundkurs Strafrecht - Die einzelnen Delikte. 7. Auflage. Berlin 2005.

Prange, Materiell-rechtliche Sanktionen bei Verletzung der prozessualen Wahrheitspflicht durch Zeugen und Parteien. Berlin 1995.

Schaber, Menschenwürde. Stuttgart 2012.

Schönberger, Thomas von Aquin zur Einführung. 3. Auflage. Hamburg 2012.

Schulz-Bruhdoel/Bechtel, Medienarbeit 2.0. 2. Auflage. Frankfurt 2011.

Sedmak, Menschenwürde - Vom Selbstwert des Menschen. Darmstadt 2017.

Thomas von Aquin, Summa Contra Gentiles Libri Quattuor. Übersetzung von Karl Albert und Paulus Engelhardt. Darmstadt 2010.

Thomas von Aquin, Summa Theologica. Übersetzung von den Dominikanern und Benediktinern Deutschlands und Österreichs. Herausgegeben vom Katholischen Akademikerverdand. 6. Band. Salzburg Leipzig 1937.

Thomas von Aquin, Quaestiones Disputatae. Herausgegeben von Rolf Schönberger. Band 7, Teilband 1, De potentia. Hamburg 2009.

Thomas von Aquin, Von der Wahrheit – De veritate Quaestio I: Übersetzung von Albert Zimmermann. Hamburg 1986.

Tschadek, Der Beweis. Wien 1958.

III. Abhandlungen in Zeitschriften, Handbüchern u.a.

Balthasar, Beweisverwertungsverbote im Zivilprozess. In JuS 2008, 35 – 40.

Bräutigam/Rücker, E-Commerce - Rechtshandbuch. München 2017.

Caspar, Klarnamenpflicht versus Recht auf pseudonyme Nutzung. In ZRP 8/2015, 233 - 236.

Faßbender, Was darf die Satire? In NJW 2019, 705 - 708.

Görres, Über das Verschulden im Prozesse. In (ZZP) 1905, 1 - 106.

Hartmann, Die Anfänge des Schichtungsgedankens in der alten Philosophie. In Abh. der Preuß. Berlin 1943.

Hilgendorf, Eric. Der Wahrheitsbegriff im Strafrecht am Beispiel der strafrechtlichen Aussagetheorien (§§ 153 ff. StGB). In GA 1993, 547-559

Hirtz, Verletzungen von Ehre und Persönlichkeitsrecht im Prozess. In AnwBl 3/2008, 163-167.

Holznagel, Zur Providerhaftung - Notice and Take Down in § 512 U.S Copyright Act. In GRUR-Int 2007, 971 - 986.

Holznagel, Phänomen „Fake News" - Was ist zu tun? In MMR 2018, 18 - 22.

Kargl, Wahrheit und Wirklichkeit im Begriff der „falschen Aussage" (§§ 153 ff. StGB). In GA 2003, 791-806.

Kaufmann, Die strafrechtlichen Aussagetheorien auf dem Prüfstand der philosophischen Wahrheitstheorien. Festschrift für Jürgen Baumann zum 70. Geburtstag. Bielefeld 1992.

Kellerhoff, „Hitlers Papst": Welche Sensation birgt das Geheimarchiv des Vatikan? In WELT vom 02.03.2020.

Kodeck, Die Verwertung rechtswidriger Tonbandaufnahmen und Abhörergebnisse im Zivilverfahren. In ÖJZ 2001, 281 ff..

Krings, Was ist Wahrheit? Zum Pluralismus des Wahrheitsbegriffs. In Philosophisches Jahrbuch 90/1, Freiburg 1983, S. 20-31.

Krupp/Breunig, Massenkommunikation IX - Eine Langzeitstudie zur Mediennutzung und Medienbewertung 1964 - 2015. Baden-Baden, 2016.

Leipold, Wahrheit und Beweismaß im Zivilprozeß. Festschrift für Hideo Nakamura, Tokyo 1996.

Mokrejs-Weinhappel, Zivilprozessuale Maßnahmen zur Bekämpfung von „Hass im Netz“. In ÖJZ 2021/7, 53 ff..

Müller-Neuhof, Kanzleramt muss Briefverkehr mit Maike Kohl-Richter offenlegen. In: Der Tagesspiegel vom 29.04.2020.

Otto, Die Aussagedelikte - §§ 153-163 StGB. In JuS 1984, 161-172.

Peifer, Fake News und Providerhaftung. In CR 2017, 809 ff..

Peifer, Verpflichtung zur Löschung wort-/sinngleicher Äußerungen ist keine durch Art. 15 E-Commerce-Richtlinie verbotene allgemeine Überwachung. In GRUR-Prax 2019, 534.

Schmidhäuser, Aussagepflicht und Aussagedelikt. Bemerkungen über die Falschheit der Aussage. In Güttinger Festschrift für das Oberlandesgericht Celle, 1961, S. 207-237.

Schwarzer, Faktencheck: Starben wirklich Kinder, weil sie eine Maske trugen? In Redaktionsnetzwerk Deutschland (https://www.rnd.de/panorama/faktencheck-starben-wirklich-kinder-weil-sie-eine-maske-trugen-KLDHCWRACZAF5NEILU6T6EHPAA.html [Stand: 27.12.2020]).

Stolleis, Rechtsanspruch auf Wahrheit. Eine Bestandsaufnahme zum deutschen Recht. In Brunner/ Stahl, Recht auf Wahrheit, 2016, S. 174-188.

Tugendhat, Der Wahrheitsbegriff bei Aristoteles. In Philosophische Aufsätze. Frankfurt am Main 1992.

Wenzel, Das Recht der Wort- und Bildberichterstattung - Handbuch des Äußerungsrechts. 6. Auflage. Köln 2018.

Zackl, Einstweilige Verfügungen und (Un-)Zulässigkeit unwiederbringlicher Eilmaßnahmen. In: ÖJZ 2005/2, 12 ff..

Rechtsphilosophie

Roberta Astolfi
Über Begriffe und Werte im Recht
Eine rechtsphilosophische Analyse der Beziehung zwischen Recht und Gesellschaft am Beispiel der Europäischen Union
In dieser rechtsphilosophischen Analyse der Beziehungen zwischen Recht und Gesellschaft zeigt Roberta Astolfi, dass ein Rechtssystem sich, sofern es keine bloße Niederschrift von Verboten und Geboten sein soll, fortwährend an die Gesellschaft anpassen muss. Eine solche faire Anpassung kann nur erfolgen, wenn das andauernde Kreisverhältnis von Begriffssystem, Sprachsystem und Rechtssystem berücksichtigt wird. Dieses Verhältnis verwirklicht sich durch die Werte, die in ein Rechtssystem einbezogen werden, was Astolfi in Bezug auf einige Schwierigkeiten der Europäischen Union beispielhaft erörtert.
Bd. 7, 2020, 360 S., 34,90 €, br., ISBN 978-3-643-14703-5

Vural Eser
Recht, Gewalt und Terrorismus
Könnten Gewalttaten von Widerstandskämpfern und Terroristen gerechtfertigt sein? Eine rechtliche Analyse
Bd. 6, 2022, ca. 120 S., ca. 29,90 €, br., ISBN 978-3-643-50921-5

Marek Smolak; Pawel Kwiatkowsk (Eds.)
Poznan School of Theory of Law
vol. 5, 2022, ca. 328 pp., ca. 49,90 €, hc., ISBN-CH 978-3-643-91061-5

Max Bauer
Ubi Utopia? Verfassungsrecht und Grundeinkommen
Warum eine freiheitstheoretische (Re)Konstruktion des Sozialstaatsprinzips der utopischen Irritation bedarf
Bd. 4, 2016, 296 S., 39,90 €, br., ISBN 978-3-643-13559-9

Péter Csingár
Auswirkungen der Erkenntnistheorie und Ethik Kants auf seine Rechtsphilosophie
Bd. 3, 2013, 256 S., 24,90 €, br., ISBN 978-3-643-12111-0

Agnes Wulff
Die Existenziale Schuld
Der fundamentalontologische Schuldbegriff Martin Heideggers und seine Bedeutung für das Strafrecht
Bd. 2, 2008, 320 S., 29,90 €, br., ISBN 978-3-8258-1556-1

Günther Kreuzbauer
Die Norm im Völkerrecht
Eine rechtsphilosophische und rechtstheoretische Untersuchung
Bd. 1, 2006, 304 S., 24,90 €, br., ISBN 3-8258-9548-3

LIT Verlag Berlin – Münster – Wien – Zürich – London
Auslieferung Deutschland / Österreich / Schweiz: siehe Impressumsseite

Zeitschrift für Rechtsphilosophie. Neue Folge
hrsg. von Prof. Dr. Thomas Sören Hoffmann (FernUniversität Hagen) und
Prof. Dr. Stephan Stübinger (FernUniversität Hagen)
in Verbindung mit (editorial board)

Zeitschrift für Rechtsphilosophie Neue Folge 5/2021
Bd. 5, 2021, 210 S., Erscheinungsweise jährlich; Einzelheft 17,50€ zzgl. Versandkosten €, br., ISBN 978-3-643-99720-3

Zeitschrift für Rechtsphilosophie Neue Folge 4/2020
Bd. 4, 2020, 214 S., Erscheinungsweise jährlich; Einzelheft 17,50€ zzgl. Versandkosten €, br., ISBN 978-3-643-99732-6

Zeitschrift für Rechtsphilosophie Neue Folge 3/2019
Bd. 3, 2019, 224 S., Erscheinungsweise jährlich; Einzelheft 17,50€ zzgl. Versandkosten €, br., ISBN ISSN 1618-4726, 978-3-643-99741-8

Zeitschrift für Rechtsphilosophie Neue Folge 2/2018
Bd. 2, 2018, 178 S., Erscheinungsweise jährlich; Einzelheft 17,50€ zzgl. Versandkosten €, br., ISBN ISSN 1618-4726, ISBN 978-3-643-99769-2

Zeitschrift für Rechtsphilosophie Neue Folge 1/2017
Bd. 1, 2017, 210 S., Erscheinungsweise jährlich; Einzelheft 17,50€ zzgl. Versandkosten €, br., ISBN ISSN 1618-4726, ISBN 978-3-643-99781-4

LIT Verlag Berlin – Münster – Wien – Zürich – London
Auslieferung Deutschland / Österreich / Schweiz: siehe Impressumsseite